サステナビリティ経営のジレンマ

企業価値向上を阻む5つの障壁

合同会社持続可能 CEO 兼 サステナビリティ経営デザイナー
ESG専門ビジネススクール"Start SDGs"フェロー（前校長）
川井健史【著】

発行：ダイヤモンド・ビジネス企画　発売：ダイヤモンド社

はじめに

昨今、「サステナビリティ経営」「サステナビリティ・トランスフォーメーション（以下ＳＸ）」といったキーワードをメディアで目にする機会が増えてきました。

しかし、サステナビリティという言葉の本質を理解し、きちんと説明できる人は企業経営者も含めてさほど多くはありません。ほとんど本質が理解されていない言葉が、当たり前のようにメディアに登場し、企業でも使われる、そんな不可思議なことが起きているのです。

「サステナビリティ経営」とは、環境・社会・経済という３つの要素に与える影響を考慮した事業展開を行うことにより、事業の存続や企業価値の向上を目指す経営のことを指します。これらの環境・社会・経済という３つの要素は不可分のものであり、どれ一つ欠けてもサステナビリティ経営は成立しません。

企業が利益だけを追求するというのはもはや論外となっていますが、単に環境やジェンダーに配慮するというだけではなく、環境・社会・経済という３つの要素を調和し、一体化させながら事業利益を獲得することが求められるのがサステナビリティ経営なのです。

そして、従来の利益のみを追求する経営スタイルからサステナビリティ経営への変革を表す概念がＳＸで

(注1) ESG：Environment（環境）、Social（社会）、Governance（ガバナンス）の頭文字を表す言葉
(注2) CSR：Corporate Social Responsibility（企業の社会的責任）の略。企業活動において、社会的公正や環境などへの配慮を組み込み、従業員、投資家、地域社会などの利害関係者に対して責任ある行動をとるとともに、説明責任を果たしていくことを求める考え方。
(注3) GRI：Global Reporting Initiativeの略称。サステナビリティに関する国際基準と情報公開

す。SXはトランスフォーメーションですので、従来の経営に何かを付加したり、チューニングをするような考え方ではなく、経営の在り方を根幹から変えるようなダイナミックな変革を指しています。

冒頭で、「サステナビリティという言葉の本質を理解し、きちんと説明できる人は企業経営者も含めてさほど多くはありません」と申し上げたのは、こうしたダイナミックな変革が行われていないにもかかわらず、サステナビリティ経営と表現してしまうケースがあまりにも多いからです。

私は「サステナビリティ経営」を主とした企業コンサルティングに従事していますので、様々な業種・規模の企業の経営者やサステナビリティ推進担当者とお会いし、話をお聞きしていますが、実はこうした齟齬に多くの経営者やサステナビリティ推進担当者の皆さんはうすうす気が付いています。本書を手に取ってくださった方々も、自社のサステナビリティ経営に対して、どこかで腑《ふ》に落ちていない感覚があったり、何とも言えないモヤモヤ感をお持ちだったりするのではないでしょうか。

要するに、多くの企業のサステナビリティ経営はうまく進んでいないということになるのですが、経営者もサステナビリティ推進担当者の皆さんもそれを口に出せないのです。これまで進めてきた努力を無駄にしたくないし、方向転換しようにも具体的な道筋が示せない、そのような状態で力強く旗振りはできないからです。

本書では、こうした背景を踏まえ、私自身が実践してきた「サステナビリティ経営」の経験や、そこからヒントを得て体系化したノウハウを活用して経営者やサステナビリティ推進担当者の皆さんのモヤモヤ感を解消していきたいと思っています。その上で、本来のコースから外れたサステナビリティ経営を再び軌道に

の枠組みを策定することを目的として1997年に設立された国際的な非営利団体。
(注4) UNGC：United Nations Global Compact（国連グローバル・コンパクト）の略称。国連に民間（企業や団体）が参加し、持続可能な成長を実現することを目指して2000年に発足した国際的なイニシアチブ。
(注5) WBCSD：World Business Council for Sustainable Development（持続可能な開発のた

乗せ、SXを実現するためには何が必要なのかを具体的に示していきたいと考えています。

「サステナビリティ」「持続可能な開発」「SDGs」といった概念についての書籍はすでに多数出版されていますが、これらを経営に取り込む具体的なプロセスについては示されておらず、抽象論の域を出ていません。また、ESG（注1）への取り組みについては具体的なプロセスまで示されている書籍が多く出されているのですが、リスクを低減するための「守りのESG」への取り組みに終始しているものがほとんどです。

このままでは、日本企業の「サステナビリティ経営」はゴールに向かってうまく進むことができず、CSR（注2）に収斂していくように思われます。つまりトランスフォーメーションできないということです。それでは、リスクの低減はできても、企業価値向上というサステナビリティ経営の本来の目的地には辿り着けず、結果的には手間とコストだけがかさみ、日本の企業価値は目減りする一方です。私が本書の執筆を決意したのは、こうした傾向が日に日に強くなってきているという危機感を感じたからです。

本書は6つの章で構成されています。

第1章の「サステナビリティ経営の現在地」では、掴みづらい「サステナビリティ経営の概念」を示すとともに、日本企業のサステナビリティ経営がどのような道筋を辿って、現在どこに位置しているかを分析していきます。

私は現状の日本企業の「サステナビリティ経営」は「SDG Compass」と深い関係があると考えています。「SDG Compass」は2016年3月にGRI（注3）UNGC（注4）、WBCSD（注5）の3団体が共同で

めの世界経済人会議）の略称。持続可能な開発を目指す先進的な企業が加盟するグローバルな組織であり、1992年の国連地球サミットを契機に創設された。

作成した企業向けのＳＤＧｓの導入マニュアルのようなもので、発行から7年以上たった現在も使われ続けている極めて影響力の強い文書です。

「SDG Compass」では5段階の各ステップに極めて秀逸な概念やフレームワークが示されているのですが、２０１６年から改訂がされておらず、手順通りに進めると、思わぬ落とし穴にはまってしまうのです。その落とし穴が企業のサステナビリティ経営の在り方にどのような影響を及ぼしたのかについて詳細に解説していきます。

第2章の「サステナビリティ経営のジレンマ」では、「SDG Compass」による弊害も含めた「サステナビリティ経営を阻害する要素」について掘り下げていきます。

もっとも重要な問題は、「社会課題」と「顧客課題」を区別できていないことです。日本では「社会課題」と言われても明確なイメージがしづらく、「顧客課題」を無理やり「社会課題」に結び付けようとしてしまいがちです。

「社会課題」とは、特定の人々が持つ深刻なペインであり、その解決のためにコストを支払う人がいないような問題を指しており、課題解決にコストを支払うことのできる人々の持つ「顧客課題」とは一線を画すべきものなのですが、この2つを明確に区別できていないがために、多くの企業は結果的に「顧客課題」にしか向き合えていません。

また既存事業にフォーカスし、その延長線上にパーパス（注6）やマテリアリティ（注7）を設定してしまったケースも散見されますが、実はこれがサステナビリティ経営にとって大きな足かせとなってしまって

(注6) パーパス：Purpose　直訳は「目的」であるが、ここでは企業などの組織の社会的存在意義（詳細はP74）・
(注7) マテリアリティ：企業の経営における重要事項（詳細はP81）。
(注8) 統合報告書：財務諸表などによる財務情報とCSRレポートや環境報告書などによる非財務情報を統合したレポート。2023年には1,000社を超える企業が発行している（詳細はP54）。

いるのです。

こうしたサステナビリティ経営を停滞させる一連の課題や足かせを本書のタイトルである「サステナビリティ経営のジレンマ」として整理しました。

「サステナビリティ経営のジレンマ」は、「経営理念のジレンマ」「経営計画のジレンマ」「事業合理性のジレンマ」「経済合理性のジレンマ」「経営資源のジレンマ」の5つに大別されます。本章では、5つのジレンマの正体を明らかにしていきます。

第3章の「サステナビリティ経営のジレンマを乗り越えるために必要なこと」では、第2章で確認してきた「サステナビリティ経営のジレンマ」をどのようにして乗り越え、「サステナビリティ経営」をいかに本来のコースに戻すかについて解説します。

既存事業の延長線上でマテリアリティを設定していたり、統合報告書（注8）を作る際にとってつけたようにマテリアリティを決めたりしていた場合は、マテリアリティの再定義が必要です。また、「社会課題」にフォーカスしたパーパスがない場合は、パーパスの発掘も重要となります。マテリアリティとパーパスを磨き上げた上で、社会課題解決型事業を創出することができれば、「SDGsのワッペン貼り（注9）」と揶揄《やゆ》されることもなくなり、サステナビリティ経営の王道を進むことができるのです。

第4章の「実例から紐解くCSV（Creating Shared Value）（注10）経営」では、意外と知られていないCSVの全容をご説明します。CSVには「製品と市場のCSV」「バリューチェーンのCSV」「ビジネス

（注9）SDGsのワッペン貼り：自社の事業が、SDGsの17ゴールのどれと関係性あるか見当をつけ、マテリアリティや事業もしくは製品・サービスに17ゴールのアイコンを貼りつけ、貢献を強調する試み。

（注10）CSV：Creating Shared Value（共通価値の創造）の略称。本業で事業利益を上げながら社会課題の解決に寄与する経営モデル（詳細はP148）。

環境のCSV」という3種類のCSVが存在しますが、多くの方は「製品と市場のCSV」の一部分しかご存知ありません。本書ではこれらの3種類のCSVをわかりやすく紐解いていきます。

また、ありがちな抽象論に終始せずに、私自身が実践してきた株式会社メンバーズでの「サステナビリティ経営」を具体的な事例としてご紹介します。

メンバーズは、1995年に設立されたデジタルマーケティング事業を営む企業ですが、2014年に気候変動問題をはじめとした社会課題解決に取り組むというパーパスを示した「VISION2020」を発表し、そこから10年足らずで、時価総額35億0736万（2014年3月末）→420億7452万（2022年3月末）という企業価値向上を実現しています。デジタル人材リソース不足に悩まされ、思うように業績を伸ばしきれていない同業他社と比較すると驚異的な成長と言えます。

メンバーズの取り組んだサステナビリティ経営は、2011年にマイケル・ポーターらが提唱したCSVの創出でした。社会課題を本業の「デジタルマーケティング」で解決するという斬新なストーリーは、今振り返っても秀逸なモデルだったと思います。

私が人事責任者を務めていたのは2014年1月から4年半で、「VISION2020」の立ち上げ期に当たりますので、試行錯誤の連続の中にあり、当時は俯瞰してみる余裕もなかったのですが、実に様々なCSVを創出し、企業価値向上に結び付けることに成功した、日本における「サステナビリティ経営の稀有な成功事例」と言えるのではないかと思います。

第5章の「『デザイン思考（注11）』によるイノベーションで創出するCSV経営モデル」では、実際のC

（注11）デザイン思考：デザイナーの思考プロセスを活用し、制約条件の多い問題や社会課題の解決に応用する思考プロセス（詳細はP208）。
（注12）価値創造プロセス：組織の事業活動とアウトプットによって資本の増加、減少などの価値創出をもたらすプロセス（詳細はP216）。

ＳＶ経営の実践で培い、企業コンサルティングの中で体系化してきたノウハウをもとに、ＣＳＶの具体的な創出メソッドをご説明していきます。

イノベーションというと、技術的な進歩のことだと思いがちですが、本来のイノベーションは、技術的側面に限ったことではなく、消費者の受け取る価値の次元が変わることであり、消費者の行動変容を誘発することを指します。こうした本来のイノベーションの在り方を確認し、それを創出する「デザイン思考」について触れていきます。

ＣＳＶは、「社会課題」と「顧客課題」を統合し、イノベーションを起こすことによって創出されます。こうした思考プロセスを実現することのできるフレームワーク「CSV Model Canvas」をご紹介していきたいと思います。さらに統合報告書などには必ずと言ってよいほど登場する「価値創造プロセス（注12）」において、ＣＳＶがどのように表現されているかを分析しながら、ＥＳＧ経営という視点では欠かせないファイナンスにも触れていければと思っています。

「価値創造プロセス」は、自社がどのようなリソースを活用し、どのような事業成果を生み出すことで企業価値を向上させるかを示した「サステナビリティ経営」の全体マップです。

私は、企業の統合報告書を見る機会も多かったため、「価値創造プロセス」を見れば、その企業のサステナビリティ経営のおおよその状況が把握できます。

本章では、価値創造プロセスのフレームワークや企業事例を分析することで、統合思考の観点からサステナビリティ経営の本質的な理解を深め、自社の取り組みについて、どのような観点が不足しているのかということをご理解いただけるような構成にしていますので、統合報告書を発行していない企業にも参考になる

（注13）有価証券報告書：上場企業などが事業年度毎に自ら開示する企業情報。金融商品取引法に基づき内閣総理大臣に提出され、金融庁の「EDINET」等で開示される。

（注14）ISSB：International Sustainability Standards Board（国際サステナビリティ基準審議会）の略称。サステナビリティ情報開示の国際基準を策定するために2021年11月に発足した組織（詳細はP235）。

のではないかと思います。
また、上場企業向けには、２０２６年3月末以降の有価証券報告書（注13）からの開示基準となる可能性が高いＩＳＳＢ（注14）基準についての解説も織り交ぜていきたいと思います。

最終章である第6章の「これからのサステナビリティ経営」では、「人的資本（注15）」と「生物多様性（注16）」の2つのテーマを取り上げます。

「人的資本」は、２０２３年から一部の情報開示が義務化されたこともあり、企業の注目が高まっているテーマです。ただし、情報開示に意識が偏りすぎており、もっとも重要な「経営戦略と紐づいた人材戦略の構築」まで辿り着いていないのが現状です。本章では、経営戦略と人材戦略を紐づける具体的な手法を示し、企業規模に関係なく人的資本経営にシフトするためのノウハウやフレームワークを示していきたいと思っています。

ＤＥＩ（注17）を含む人権の問題や人的資本については、どの企業にとっても取り組むことが可能であり、脱炭素に比べて業績へのインパクトをイメージしやすいテーマでもあるため、ビジネスチャンスと捉えることができるものだと思います。

「生物多様性」は、人類と企業の存亡にかかわる最大のテーマです。それにもかかわらず、まだ具体的な課題やリスクはあまり理解されていません。我われは自然に依存し、自然に影響を及ぼす存在であるのですが、自然はあまりに当たり前の空気のような存在となってしまったため、その自然が失われることなど、想像もできなくなっているのかもしれません。

(注15) 人的資本：「スキル」「知識」「ノウハウ」などの人間が持つ能力を資源ではなく資本として捉ええ、投資によって高められるという経済学の概念（詳細はP240）。
(注16) 生物多様性：地球上に多様な生物が存在していることを指す。生態系の多様性、種の多様性、遺伝子の多様性の三つで構成される（詳細はP266）。

本章では、生物多様性が求められる背景や、生物多様性に取り組む上での基礎的な考え方をご紹介していきます。世界的な潮流や行政の動きなど、ビジネスに絡めた取り組みを行う上で把握しておきたい情報を網羅して解説していければと思っています。

生物多様性は、気候変動への取り組みとはまた異なるアプローチが求められるテーマでもあり、ビジネスとして取り組む難易度は決して低くはないですが、反対に企業としてはビジネスチャンスでもあると考えられるのです。

「人的資本」や「生物多様性」への取り組みを通じて、社会課題をビジネスチャンスと捉えて、機会創出ができれば、「サステナビリティ経営の未来」はきっと開けてくるのではないでしょうか。

なお、「サステナビリティ経営」に携わる経営者や推進担当者の皆さんには「リスキリング」が必要です。サステナビリティ経営をうまく進めるためには、従来の経営とは異なるアプローチが必要となるため、過去の成功体験がかえって邪魔になることがあります。これまで培ってきた経営スキルやビジネススキルを活かすためにも、新たなスキルを習得するためのアンラーン（注18）が重要となるのです。

本書を通じて、1人でも多くの方が「サステナビリティ経営」の可能性を感じ、未来を描くヒントを得ていただければ幸いです。

2024年2月6日

川井健史

（注17）DEI：「Diversity（多様性）」「Equity（公平性）」「Inclusion（包摂性）」の頭文字からなる略語。多様性を認め受け入れることに加えて、個々の状況に応じた機会を提供し、誰もが公平に活躍できる環境を作ること。「Diversity」「Inclusion」の2つを指すD&Iという表現もよく使われる。
（注18）アンラーン：自身の思考の癖やパターンを取り除くことで、より新たなインプットをしやすくする学習方法。

目次

第2章 サステナビリティ経営のジレンマ

～なぜサステナビリティ経営はうまく進まないのか～

2 社会課題に向き合った純度の高いパーパスが存在しない――73

3 既存事業でのみ取り組むことが前提となっており、新規事業がスコープに入っていない――85

第3章

「サステナビリティ経営のジレンマ」を乗り越えるために必要なこと

~既存事業にSDGsのアイコンを貼り付ける「ワッペン貼り」からの脱却~

第4章 実例から紐解くCSV（Creating Shared Value）経営

～究極の成功事例となったメンバーズのCSV経営～

2 メンバーズのＣＳＶ経営 169

第5章

「デザイン思考」によるイノベーションで創出するCSV経営モデル

～「社会課題」と「顧客課題」を統合して解決する発想法と「価値創造プロセス」～

第6章 これからのサステナビリティ経営
～「人的資本」と「生物多様性」への取り組みが企業価値向上の要～

第 1 章

サステナビリティ経営の現在地

～「SDG Compass」をバージョンアップできなかった
サステナビリティ経営～

1　サステナビリティ経営という〝掴みづらく新しい経営〟

第1節では、「サステナビリティ経営」にはどういった要素が求められるのかを通じて、サステナビリティ経営とはいかに掴みづらく、腹落ちしにくい、まったく新しい経営であるかということを確認していきます。

サステナビリティ経営がうまく進まないのは、経営者が悪いわけではなく、担当者の能力が低いからでもありません。こうした「掴みづらさ」に本質的な要因が潜んでいるのです。

私は経営者向けのセッションやビジネススクールの講座で、「サステナビリティ経営はこれまでの経営とはまったく別の経営手法です。ゴルフをやっていた人がサッカーを始めるくらいのキャリアチェンジだと思って臨んでいただきたい」と言い続けてきました。それは、これまでのルールや常識は通用しないので、今の延長線上でサステナビリティ経営に取り組まないでいただきたいという意味を込めての言葉なのですが、この言葉自体を理解いただくまでにかなりの時間を要します。それほどにサステナビリティ経営は「腑に落ちない経営」なのだと思います。

本節では、なぜ、「サステナビリティ経営はなぜ腑に落ちないのか」についていくつかの側面から考察していきます。これは本書を読み進めていただくためのウォーミングアップと捉えていただければと思います。

サステナビリティ経営とは

サステナビリティ経営とは、「環境・社会・経済という3つの要素に与える影響を考慮した事業展開を行うことにより、事業の存続や企業価値の向上を目指す経営」のことを指します。

経済が発展し、人々の暮らしが豊かになった反面、温室効果ガスの排出による気候危機や森林開発、海洋汚染といった環境面の歪みが生じています。また、資本主義経済における企業の営利主義は貧困などを含む格差問題を助長した側面があります。さらに、男女間のジェンダーギャップ解消のペースは鈍化しており、解消まで100年以上かかるという予測もありますが、日本における課題は、特に政治と経済分野であり、企業の責任は重大と言えます。

企業が存続し続け、価値を向上させていくためには、特定の企業の短期的利益の最大化を目的とする「株主資本主義」から脱却し、人と地球のウェルビーイングのために、政府、市民社会、国際社会といったすべてのステークホルダーと共創する「グローバルステークホルダーモデル」に移行する必要があるのです。

しかし、これは想像以上に大掛かりなパラダイムシフトであり、一朝一夕には運びません。そう考えると、多くの企業が、サステナビリティ経営への取り組みで迷い、立ち止まり、試行錯誤を繰り返しているのは当然のことです。我われは、それだけ大きな転換点に立っているのです。

経済産業省の提唱する
SX（サステナビリティ・トランスフォーメーション）とは

経済産業省では、「SX（サステナビリティ・トランスフォーメーション）」を推奨していますが、これはまさに「サステナビリティ経営」の在り方を表しています（図表1-1参照）。

2022年の8月にリリースされた「伊藤レポート3・0（SX版伊藤レポート）（注19）」によると、SXは以下のように定義されています。

> 「SX」とは、社会のサステナビリティと企業のサステナビリティを「同期化」させていくこと、及びそのために必要な経営・事業変革（トランスフォーメーション）を指す。
>
> 社会のサステナビリティと企業のサステナビリティの同期化とは、企業が社会の持続可能性に資する長期的な価値提供を行うことを通じて、社会の持続可能性の向上を図るとともに、自社の長期的かつ持続的に成長原資を生み出す力（稼ぐ力）の向上と更なる価値創出へとつなげていくことを意味する。
>
> 「SX」は企業による努力のみでは達成されない。「SX」の実現のためには、企業、投資家、取引先など、インベストメントチェーンに関わる様々なプレイヤーが、持続可能な社会の構築に対する要請を踏まえ、長期の時間軸における企業経営の在り方について建設的・実質的な対話を行い、それを磨き上げていくことが必要となる。
>
> 気候変動や人権などのサステナビリティ課題の多様化、これらを含む様々なルール環境の変化、サイ

（注19）伊藤レポート：2014年8月に公表された経済産業省の「持続的成長への競争力とインセンティブ～企業と投資家の望ましい関係構築～」プロジェクトの最終報告書の通称。当時、当時一橋大学教授であった伊藤邦雄氏の苗字をとって「伊藤レポート」と呼ばれる。2017年10月には、「持続的成長に向けた長期投資（ESG・無形資産投資）研究会」報告書として「伊藤レポート2.0」が、2022年8月には、「サステナブルな企業価値創造のための長期経営・長期投資に資す

図表1-1　SX（サステナビリティ・トランスフォーメーション）

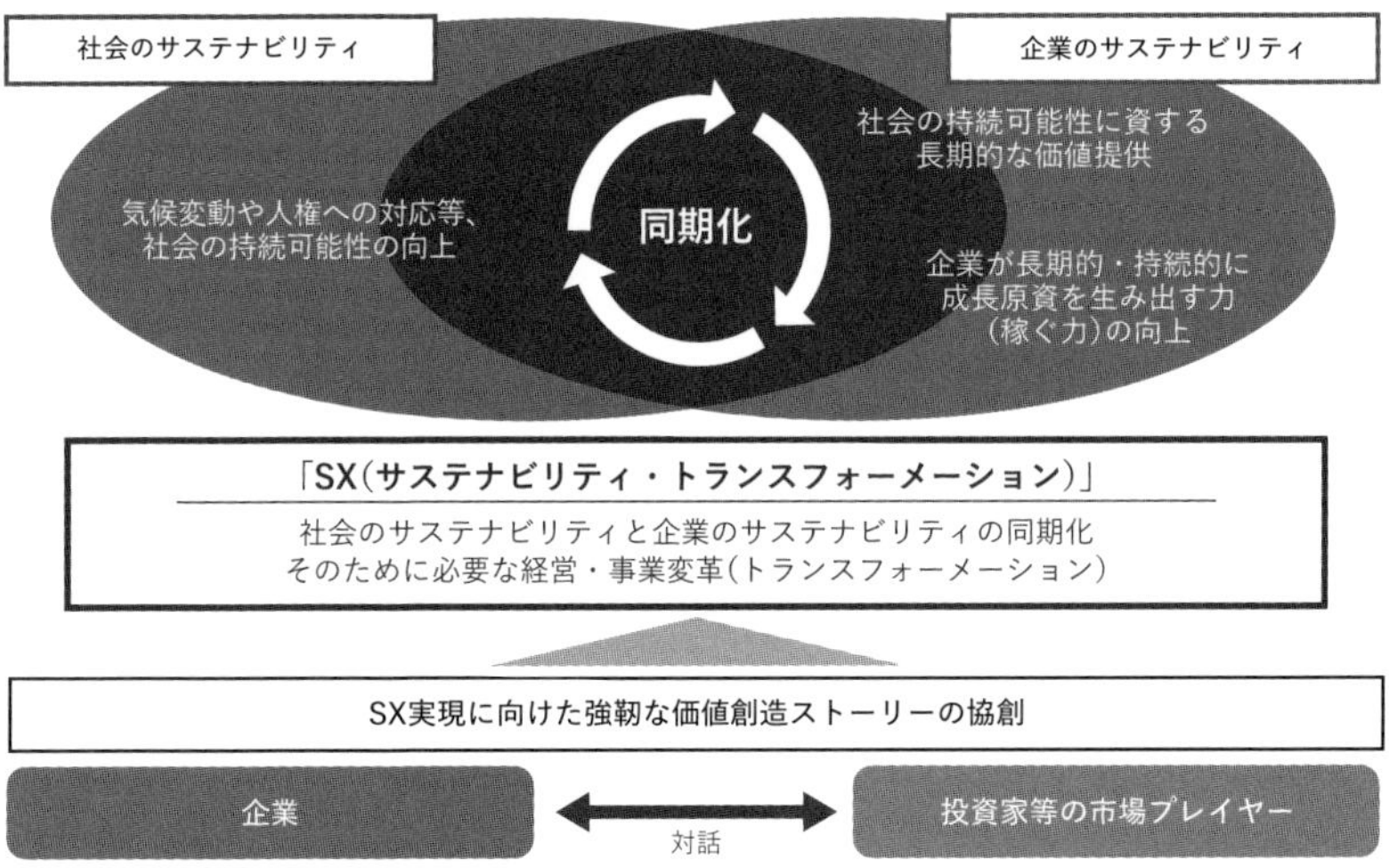

出典：経済産業省「SX版伊藤レポート」

> バーセキュリティ等の経済安全保障関連課題の顕在化など、複雑化する事業環境の中で持続的な競争優位を確保していくため、ＳＸの実現に向けた強靭な価値創造ストーリーの協創と、その実装が期待される。
>
> 出典：経済産業省「ＳＸ版伊藤レポート」

２０２２年８月以前の経済産業省のＳＸの定義では、「社会のサステナビリティを経営に取り込む」とされていましたが、「ＳＸ版伊藤レポート」では、「社会のサステナビリティと企業のサステナビリティの同期化」というより強い表現となっています。

つまり、企業には、環境・社会・経済という３つの要素に与える影響を考慮した事業展開を行うといった程度の取り組みではなく、環境・社会・経済という３つの要素を経営と同期化させ、それぞれにポジティブな影響を与えること（Net Positive）が

る対話研究会（SX研究会）」報告書として「伊藤レポート3.0（SX版伊藤レポート）」が発表され、現在に至っている。

求められているのです。

しかしながら、「社会のサステナビリティと企業のサステナビリティの同期化」も直感的には意味合いが掴みづらい概念です。従来のCSRとは何が異なるのか、具体的にはどのような状態を目指せばいいのか、明確なゴールを描けていない企業も多いと思います。

意味の掴みづらい「トランスフォーメーション」

SXの「X」部分であるトランスフォーメーションは、日本語では「変革」と訳されていますが、「変化(change)」との明確な線引きができていません。同様に、DXはデジタルトランスフォーメーションのことを指しますが、単なる「デジタル化」のことも一括りにDXと言ってしまうのは、こうしたトランスフォーメーションという言葉の意味の線引きの曖昧さによります。

私は、こうした「トランスフォーメーション」という言葉に対する認識の曖昧さが、企業が「サステナビリティ経営」を正しく認識できない一つの要因ではないかと考えています。

英語のニュアンスを確認してみましょう。「change」は、「服を着替えるようにすぐに元に戻せる変わり方」を指します。これに対して、「transform」は、「昆虫の羽化のように元には戻せないような変わり方」を意味しており、まるで違う概念なのです。

・change → 服を着替えるようにすぐに元に戻せる変わり方(変化)

・transform→昆虫の羽化のように元には戻せないような変わり方（変態）

これはSDGsでも同様です。SDGsは17の目標がメインのコンテンツではなく、かなり長い文章（外務省による日本語仮訳ではA4サイズ37ページ）で構成されていますが、「Transforming Our World」というタイトルが冠されています。持続可能な社会を実現するために、「この世界を根底から変えるような取り組み」が求められているわけですが、私の知る限り、そのようにSDGsを捉えている日本企業は決して多くはありません。

サステナビリティ経営で求められるムーンショットとバックキャスト思考

SDGsはきれい事であるとか、どうやっても達成できない目標ばかりが並んでいると指摘する方も多くいますが、SDGsは理想の未来を実現するために、敢えて一見達成不可能に見えるムーンショット目標を掲げて、それを達成するためにバックキャスト思考によるイノベーション創出を促しているのです。

「ムーンショット」という表現は、第35代アメリカ大統領のJ・F・ケネディ氏が1961年に月面着陸プロジェクト「アポロ計画」を発表し、1969年にその目標を達成したことに由来しており、「極めて困難だが、実現すれば大きなインパクトがもたらされる前人未到な目標や挑戦」を指します。日本でも、内閣府が「ムーンショット型研究開発制度（注20）」を整備しており、ムーンショットを掲げて、バックキャスト思考でイノベーションを創出するという考え方は決して新しい概念ではなく、昨今はベンチャー企業などにお

（注20）ムーンショット型研究開発制度：破壊的イノベーションの創出を目指し、従来技術の延長線上はにない、より大胆な発想に基づく挑戦的な研究開発を推進する研究プログラム。

いて、OKR（Objectives and Key Results）（注21）という人事制度の中でも用いられている概念でもあります。SDGsの中には、以下のような記述があります。我われは、国連からイノベーションの創出を求められているわけです。

> 民間企業の活動・投資・イノベーションは生産性及び包摂的な経済成長と雇用創出を生み出していく上での重要な鍵である。我々は、小企業から協同組合、多国籍企業までを包含する民間セクターの多様性を認める。我々は、こうした民間セクターに対し、持続可能な開発における課題解決のための創造性とイノベーションを発揮することを求める。
>
> 出典：2030アジェンダ：Transforming Our World

「SX版伊藤レポート」にも以下のような記載があり、「フォアキャスティングの視点」と「バックキャスティングの視点」を組み合わせることが重要であることが示されています。

> SXの実現に向けては、第一に、社会のサステナビリティも踏まえつつ、自社が長期的に目指す姿を明確化することが重要である。
>
> そのためには、まず、社会への長期的かつ持続的な価値提供に向けて判断軸となる価値観を明確化し、それに基づき、自社の事業活動を通じて解決する重要課題を特定することが求められる。その上で、それら自社の価値観や重要課題とも整合的な形で、どのように社会に価値を提供していくか、それ

（注21）OKR：Objectives and Key Resultsの略称。難易度の高い目標を掲げて進捗状況を確認できるようにするための目標管理手法。1970年代にインテルが開発したもので、昨今はシリコンバレーの著名な企業でも取り入れられている。

によってどのように長期的な価値向上を達成するかという、目指す姿を設定することが重要である。
目指す姿の設定に際しては、短・中・長期それぞれの時間軸の中で想定される社会の変化を見据え、将来市場における自社のポジショニング等を想定し、それを達成するためにどのような取組が必要かという観点からの検討（バックキャスティング）と、自社の競争優位・強みを将来に向けてどのように持続・強化するかという観点からの検討（フォアキャスティング）を組み合わせることが有益である。

出典：経済産業省「SX版伊藤レポート」　※傍線は著者追加

また、2022年5月に公開された「人材版伊藤レポート（注22）」においても、下記のようなバックキャスト思考を求める記述があります。

4．動的な人材ポートフォリオ計画の策定と運用
○経営戦略の実現には、必要な人材の質と量を充足させ、中長期的に維持することが必要となる。
○このためには、現時点の人材やスキルを前提とするのではなく、経営戦略の実現という将来的な目標からバックキャストする形で、必要となる人材の要件を定義し、人材の採用・配置・育成を戦略的に進める必要がある。

出典：経済産業省「人材版伊藤レポート」　※傍線は著者追加

我われは、通常はフォアキャスト思考で発想することが一般的です。自身の成績をどう上げていくか、自身の給与をどうアップしていくかを考えるとき、一般的には現在の成績や給与を基準に、今後どのようにしようかと考えます。

（注22）人材版伊藤レポート：2020年9月に発表された経済産業省の「持続的な企業価値向上と人的資本に関する研究会」の最終報告書の通称。伊藤邦雄氏の苗字をとり「人材版 伊藤レポート」と呼ばれる。2022年5月には、「人的資本経営の実現に向けた検討会」報告書として「人材版伊藤レポート2．0」が発表されている。

図表1-2　サステナビリティ経営に必要なバックキャストの考え方

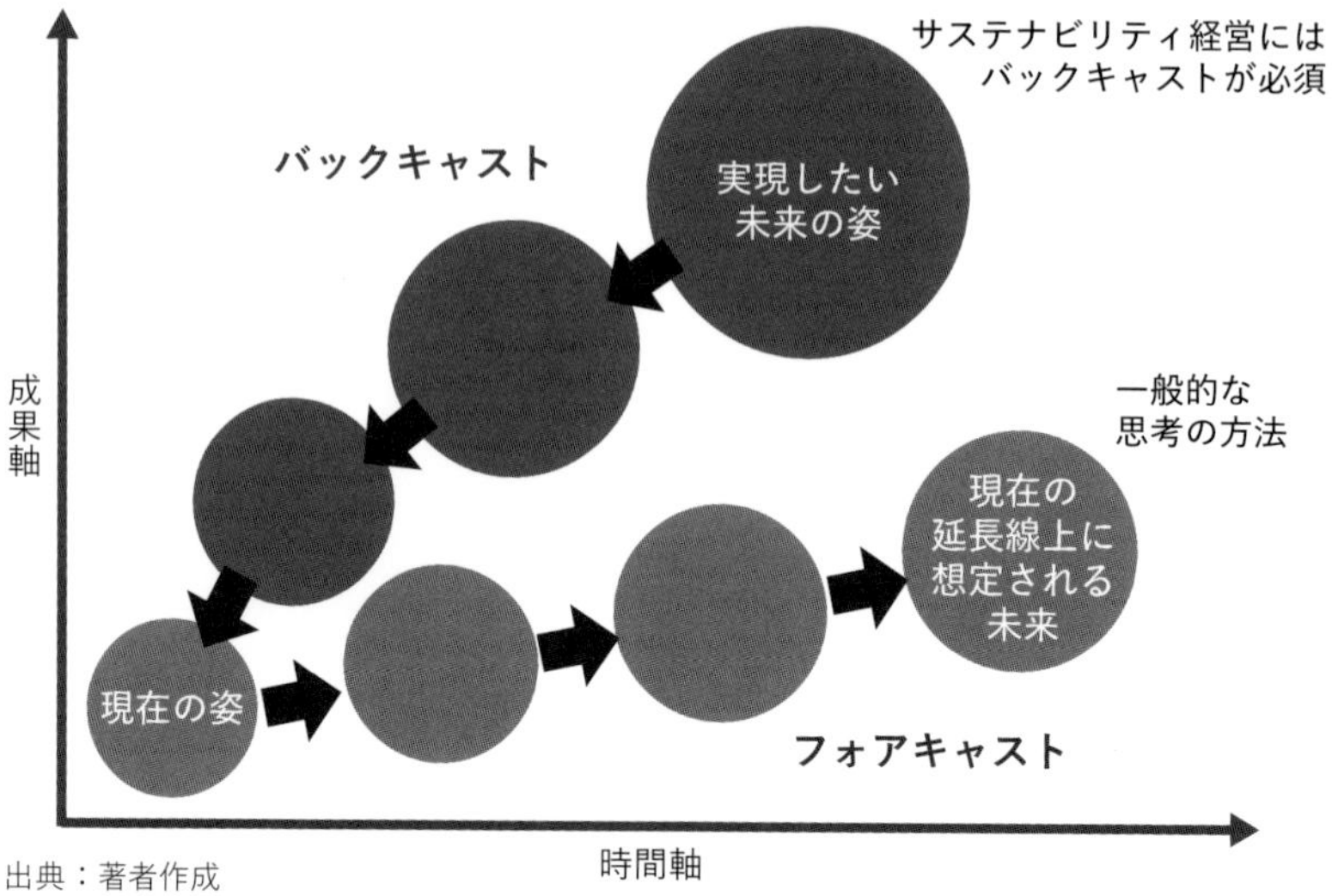

出典：著者作成

企業においても、今期の業績を前提に来期はどれくらい伸ばすのかを考えるのが普通の思考プロセスです（図表1－2参照）。

サステナビリティ経営において、バックキャスト思考が求められていても、日頃の組織や自分自身の思考プロセスはフォアキャストなわけですから、そんなに簡単にスイッチを切り替えることはできません。このあたりも、サステナビリティ経営がしっくり腹落ちしない要因の一つであるように思います。

2 企業のサステナビリティ経営への取り組みと現状

前節では、「サステナビリティ経営」という考え方は、これまでの経営の概念とは異なる新しい概念であって、いかに掴みづらくて腹落ちしにくいものかという点について触れてきました。本節では、そうしたサステナビリティ経営に対して、企業はどのように取り組んできたのか、実際のビジネスシーンではどのようなことが起きているのかについて考えていければと思います。

SDGsを経営に取り込むことに奔走した日本企業

SDGsは2015年9月に採択されていますが、日本で「SDGs×ビジネス」をテーマとした書籍が出版され始めたのは2017年でした。2018年までの出版数はごくわずかだったのですが、2019年から加速し、2020年には10冊以上の出版ラッシュとなりました。2021年からは、パーパス経営やサステナビリティ経営という軸が加わり、2022年からは人的資本経営の書籍が一気に増えます。ESGをテーマとした書籍はファイナンスと紐づけられて粛々と出版され続けています。

また、内閣に設置されたSDGs推進本部により「ジャパンSDGsアワード」が創設され、2017年末に発表された第1回表彰では、自治体や教育機関に加えて、サラヤ、住友化学、吉本興業、伊藤園の4社が表彰されています。

つまり、日本の大手企業の多くは2018年あたりからSDGsを意識し始め、2021年までに一気にSDGs経営に取り組むことに奔走したと考えられます。取り組みを検討する際、各企業は書籍やセミナーの内容などを参考にしたり、他社の事例をヒントにしたり、コンサルティングファームにアドバイスを求めたりしたわけですが、結果として多くの企業が参考にしたのは、「SDG Compass」でした。

私は、この「SDG Compass」が日本のサステナビリティ経営のこれまでの進化に極めて大きな影響を与えたと考えています。「SDG Compass」の構成を見ながら、この仮説を検証してみたいと思います。

次の項は、「SDG Compass」のポイントについての説明ですので、「SDG Compass」の内容や特徴を熟知している方は、p40〈「SDG Compass」に欠けていた視点と企業の取り組みへの影響〉から読んでいただいてもよいかと思います。

「SDG Compass」の特徴と果たした役割

「SDG Compass」は2016年3月にGRI、UNGC、WBCSDの3団体が共同で作成した企業向けのSDGsの導入マニュアルのようなものです。

日本語版は30ページに及ぶボリュームで、以下の5ステップで構成されています（図表1－3参照）。非常によく練られた構成で、わかりやすく記載されており、当時の企業のサステナビリティ推進担当者にとっ

図表1-3 「SDG Compass」の目次

目次

出典：GRI/UNGC/WBCSD（日本語訳：GCNJ/IGES）「SDG Compass」

てはかなり使い勝手が良かったのではないかと思います。

ステップ1では、SDGsを理解することに主眼が置かれています。17のゴールの構成を示すとともに、企業がSDGsに取り組む意義としての「機会とリスク」が記載されています。「機会」とは新しいビジネスチャンスや企業価値向上への道筋のことであり、「リスク」とは、取り組まないことで生じる企業価値毀損の可能性のことを指しています。

ステップ2には、優先課題を決定するプロセスが記述されています。このプロセスで示されているのが、バリューチェーンマッピング（図表1－4参照）とロジックモデル（図表1－5参照）です。

バリューチェーンマッピングを用いることで、企業は自社が社会に及ぼす影響全体を俯瞰して捉えることができます。バリューチェーンマッピングは視覚的にもわかりやすいため、当時、多くの企業がウェブサイトや統合報告書に掲載していました。

ロジックモデルも優れたフレームワークです。どのようなリソース（input）を活用して、どのような活動を行うのか（activity）、その活動の結果、何が生み出され（output）、対象にどのような変化がもたらされるのか（outcome）、そして最終的に社会にどのような影響（impact）をもたらすのかというプロセスを論理的に明示できるからです。

最終的にはバリューチェーンマッピングやロジックモデルを活用して選定した項目の中から様々な観点を

図表1-4　バリューチェーンにおけるSDGsのマッピング

各企業は、世界中の事業所におけるすべての従業員に生活賃金を支給することにより、その事業におけるSDGsの目標8への正の影響を強化することを優先課題として特定する。

各企業は、消費者がエネルギー消費を減少させ、関連の温室効果ガス排出量を削減できるような自社製品を開発・提供することにより、SDGsの目標13への正の影響を強化することを優先課題として特定する。

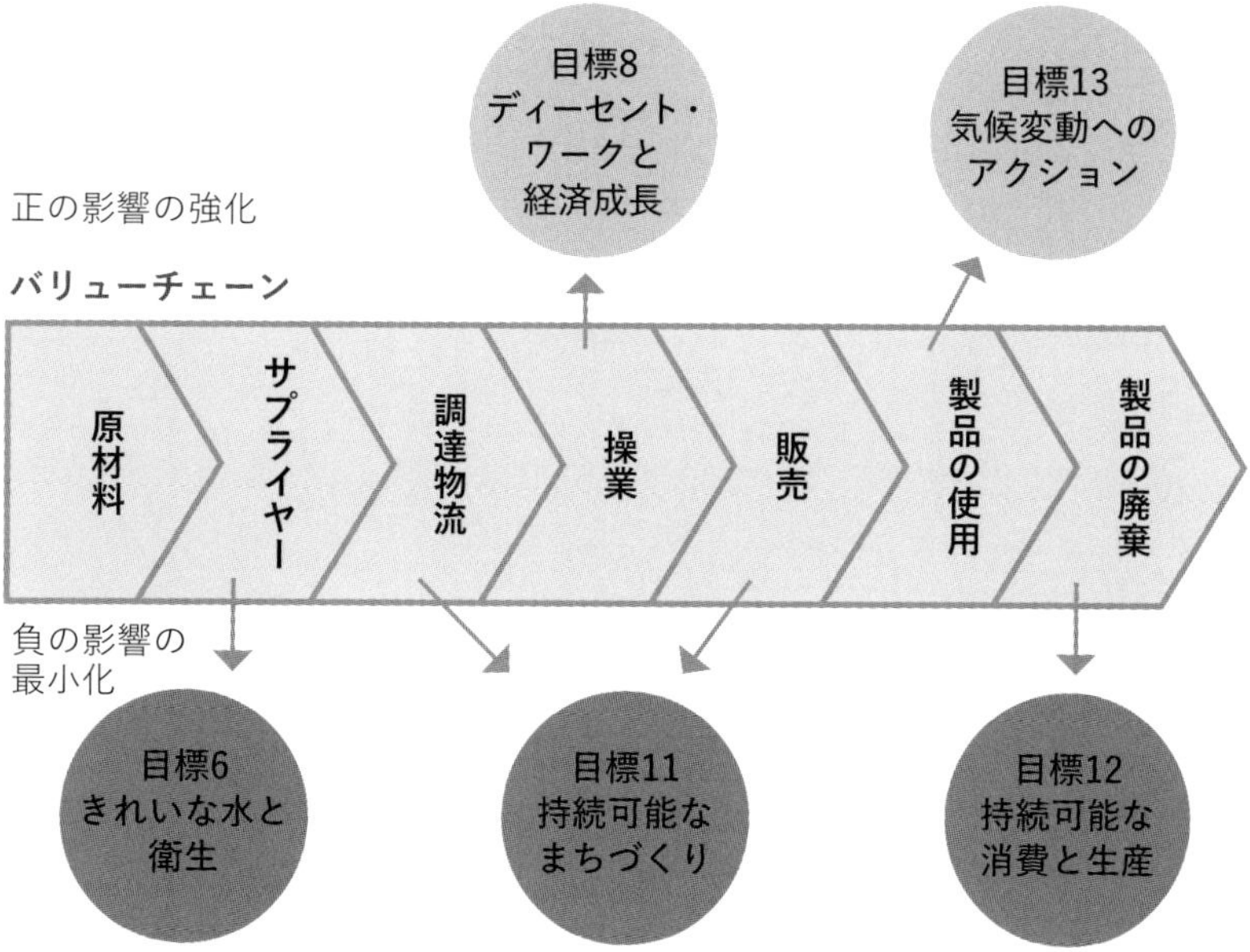

各企業は、サプライヤーと連携して水資源の不足している地域において水使用量を削減することにより、自社のサプライチェーンにおけるSDGsの目標6への負の影響を抑制することを優先課題として特定する。

各企業は、自社ドライバーの交通安全を改善することにより、調達物流および販売物流においてSDGsの目標11への負の影響を抑制することを優先課題として特定する。

各企業は、自社製品の再利用可能性や再生利用可能性を向上させることにより、自社製品の廃棄時におけるSDGsの目標12への負の影響を抑制することを優先課題として特定する。

出典：GRI/UNGC/WBCSD（日本語訳：GCNJ/IGES）「SDG Compass」

図表1-5　ロジックモデル

ロジックモデルの仕組みは例を使うとわかりやすい。たとえば、浄水用の錠剤の開発に投資しているある企業は、水を通じた感染症の発生率を低下させる可能性があり、SDGsの目標3のターゲット3.3「2030年までに、エイズ、結核、マラリア及び顧みられない熱帯病といった伝染病を根絶するとともに肝炎、水を通じた感染症及びその他の感染症に対処する」に貢献する。
当然のことながら、ロジックモデルの下流に行けば行くほど、正確なデータの収集は困難になる。したがって、投入、活動ないしは産出を計測し、これを結果および影響の代替指標として利用する企業が多い。

詳しくは、**WBCSD**の「**Measuring Socio-economic Impact Guide for Business**（社会経済的影響の測定－企業向けガイド）」を参照のこと。

この企業は、以下の段階を経ることにより、SDGのターゲット3.3に対する自社の貢献について理解ができる。

投入：	**活動：**	**産出：**	**結果：**	**影響：**
投入資源のうち、**SDGs**に対して正または負の影響を与え得るものは何か	どのような活動がなされるか	その活動により何が生み出されるか	対象とする人々にどのような変化がもたらされるか	その結果がもたらす変化とは何か
例： 研究開発費、製造費、マーケティング費（ドル）	例： 浄水錠剤の販売（マーケティングおよび販売活動の定性的記述）	例： 錠剤の販売（販売数および錠剤を購入した消費者に関する人口動態的情報）	例： 浄化した水の使用量（全使用量における割合（%））	例： 水系感染症発生率の低下（販売前との比較（%））

出典：GRI/UNGC/WBCSD（日本語訳：GCNJ/IGES）「SDG Compass」

図表1-6　目標設定アプローチの採用

インサイド・アウト・アプローチ

目標設定に対し、内部中心的なアプローチを取る今日的なあり方では、世界的な課題に十分対処することができない。

アウトサイド・イン・アプローチ

世界的な視点から、何が必要かについて外部から検討し、それに基づいて目標を設定することにより、企業は現状の達成度と求められる達成度のギャップを埋めていく。**SDGsは、国際的に望ましい到達点に関しての前例のない政治的合意である。**

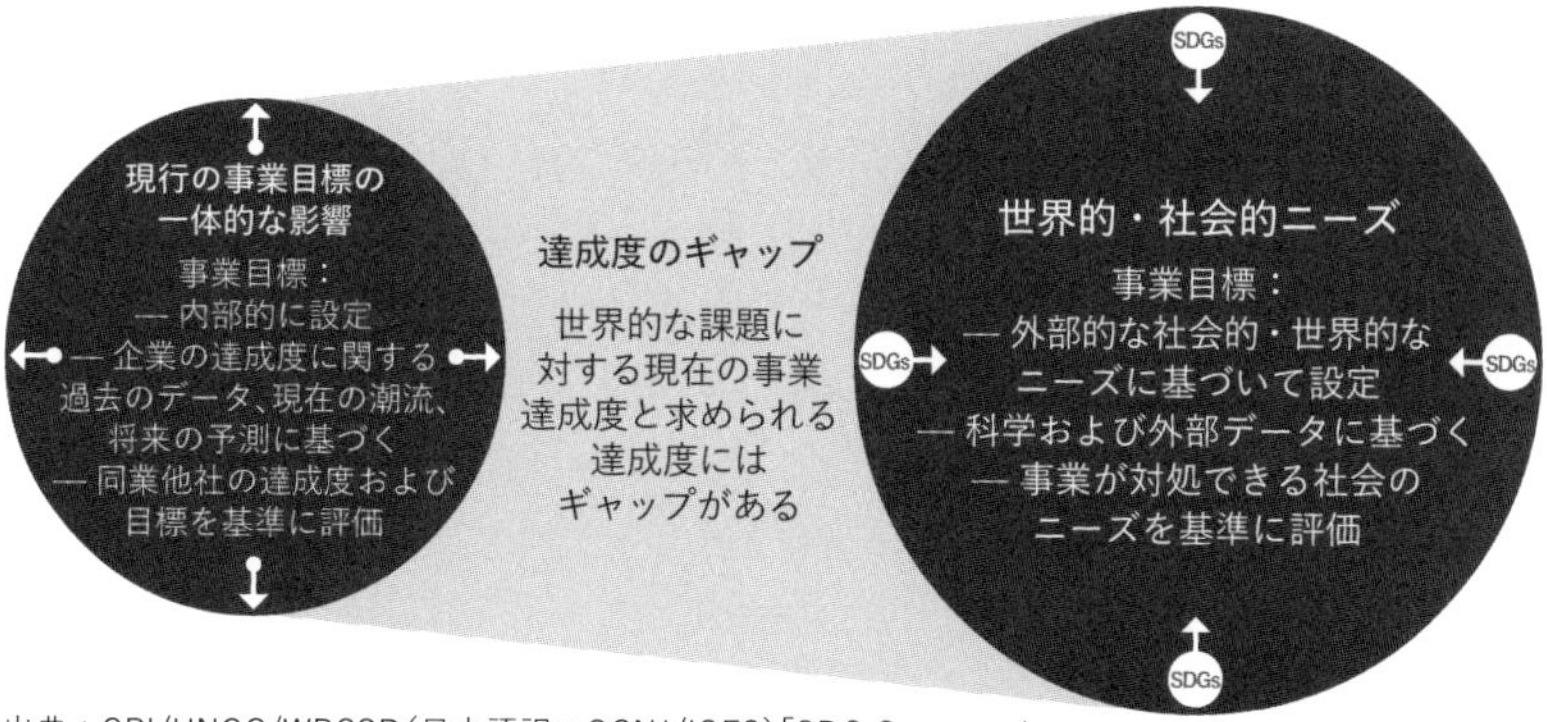

出典：GRI/UNGC/WBCSD（日本語訳：GCNJ/IGES）「SDG Compass」

踏まえて優先課題を決定するわけですが、決定プロセスは科学的ではなく主観的にならざるを得ないとされている点が特徴です。また、環境の変化を踏まえて年に1度程度の見直しが推奨されています。

ステップ3は、KPIの設定です。KPIの設定においては、長い時間軸とマイルストーンの設定の必要性が強調されるとともに野心的な目標の設定が推奨されています。またグローバルな社会的・環境的な課題に十分対処するためには、KPIの設定において、図表1－6のようなアウトサイドインアプローチが必要であるとされています。

アウトサイドインアプローチとは、自社の事業のスコープや現状の実績を起点に考えるのではなく、社会課題を起点に発想する方法で、サステナビリティ経営では極めて重要な考え方です。

ステップ3では、SDGsへのコミットメントを公表することについても言及されています。社内外に公表することで、社員のモチベーションが向上したり、ステークホルダーとの建設的な対話が生まれたりするとされています。

ステップ4では、ステップ3で設定した目標を図表1－7のように各事業部門の活動に落とし込み、経営に統合します。この際、事業部門にSDGsに取り組む目的や根拠を示すとともに、SDGsへの取り組みの成果を経営陣の評価やインセンティブとも連動させることが推奨されています。サステナビリティ経営を実行に移す際には事業部門の取り組みが主となるため、必ずこのようなプロセスが必要になります。最近では、SDGsへの取り組みを含む非財務指標が役員の評価に組み込まれる企業事例も増えてきています。

ステップ5では、定期的なコミュニケーションと報告について触れています。報告内容については、ステップ2で特定した重要課題やGRIスタンダード（注23）といった情報開示フレームワークの項目を参照したマテリアリティを軸にすることが推奨されており、図表1－8のようなマトリクスによる整理が有効とされています。

当初、ほとんどの企業はこのマトリクスを参考にマテリアリティを整理し、統合報告書などに掲載をしていました。初期のサステナビリティ経営において、一世を風靡したフレームワークということができると思います。

またステップ5では、KPIに対する達成度の公開も求められています。KPIに対する進捗《しんちょく》や達成に向けての道筋を示すことは、SDGsという世界共通言語を通じたステークホルダーとの対話に繫がるとしています。

（注23）GRIスタンダード：組織が経済、環境、社会に与えるさまざまなインパクトについてステークホルダーに情報開示する際の国際的な規準。全ての組織に適用される「GRI共通スタンダード」、個別のセクターに適用される「GRIセクター別スタンダード」、個別の項目に関連する内容の「GRI項目別スタンダード」によって構成されている。

図表1-7　組織に持続可能な目標を組み込む

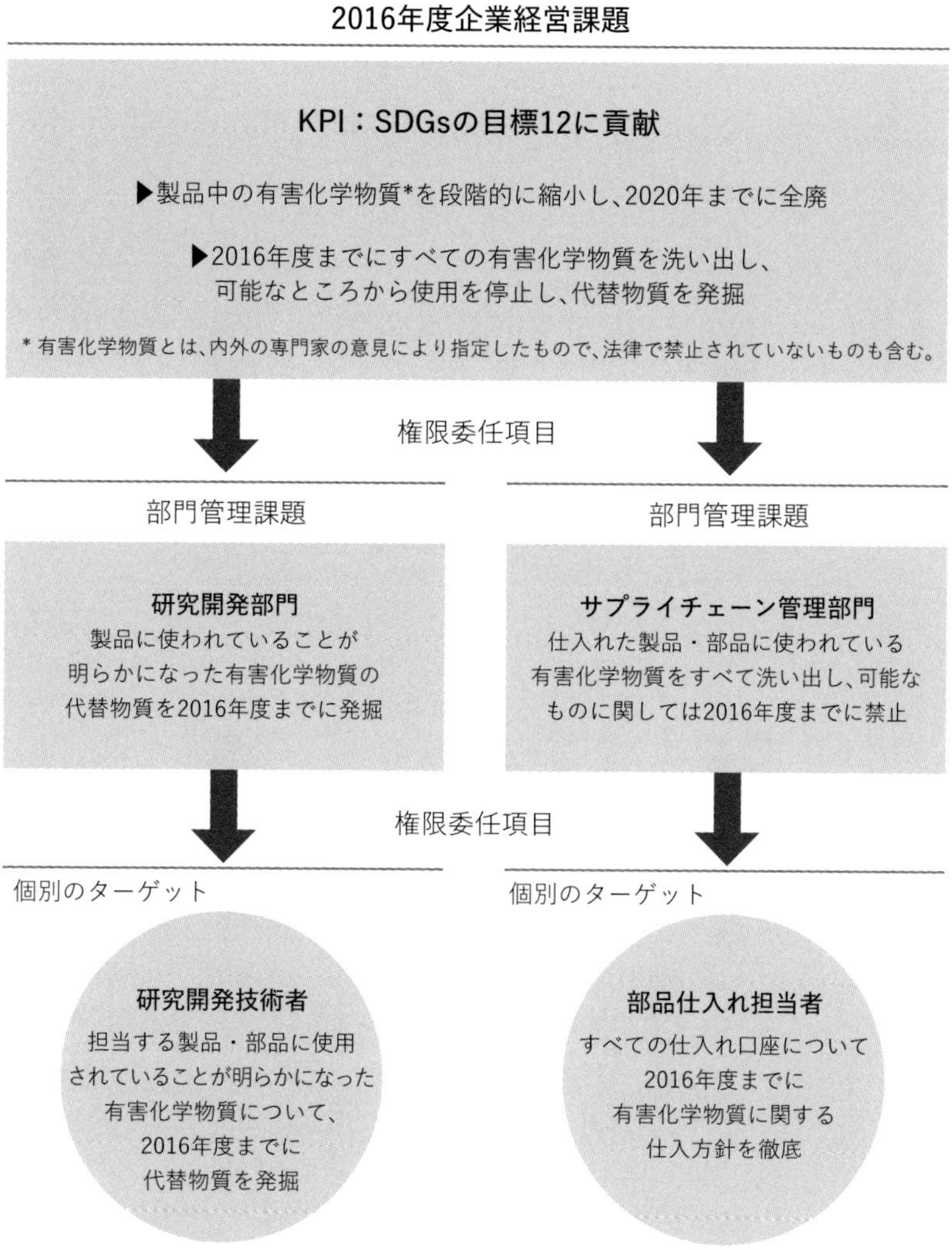
2016年度企業経営課題
KPI：SDGsの目標12に貢献
▶製品中の有害化学物質*を段階的に縮小し、2020年までに全廃
▶2016年度までにすべての有害化学物質を洗い出し、
可能なところから使用を停止し、代替物質を発掘
* 有害化学物質とは、内外の専門家の意見により指定したもので、法律で禁止されていないものも含む。
権限委任項目
部門管理課題
研究開発部門
製品に使われていることが
明らかになった有害化学物質の
代替物質を2016年度までに発掘
部門管理課題
サプライチェーン管理部門
仕入れた製品・部品に使われている
有害化学物質をすべて洗い出し、可能な
ものに関しては2016年度までに禁止
権限委任項目
個別のターゲット
研究開発技術者
担当する製品・部品に使用
されていることが明らかになった
有害化学物質について、
2016年度までに
代替物質を発掘
個別のターゲット
部品仕入れ担当者
すべての仕入れ口座について
2016年度までに
有害化学物質に関する
仕入方針を徹底

出典：GRI/UNGC/WBCSD（日本語訳：GCNJ/IGES）「SDG Compass」

図表1-8　マテリアリティ(重要性)を基準にした優先SDGs報告事項のマッピング

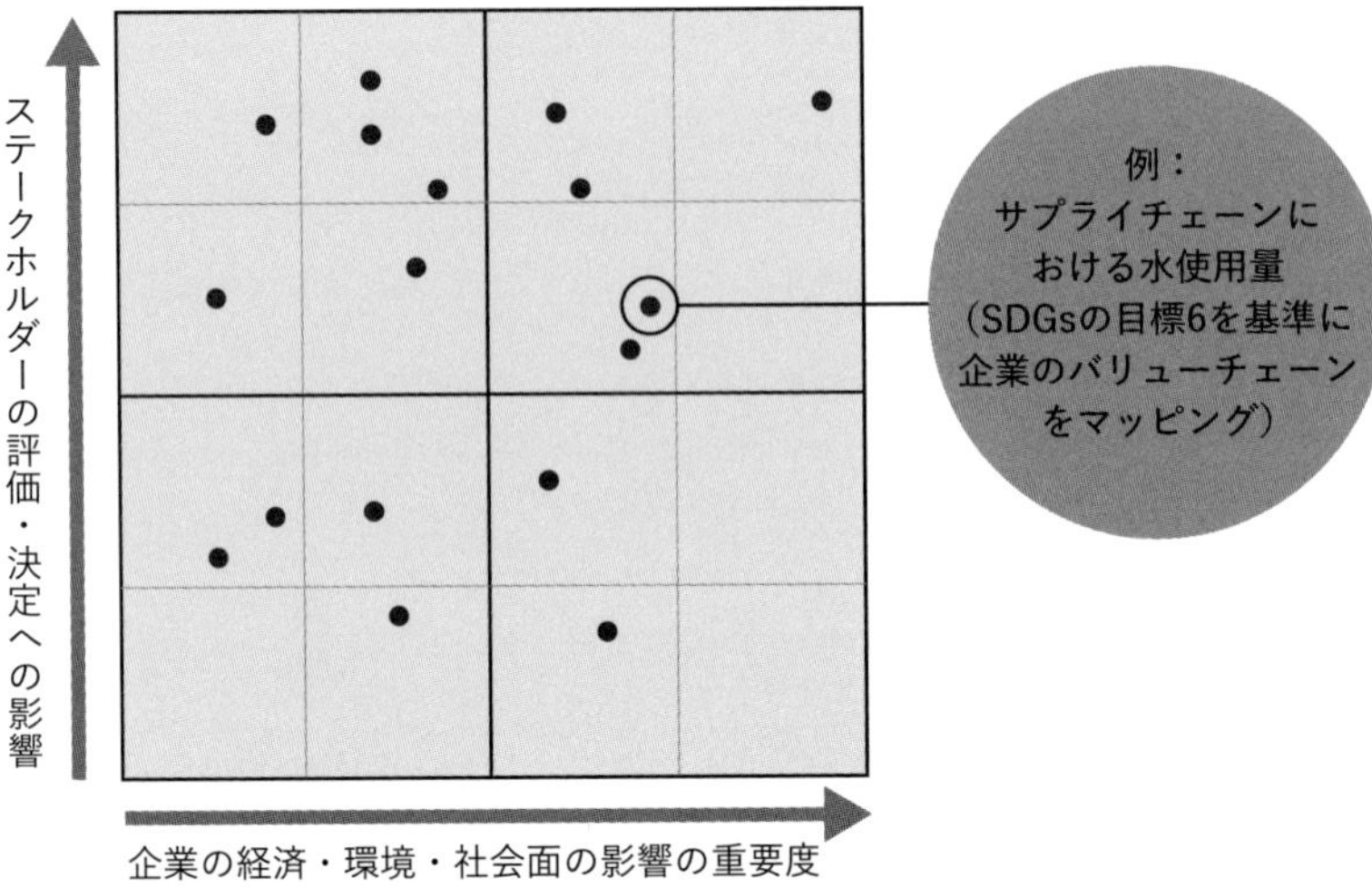

出典：GRI/UNGC/WBCSD(日本語訳：GCNJ/IGES)「SDG Compass」

さらにＳＤＧｓの各要素には関連性があり、その関連性を示すことも有効とされています。ＳＤＧパートナーズの田瀬和夫氏が著書『ＳＤＧｓ思考』（インプレス社）の中で示した「ＳＤＧｓドミノ」はこうした関連や相乗効果を示すもので、ＳＤＧｓのアイコンの視覚的な特徴を活かして、各要素の関連性を示すメソッドということができます（図表１－９参照）。

なお、このようなＳＤＧｓの各要素の関係性は「ＳＤＧｓのネクサス構造」とも呼ばれ、ネクサス構造の解析やネクサスアプローチは、持続可能な社会創りのための１つの研究テーマともなっています。

以上のように「SDG Compass」には様々な有用な概念やフレームワークが含まれ、わかりやすいステップが準備されていたため、日本企業がＳＤＧｓを経営に取り入れる段階において、極めて大きな貢献があったと考えられます。「SDG Compass」が現

図表1-9　SDGsドミノのイメージ

出典：田瀬和夫氏『SDGs思考』の図表を参考に著者作成

状のサステナビリティ経営の基礎となり、企業の取り組みをリードしてきたということには疑う余地がありません。

ただし、「SDG Compass」が発行されたのは2016年であり、その後、バージョンアップは、されていません。SDGsのような指標はそう大きく変わるものではありませんが、「SDG Compass」は導入マニュアルであり、ノウハウ集です。発行から7年も経過すれば、世界中で取り組みが進み、新たな知見やメソッドが創出されていると見るのが筋だと思います。つまりアップデートが必要だということです。

以下では、「SDG Compass」が誤っていたという観点ではなく、アップデートが必要という観点で、現在から振り返ってみた「SDG Compass」に欠けていた点を考察していきたいと思います。

「SDG Compass」に欠けていた視点と企業の取り組みへの影響

ステップ1では、企業がＳＤＧｓに取り組む際の「機会とリスク」の観点が示されています。企業がＳＤＧｓに取り組む際の機会については、２０１７年の世界経済フォーラム（ＷＥＦ）（注24）年次総会（ダボス会議）において、ＳＤＧｓの推進により12兆ドルの経済価値と3億８０００万人の雇用創出が見込まれるという推計も出ていますが、多くの企業は、この莫大な市場にどのようにアプローチしてよいのかわからず、機会を活かすことよりもリスクを回避することに力点を置いたのです。新規事業の成功率は極めて低いため、企業としては、時間とコストをかけてこの市場に挑むことを選ばなかったという見方もありますが、ＳＤＧｓが生み出す市場をイメージできなかったというのが実態だったのではないでしょうか。

「SDG Compass」では「機会創出」よりも「リスク低減」や「責任」が強調して記載されていることも企業の「機会創出」に対するネガティブな動きを後押ししたのではないかと思いますが、いずれにしても、多くの企業は、ステップ1の時点で、「ＳＤＧｓへの取り組みは新たな機会である」という選択肢をだいぶ遠くに追いやってから走り始めてしまったと言えます。

「機会創出」を選択せずに、「リスク低減」への対応のみを選択すれば、ＣＳＲやコンプライアンスへの取り組みがメインとなりますので、おのずとコストばかりがかさみます。統合報告書を制作するにしても、社内でプロジェクトを組んで、外部の制作パートナーやコンサルティングファームと連携して作ることになるわけですので、それなりに大きなコストが発生します。こうしたコストを回収するチャンスがない状態が続

（注24）世界経済フォーラム：WEF（World Economic Forum）の日本における名称。グローバルかつ地域的な経済問題に取り組むために、政治、経済、学術等の各分野における指導者層の交流促進を目的とした非営利団体。1971年、スイスの経済学者クラウス・シュワブによって設立された。

けば、持続可能な取り組みではなくなってしまいます。

ステップ2で、大きなポイントとなるのはバリューチェーンマッピングです。自社の活動の影響が及ぶ範囲が特定できる、視覚的にもわかりやすいフレームワークなのですが、普通に考えると、既存事業のバリューチェーンを活用することとなります。このタイミングで、新規事業に思考が及ばないだけのことではという見方もあるとは思いますが、実際に起こったのは、その後の企業のサステナビリティ経営の方向性に大きな影響を及ぼすような深刻な問題でした。

多くの企業は、既存事業が社会に及ぼしている負の影響を軽減するリスク低減の方針を検討することだけに注力し、正の影響については、既存事業が現状創出している社会価値以上のことは検討を行わなかったのです。この状態では、既存事業の売上がアップすれば、それに伴って正の影響は増加するものの、それ以上の新たな社会的インパクト（注25）は創出されません。

ステップ1は、ＳＤＧｓを理解するというステップだったので、ステップ2は、「SDG Compass」におけるファーストアクションとも言える重要なステップです。そのステップ2にバリューチェーンマッピングを配置したことが、企業の意識を「機会創出」ではなく、より既存事業の負の影響の軽減という「リスク低減」に向けてしまったのではないでしょうか。

また、自社が社会に創出している正の影響を改めて言語化することは、経営者に勇気と自信を与えることにも繋がります。「ＳＤＧｓに取り組まなければと思っていたが、存外、当社はすでにできているではないか」と感じて安心してしまった経営者も多かったように思います。

勿論、これまで企業が顧客や社会に対して貢献をしてきた過去の歴史や実績を否定するわけではありませ

（注25）社会的インパクト：事業や活動の結果として生じた社会的、環境的なアウトカム（成果）。

んし、我われが現在のような豊かな生活を享受できているのは、多くの企業の挑戦と不断の努力の積み重ねによるものであることは論を俟《ま》ちませんが、時代が変わり、企業経営は新たなフェーズに突入したのです。企業はこれまでの貢献の仕方だけではない、新たな貢献の形を模索する必要があるのです。

現在、世界の課題となっている温室効果ガス排出による気候危機問題は、産業革命後に産業や経済が発展する中で大きくなってきたものです。また、資本主義経済下で、安く仕入れて高く売るという利益創出スキームは経済的格差を助長してきた面があるとも言えます。こうした世界の（特に先進国の）企業の経済活動全体が一方で社会課題を生み出し続けてきたわけですから、あらゆる企業が負の影響を軽減することに加えて、新たな社会的インパクトを創出し、経済のシステムを変え、協力し合いながら社会課題を解決していかなければならないのです。「うちの会社は十分に貢献できているから新たな取り組みは必要ない」などという会社は一社も存在しないのです。

ステップ3は目標（ＫＰＩ）を設定するステップです。このステップではアウトサイドインアプローチが登場します。アウトサイドインアプローチの概念は、サステナビリティ経営においてはとても重要かつ必須な概念であることは前述した通りですが、ステップ2で優先課題が特定された後の目標（ＫＰＩ）設定のシーンで活用するとなると、その効果は半減してしまいます。

ステップ1及びステップ2で、既存事業にフォーカスした優先課題が選定されていったプロセスを検証しましたが、その流れで、アウトサイドインアプローチで目標（ＫＰＩ）を設定しようとしても、既存事業の延長線上の目標しか設定ができないからです。

結論から言うと、このアウトサイドインアプローチは、本来は、ステップ2の冒頭、バリューチェーンマッピングの部分にあるべきものなのです。ステップ2でアウトサイドインアプローチを活用すれば、既存事業を前提としない優先課題の検討が可能となり、「リスク低減」の観点だけでなく、「機会創出」にも目が向けやすくなるからです。

ステップ3の最後では、SDGsへのコミットメントと外部への公表が推奨されています。社内外への公表は重要であり、効果のあることではありますが、社内への公表については、公開された情報を受け取る側に一定のリテラシィがないと大きな効果は見込めません。

そもそもSDGsとは何か、そもそも何のために取り組むのか、企業としては何が求められているのかといったことを腑に落とした上で、自社のSDGsへのコミットメント内容を受け止めないと、正しく理解できず、結局のところ、自分自身は何をすればいいのかさっぱりわからないということになってしまいかねません。反対に、また面倒な仕事が増えたようにしか感じず、共感を得ることはできなくなってしまうのです。

ステップ1に「SDGsを理解する」とありますが、そもそも「SDG Compass」を目にするのは、社内でも経営陣やサステナビリティ部門などの限られた人だけです。サステナビリティ経営へのシフトには、全社員がSDGsを理解するというステップが必要なのではないでしょうか。

私が、2023年10月まで校長を務めていたESG専門のビジネススクールである〝Start SDGs（注26）〟の受講生（大手企業の方も中小企業の方も含め）から下記のような声をよく聞きました。

「社内でSDGsの話をすると、意識が高い奴と言われる」
「社内で、SDGsやサステナビリティについて話せる相手がいない」

（注26）Start SDGs：株式会社グローバルイノベーションズが2019年から展開しているESG専門ビジネススクール。2023年末までの累計受講者数は1,000名を超える。

「会社としてはマテリアリティを決めたりしたが、現場では何一つ変わっていない」
「ホームページではＳＤＧｓをうたっているが、あくまで形式だけ」
「いくら経営陣に提案しても、儲からないからと否定される」

“Start SDGs”は、２０１９年から運営していますが、２０２１年になっても上記のような話は多くありました。また、２０２０年くらいまでは、サステナビリティ関連の講座を受講する方々は会社から受講費の支援をしてもらうことができず、個人として参加していた方が多かったことも印象的でした。

ステップ４は、経営へ統合するステップです。このステップでは、サステナビリティ部門だけでなく事業部門におけるサステナビリティ方針／戦略の理解や目標の設定と実行が推奨されているのですが、ステップ３の項で指摘したリテラシィ不足や理解不足が解消されないままに事を進めると、事業の現場にはやらされ感しか残らず、自発的な取り組みには繋がらなくなってしまいます。

また、ステップ４には以下のような記載があります。

> 究極的には、持続可能性への意欲を企業のビジョン、使命や目的を明記した文書に反映させることにより、根本的かつ明示的に企業の将来的な成功を持続可能な開発に連動させる。
>
> 出典：ＧＲＩ／ＵＮＧＣ／ＷＢＣＳＤ（日本語訳：GCNJ/IGES）「SDG Compass」

当時はともかく、いまだにパーパスを策定していない企業が相当数あるわけですから、「究極的には」ではなく、すべての企業に推奨するように変えていくべきだったと思います。

ステップ5は、報告とコミュニケーションを行うステップです。ステップ5には下記のような記載があり、マテリアリティを整理するマトリクスが示されています。


企業はマテリアル（重要）な事項に焦点を当てた報告書等を作成することが推奨される。持続可能性報告におけるマテリアルな事項とは、企業がもたらす顕著な経済的、環境的および社会的な正または負の影響（ステップ2で説明）、ならびにGRIの「持続可能性報告ガイドライン第4版」（２０１３年）のいうステークホルダーの評価・決定に実質的な影響を与える事項のことをいう。

各企業のマテリアルな事項には、ステップ2で設定した戦略的優先課題が含まれる可能性が高い。

出典：ＧＲＩ／ＵＮＧＣ／ＷＢＣＳＤ（日本語訳：GCNJ/IGES）「SDG Compass」


つまり、「SDG Compass」においては、ステップ2で既存事業というスコープで重要課題を選定し、ステップ5のステークホルダーへの報告のタイミングで、改めてＧＲＩスタンダードなどを活用してマテリアリティを検討するプロセスを推奨していることになってしまっています。

現在、１０００社近い企業が統合報告書を発行し、ステークホルダーへの報告とコミュニケーションを行っていますが、統合報告書を策定するタイミングで初めてマテリアリティを選定する企業が少なくありませんでした。これは「SDG Compass」のステップを忠実に守ったことによる弊害だろうと考えられます。

私も何社かの経営者や担当者に、「マテリアリティという重要テーマや目標を決めていなかったのに、こ

図表1-10　マテリアリティ（重要性）を基準にした優先SDGs報告事項のマッピング

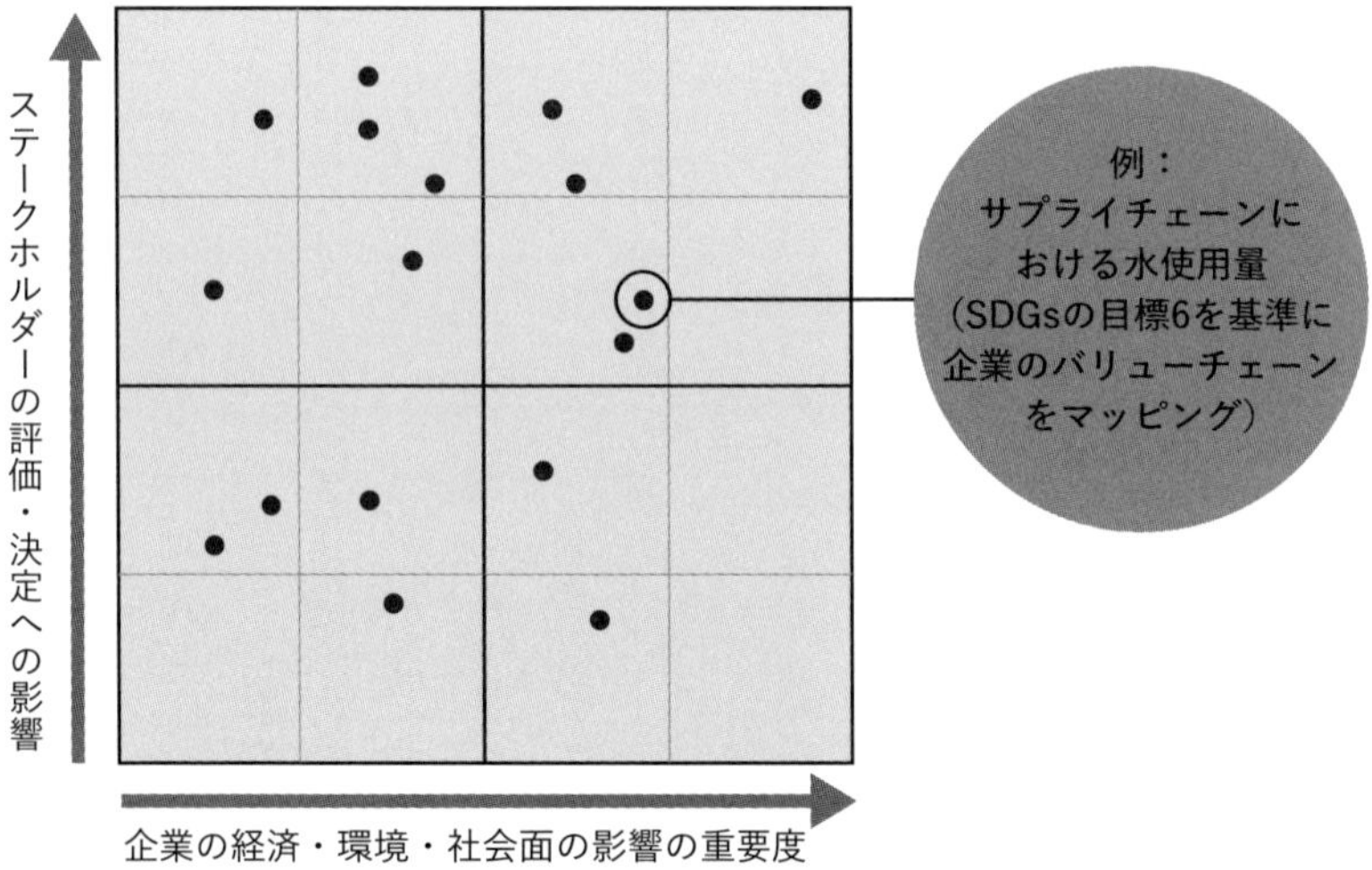

出典：GRI/UNGC/WBCSD（日本語訳：GCNJ/IGES）「SDG Compass」

の統合報告書で何を報告しようとしているのですか？」とお聞きしたところ、絶句されてしまったことがありました。びっくりすることですが、当時、マテリアリティの後付けはそれほど珍しいことではなかったのです。

さらに、ステップ5で示されているマトリクス（図表1－10参照）には、致命的と言っても過言ではない大きな問題があります。同じ業種の企業であれば、ほぼ同様のマテリアリティが選定されてしまうという点です。「SDG Compass」に沿ったプロセスだけでマテリアリティを選定していくと独自性が出せずに、同業他社との差別化ができない結果となります。これでは、サステナビリティ経営に意欲的になれないばかりか、統合報告書などのアウトプットは内容ではなく、デザインに力点を置かざるを得なくなってしまいます。

以上、「SDG Compass」に欠けていた視点をステップごとに考察してきました。

これは私の推察になりますが、そもそも「SDG Compass」は企業がサステナビリティ経営に取り組む際のハードルを下げるために、取り組みやすい順序でステップが構成されたのではないでしょうか。しかし、その後の企業の取り組みの動向を踏まえて、この順序を本来あるべきサステナビリティ経営を実現するための順序にバージョンアップする必要があったのではないかと思います。

企業側の対応は、大きく2つに分かれました。サステナビリティ経営への移行が今後必須となると考え、積極的に情報収集と検討を繰り返した一握りの企業は、「SDG Compass」のアップデートに成功し、サステナビリティ経営の本丸の入り口に立つことができています。反対に、サステナビリティ経営の未来を信じきれずに最低限の対応で済まそうとした消極的な企業（こちらの方が圧倒的に多かったと思います）は、情報収集やさらなる検討を行わなかったため、初期コストが発生しただけの状態となっているのです。

最後に、「SDG Compass」を私なりのロジックで本質的なサステナビリティ経営へのシフトを実現できる順番のステップに組み替えてみたものをご紹介します。ステップ自体の入れ替えはステップ3とステップ4だけですが、各ステップの中で活用されるフレームワークやロジックの順序がかなり入れ替わることがご理解いただけるかと思います（図表1－11参照）。

繰り返しになりますが、「SDG Compass」には素晴らしい要素が盛りだくさんです。

「SDG Compass」に沿って多くの企業がサステナビリティ経営に舵を切ることとなりました。また多くの

図表1-11　本質的なサステナビリティ経営を実現可能にする順番

ステップ	SDG Compass	望ましい手順
ステップ1	SDGsを理解する	SDGsを理解する（ステップ1）
ステップ2	優先課題を決定する ・バリューチェーンマッピング ・ロジックモデル	マテリアリティを特定する(ステップ2/ステップ5) ・アウトサイドインアプローチ（ステップ3） ・GRIスタンダードなど（ステップ5） ・マテリアリティのマトリクス整理（ステップ5）
ステップ3	目標（KPI）を設定する ・アウトサイドインアプローチ	経営へ統合する（ステップ4） ・従業員へのSDGsの落とし込み ・ロジックモデル（ステップ2）
ステップ4	経営へ統合する	目標（KPI）を設定する（ステップ3） ・バリューチェーンマッピング（ステップ2）
ステップ5	報告とコミュニケーションを行う ・GRIスタンダードなど ・マテリアリティのマトリクス整理	報告とコミュニケーションを行う（ステップ5） ・GRIスタンダードなど（ステップ5）

出典：GRI/UNGC/WBCSD（日本語訳：GCNJ/IGES）「SDG Compass」に著者が加筆して作成

企業が「SDG Compass」を道しるべとして努力を重ねてきました。私は決してそうした「SDG Compass」の功績や企業の努力を否定しているわけではありません。

こうした過去を無駄にしないためには、過去にとらわれずに、勇気を持ってアップデートすることが必要なのだと申し上げたいのです。

「サンクコスト効果」と呼ばれるアンコンシャスバイアスがあります。費やした時間や労力、コストを考えてしまい、やめた方がいいことをやめられなくなるという無意識な思考です。サステナビリティ経営も時を重ねるごとにサンクコスト効果で、方向転換が難しくなります。もし、サステナビリティ経営がうまく進んでいないと思うのであれば、一度、立ち止まって、「SDG Compass」のアップデートを考えてみてはいかがでしょうか。

図表1-12　世界のESG投資残高

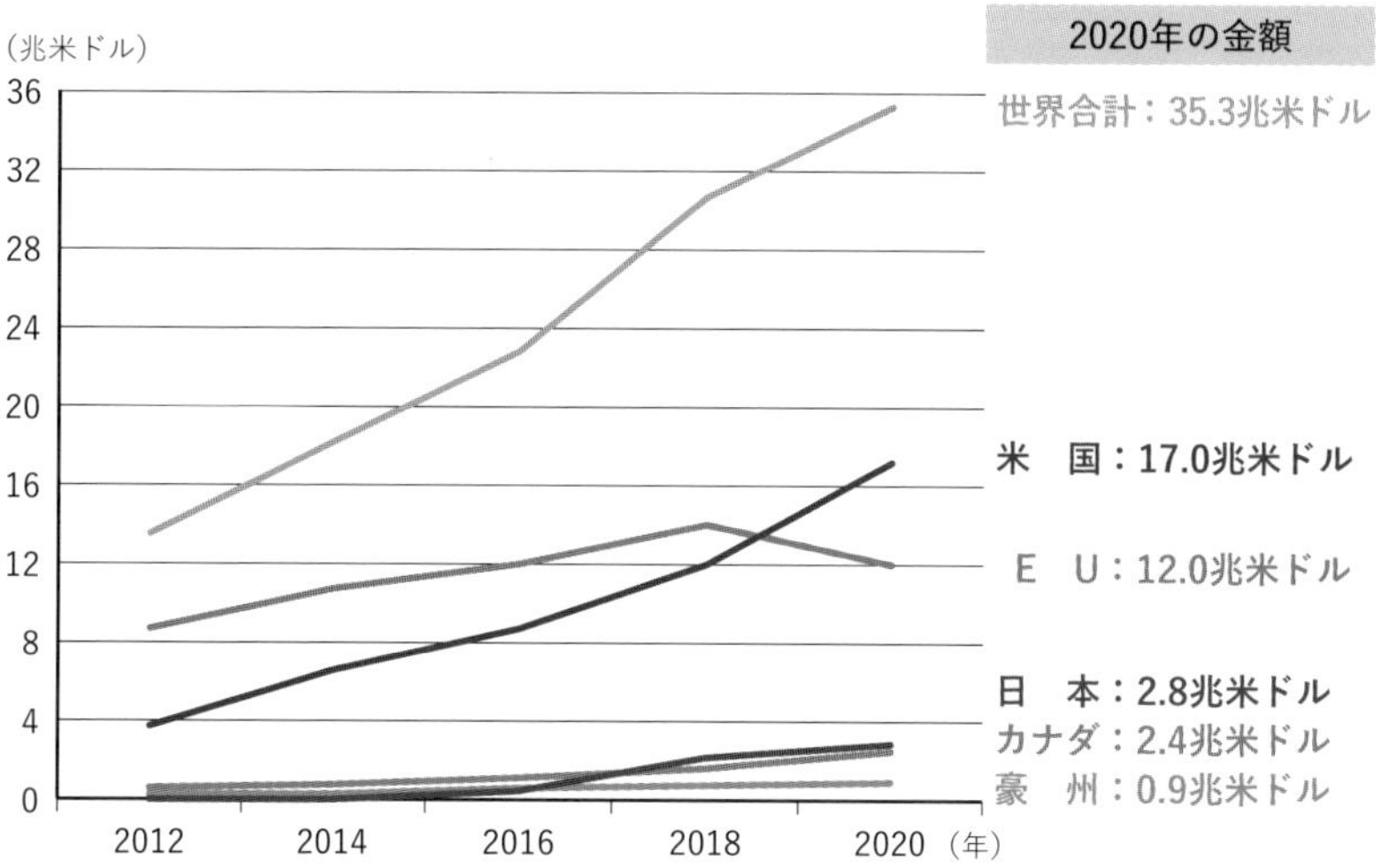

出典：内閣官房「人的資本可視化指針 付録」

機会創出ではなくリスク低減の文脈で捉えられるESGへの取り組み

次に、ESGの観点からサステナビリティ経営の現在地を見ていきましょう。

ESGの源流は、SRIであると考えられます。SRIとはSocially Responsible Investment の略で、企業のCSR活動評価の観点を含んだ「社会的責任投資」のことです。アメリカでキリスト教の教会が資産運用を行う際に、たばこやアルコール、ギャンブルといった業種を倫理的な理由で投資対象から外したことがSRIの始まりだといわれています。日本においては、1999年に設定された「エコ・ファンド」がSRIスタンスのファンドの最初だといわれています。

ESGの概念は、2006年に当時の国連事務総長だったコフィー・アナン氏によって提唱されたもので、企業への投資を行う際に、財務指標だけでは

図表1-13　PRIに署名した機関投資家数と運用資産残高の推移

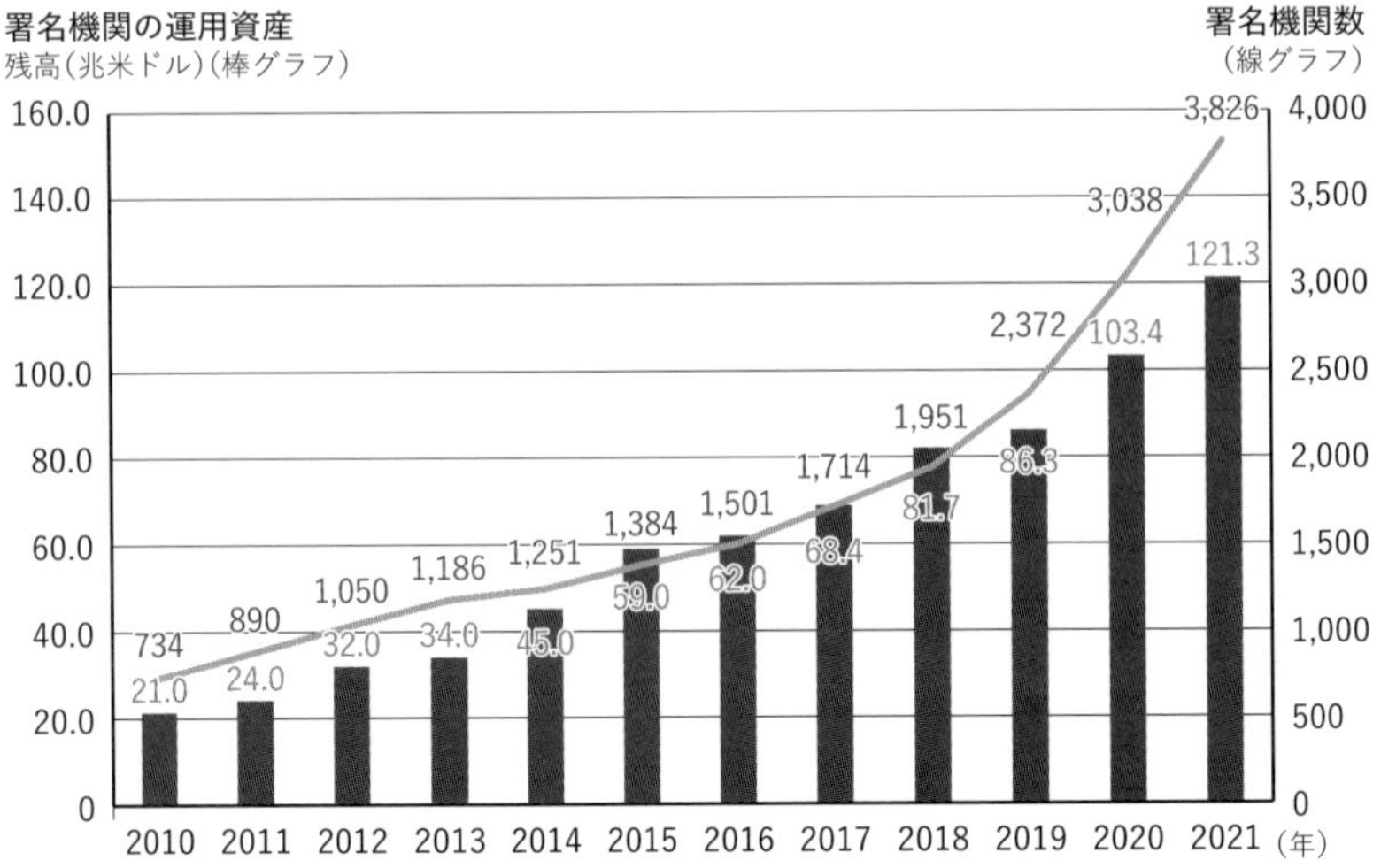

出典：内閣官房「人的資本可視化指針 付録」

なく、E（環境）、S（社会）、G（ガバナンス）への取り組みといった非財務指標も考慮するように求めたものです。日本でESG投資が注目されるようになったのは、2015年にGPIF（年金積立金管理運用独立行政法人）（注27）が、PRI（責任投資原則）（注28）に署名したことがきっかけといわれています（図表1－13参照）。その後、日本のESG投資残高は、増加トレンドで推移し、2020年のデータでは、24・3％（世界平均は35・9％）と全体の1／4に迫る数値となりました（近年、ESG投資の定義が厳格になり、一部、下降トレンドに見えるデータとなっていますが、実際は下降トレンドではありません）（図表1－12参照）。

環境や社会の課題に取り組む企業へのESG投資が進み、反対にこうした課題に取り組まない企業から資金を引き上げるダイベストメント（注29）が発生することはサステナビリティ経営へのシフトの追

（注27）GPIF：Government Pension Investment Fund（年金積立金管理運用独立行政法人）の略称。預託された公的年金積立金の管理・運用を行い、年金財政の安定に貢献する組織。世界最大規模。

（注28）PRI：Principles for Responsible Investment（責任投資原則）の略称。2006年に当時の国連事務総長であったコフィー・アナン氏が提唱した投資原則。企業に投資をする際には財務

い風となります。

ただ現状は、ＥＳＧへの取り組みと企業価値の間に相関性があることが発見されても、因果関係があるとは限らず、収益性が高くはない日本企業がＥＳＧに取り組むことに対しては一部の海外の投資家からは厳しい目が向けられているという側面もあります。

企業側からすれば、安定的に資本を調達するためのＥＳＧ対応が必要になりますが、前述した通り、サステナビリティへの取り組みは「機会創出」よりも「リスク低減」が重視されており、より「リスク対応のＥＳＧ」がより強化されることとなります。

さらに、２０１８年のコーポレートガバナンス・コード(注30)改訂で盛り込まれ、２０１８年、２０２３年の改訂でも取り組みの強化が続く「資本コストを意識した経営」が拍車をかけます。資本コストとは、有利子負債及び株主資本の調達コストのことですが、ここでは、株主資本コストに絞って考えていきます。株主資本コストは投資家の期待リターンであり、リスクの大きさによって変動します。

投資家にとってのリスクは、企業の将来の収益についての見通しが立たないことによって生じ、その際、投資家はより多くのリターン(リスクプレミアム)を求めることになるため、資本コストが上がってしまいます。

脱炭素や人権問題への取り組みに不備があったり、コンプライアンスが徹底されていなかったりするなど、ＥＳＧについての脆弱性が高い企業は企業価値を毀損するリスクも高くなるからです。株主資本コストを意識すればするほど、企業は、攻めの「機会創出」ではなく、守りの「リスク低減」に意識がいく仕組みとなっているのです。


指標だけでなく、ESGへの取り組みを踏まえることが重要だとしている。
(注29) ダイベストメント：投資している金融資産を引き揚げること。石炭産業などサステナビリティと逆行する取り組みを行う企業を対象にESG投資の反対の意味で使われることが増えてきている。

図表1-14　いままでの気候変動対策とこれからの気候変動対策

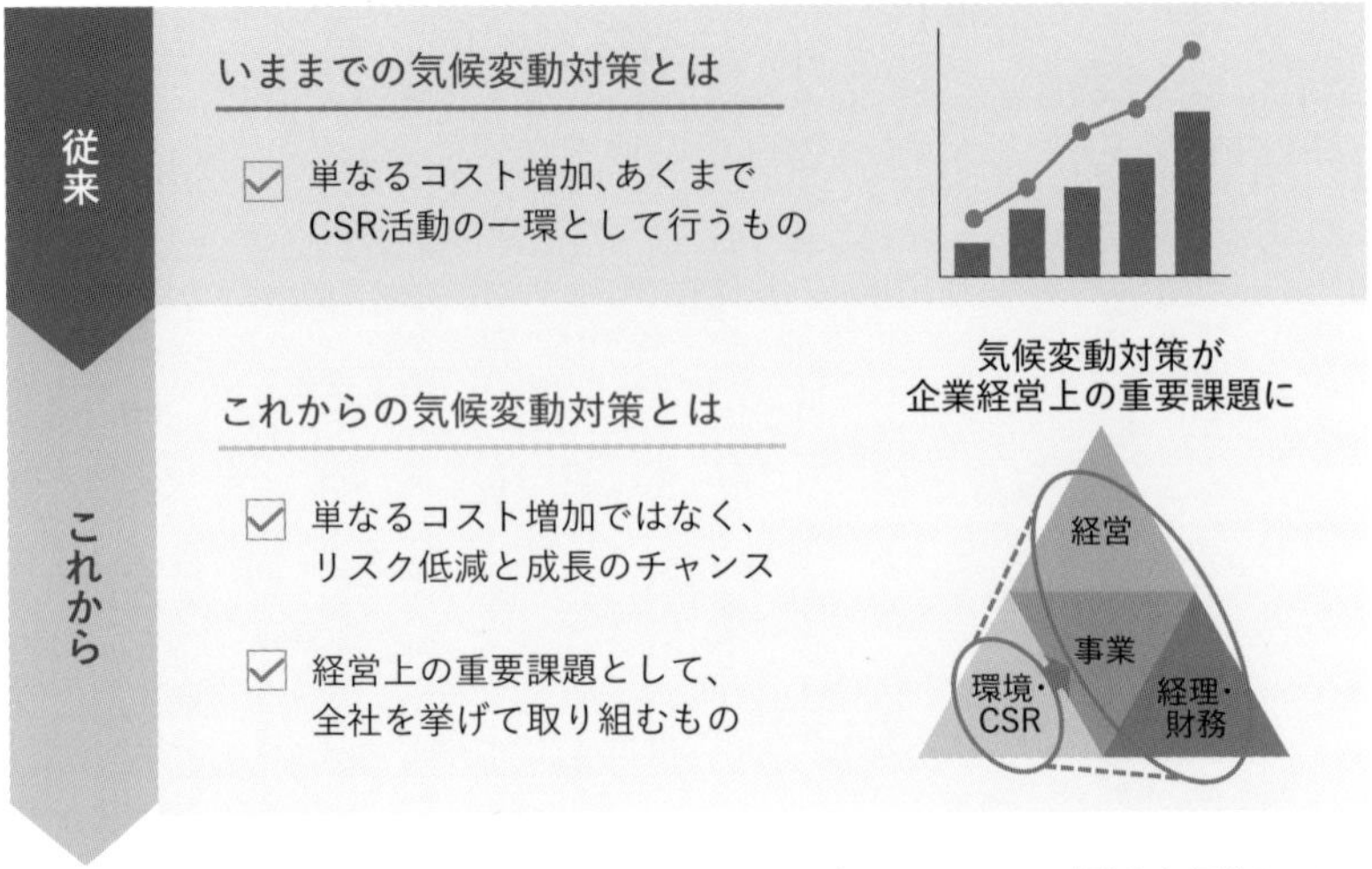
従来
いままでの気候変動対策とは
単なるコスト増加、あくまでCSR活動の一環として行うもの
これから
これからの気候変動対策とは
単なるコスト増加ではなく、リスク低減と成長のチャンス
経営上の重要課題として、全社を挙げて取り組むもの
気候変動対策が企業経営上の重要課題に
経営
事業
環境・CSR
経理・財務

出典：環境省/経済産業省 グリーン・バリューチェーンプラットフォーム「脱炭素経営とは」

CSRから進化できない脱炭素経営と諸刃の剣のカーボンオフセット

環境省によれば、脱炭素経営とは、気候変動対策（≒脱炭素）の視点を織り込んだ企業経営と定義付けられており、「従来、企業の気候変動対策は、あくまでCSR活動の一環として行われることが多かったが、近年では、気候変動対策を自社の経営上の重要課題と捉え、全社を挙げて取り組む企業が大企業を中心に増加している」とされています（図表1－14参照）。

また、経済産業省が2021年6月に公表した「2050年カーボンニュートラルに伴うグリーン成長戦略」には、温暖化への対応について下記のような見解が示されています。

温暖化への対応を、経済成長の制約やコスト

(注30) コーポレート・ガバナンスコード：東京証券取引所が上場企業向けに取りまとめた実行的なコーポレートガバナンスの実現に資する主要な原則。
(注31) TCFD：Task Force on Climate-related Financial Disclosures（気候関連財務情報開示

とする時代は終わり、国際的にも、成長の機会と捉える時代に突入したのである。従来の発想を転換し、積極的に対策を行うことが、産業構造や社会経済の変革をもたらし、次なる大きな成長につながっていく。こうした「経済と環境の好循環」を作っていく産業政策が、グリーン成長戦略である。

出典：経済産業省「２０５０年カーボンニュートラルに伴うグリーン成長戦略」

とはいえ、ほとんどの企業が、気候変動対策や脱炭素をマテリアリティに掲げて、活動を行ってはいますが、やはり成長のチャンスとしての「機会創出」というよりは、「リスク低減」に寄った取り組みに終始している企業が多い印象です。プライム市場の上場企業に義務付けられているＴＣＦＤ（注31）やＣＤＰ（注32）による情報開示を見ても、戦略や指標に積極的な機会創出の概念が含まれているケースは多くはありません。

グリーンビジネス（注33）は再生可能エネルギーを扱っている企業やベンチャー企業が取り組みを始めていますが、収益事業として成長している事例はまだ少ない状況です。また、サーキュラーエコノミーの分野も同様で、３Ｒ（Reduce/Reuse/Recycle）（注34）の推進によって生じる売上減少というトレードオフ（注35）の解消には至っていません。

カーボンオフセットの機能不全も脱炭素経営がＣＳＲから抜け出せない要因となっています。カーボンオフセットは、「自社の努力」ではどうしても削減できなかった排出量を「穴埋め」する形で利用することが前提ですが、「自社の努力」についての明確な定義がないため、オフセット利用が前提になってしまうこともあります。そうなってしまうと、不確定要素が多い「機会創出」へのモチベーションが上がらなくなってしまいます。カーボンオフセットは運用方法を間違えると、機能不全に陥る諸刃の剣のような面があるのです。

タスクフォース）の略称。G20の要請を受け、各国の金融関連省庁及び中央銀行からなり、国際金融に関する監督業務を行う機関である金融安定理事会（FSB）により、気候関連の情報開示及び金融機関の対応をどのように行うかを検討するため、マイケル・ブルームバーグ氏を委員長として設立された。

図表1-15　統合報告書発行企業数（2023年1月～9月末）

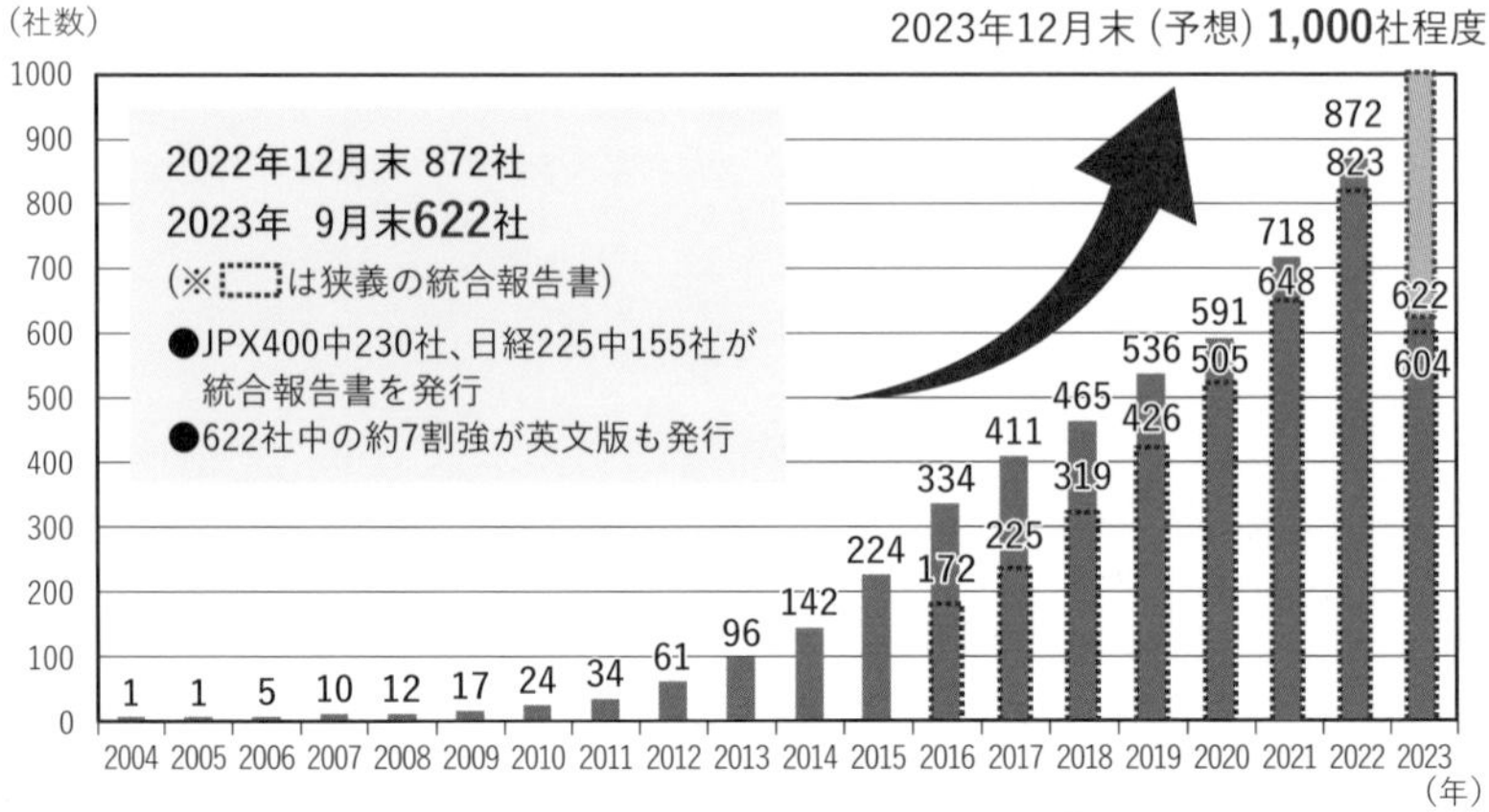

※「JPX日経インデックス400対象企業」「日経225対象企業」「JPX ESG Link」「時価総額1,000億円以上の企業」のほか、研究室の調査活動で確認できた企業その他法人を対象(学校法人を除く)。
※「狭義の統合報告書」とは、統合報告フレームワークなどの統合報告ガイダンスを参考にして制作されている報告書、または冊子やWEBサイトでレポート名を統合報告書・統合レポート等と題されている報告書を指す。
出典：宝印刷D&IR研究所 ESG/統合報告研究室「統合報告書発行状況調査2023中間報告」

非財務情報と財務情報（注36）が統合されていない統合報告書

ここ数年、統合報告書を発行する上場企業数が右肩上がりで増え続けています。株式会社宝印刷Ｄ＆ＩＲ研究所ＥＳＧ／統合報告研究室が発表した「統合報告書発行状況調査２０２３中間報告」によると、国内で統合報告書を発行している企業数は２０２２年12月末では８７２社と前年比１５４社増となりました。２０２３年は9月末の時点ですでに６２２社が発行しており、２０２３年末には１０００社程度になると予想しています（図表１－15参照）。

統合報告書を発行しているのは基本的には上場企業です。日本の上場企業数は３９３４社（２０２３年12月28日時点）ですので、大雑把にいうと約４社のうち１社の上場企業が統合報告書を発行している計算になります。

(注32) CDP：Carbon Disclosure Projectの略称。投資家、企業、国家、地域、都市が自らの環境影響を管理するための戦略や取り組みを評価・情報開示する国際環境NGO。
(注33) グリーンビジネス：環境課題に取り組みながら利益を創出するビジネス。
(注34) 3R：Reduce、Reuse、Recycleの3つのRの総称。Refuse、Repairを加えて5Rとすることもある。
(注35) トレードオフ：一方を尊重すると、他の要素が犠牲になる二律背反の状態。トレードオ

企業が統合報告書を発行する目的としては、「SDG Compass」のステップ5で推奨されていたように、ステークホルダーへの報告による対話の促進、またESGへの対応状況を開示し、資本コストを下げるためのIR施策というのが王道ではありますが、同業他社を意識してという動機も強いように思います。要は、「あの会社が出しているのだから、うちもそろそろ出さないとダメだな」という話です。

統合報告書における「統合」は、非財務情報と財務情報の「統合」を意味していますが、この場合の「統合」は、財務情報と非財務情報の両方の情報を載せるということではなく、財務情報と非財務情報との関わりを示すことを指しています。

関わりといっても、財務情報と非財務情報については、ある程度の相関関係は見いだされてきていますが、明確な因果関係があるということは証明されていないため、仮説を立てて検証を行っている段階です。つまり、「財務情報と非財務情報の統合を試みて検証している」レポートが本来の統合報告書であるということになります。

以前、とある企業レポートで、「コーポレートレポート」というタイトルがついているものがあり、「なぜ、統合報告書としないのですか?」と担当の方にお聞きしたところ、「(財務情報と非財務情報を)統合していないからです」と笑顔でご回答いただきました。とてもわかりやすく潔い話だなと思いました。

私は、いろいろな企業の統合報告書を見ますし、統合報告書の制作の支援をすることもありますが、財務情報と非財務情報の統合を試みていたり、検証していたりする企業はさほど多くはありません。

サステナビリティ経営とは、環境に配慮してクレジットをする経営のことではありませんし、働き方改革を推進するだけの経営でもありません。ESGといった非財務への取り組みを財務に繋げて企業価値を向上

フを解消して、両立させることをトレードオンという。

(注36) 財務情報と非財務情報:貸借対照表、損益計算書、キャッシュ・フロー計算書などの財務諸表によって提供される情報とそれ以外の企業の情報(人的資本、ノウハウ、リスクやガバナンス、サステナビリティに関する取り組みなど)。

させていく経営です。つまり、財務情報と非財務情報の統合を試みていないということは、サステナビリティ経営の本丸に踏み込んでいないということになるわけです。

前述した通り、「SDG Compass」を活用し、サステナビリティ経営に取り組もうとした多くの企業は、「機会創出」ではなく「リスク低減」に主眼を置くこととなりました。「リスク低減」を中心とした非財務への取り組みは、資本コストの低減には一定の効果が見込めますが、財務への大きなインパクトを創出する要因としては脆弱なため、非財務と財務の統合がなかなか進みません。

「SDG Compass」以降をアップデートできていない企業は、この状態から抜け出すことができずに、「リスク低減」シフトが常態化してしまったように見えます。これが、私が感じている「サステナビリティ経営の現在地」です。

人的資本、生物多様性と次々に押し寄せる情報開示要請

岸田内閣が掲げる「新しい資本主義（注37）」のもと「人的資本」への取り組みが進んでいます。2022年には、多くのメディアに、「人的資本情報の可視化が求められる19項目」といった記事が躍り、「人的資本の情報開示」についての多数の書籍が刊行され、人事担当者とサステナビリティ推進担当者はどこまでの開示義務が課されるのかと気を揉む日々を過ごしているという時期がありました。

2022年8月30日に内閣府から「人的資本可視化指針（注38）」が公開され、結局のところ、開示が義務化（企業規模によって差異あり）されたものは、女性活躍推進法（注39）、育児・介護休業法（注40）などに

（注37）新しい資本主義：岸田政権が掲げる経済政策。経済格差、中長期投資の不足、地域格差、気候危機などの行き過ぎが生んだ様々な弊害を是正する仕組みを「成長戦略」と「分配戦略」の両面から資本主義の中に埋め込み、便益を最大化するとしている。
（注38）人的資本可視化指針：内閣官房が2022年8月に発表した手引書。人的資本に関する資本市場への情報開示のあり方に焦点を当てて、既存の基準やガイドライン活用方法を含めた対応

よりすでに開示が義務付けられている「女性管理職比率」「男性育児休業取得率」「男女間賃金格差」の3つと「人材育成方針／社内環境整備方針」「指標と目標／進捗状況」で、すべて有価証券報告書への記載が求められました。

「人的資本可視化指針」で示されている「開示事項の例」はあくまで「例」のままで、開示が義務化されなかったことは、やや肩透かし的な印象もありましたが、欧米で先行しているＩＳＯ３０４１４（注41）による情報開示は「ジョブ型（注42）」の雇用を前提としているため、必ずしも日本企業にはフィットしない項目があったことが大きな理由だと考えられます。ただし、開示においては「比較可能性」と「独自性」の両方を重視する記載があることから、金融庁が敢えて企業に開示の裁量を与え、考えさせる方向にリードしようとしたという解釈もできるのではないかと思います。

フレームワークなどによって開示項目があまりにガチッと決まってしまうと、開示自体が目的化してしまう傾向があります。本来は、各企業が自社の人的資本拡充を通じて企業価値向上を実現するための戦略ストーリーを検討することが求められているわけですから、開示自体が目的化することは本末転倒です。そういった意味では、日本における人的資本情報の開示は、自由演技的なニュアンスが強く、これまでの情報開示に比べて「機会創出」を見据えた取り組みが進む期待が持てるとも考えられるのです。

人的資本の次には、「生物多様性」に対する取り組みが求められます。２０２３年9月に生物多様性への取り組みについての「ＴＮＦＤ（注43）提言」Ver1.0が公開され、早ければ、プライム市場上場企業は２０２４年3月以降の決算あたりからＴＣＦＤと同様の開示が求められる可能性もあります。生物多様性についての議論は気候変動と並行して進められてきましたが、気候変動が大きくクローズアップされていた陰

の方向性について包括的に編纂されている。
（注39）女性活躍推進法：2016年4月に施行された「女性の職業生活における活躍の推進に関する法律」の略称。働く場面での活躍を希望するすべての女性が、その個性と能力を十分発揮できる社会を実現するために、女性の活躍推進に向けた数値目標を盛り込んだ行動計画の策定・公表や、女性の職業生活における活躍に関する情報の公表を事業主に義務付けている。

に隠れていただけで、最近、ぽっと湧いて出てきたテーマではありません。気候変動との相関も含めて極めて深刻な状況が急速に進んでおり、今後のサステナビリティ経営には欠かせないテーマとなっていくことは間違いありません。

これら、人的資本への取り組みや生物多様性への取り組みについては、第6章で詳しく解説していきたいと思っています。

手間が増え、コストが膨れ上がるサステナビリティ推進部門

「機会創出」ではなく「リスク低減」に寄ったサステナビリティ経営は、CSRと似通ったモデルとなるため、かけたコストや手間に対する十分なリターンを期待することはできません。つまり、回収の見込みのないコストが発生し続けることとなります。現時点でもこのような状態に陥ったままの企業は多いのではないでしょうか。

こうした状況の中で、人的資本、生物多様性といったテーマに対してもこれまでと同じようなスタンスで、「機会創出」ではなく、「リスク低減」に寄った方針をとってしまうと、サステナビリティ経営は、さらに回収不可能な大きなコストのかかる経営スタイルとなってしまいます。「SDG Compass」後のバージョンアップが果たせていない企業は、このタイミングで、「リスク低減」寄りのスタイルから「機会創出」寄りのスタイルにシフトする必要があるのです。

(注40) 介護・育児休業法：1992年4月に施行された「育児休業、介護休業等育児又は家族介護を行う労働者の福祉に関する法律」の略称。誰もがその能力を十分に発揮し、仕事と家庭を両立させながら働くことができる社会を目指して、男女雇用機会均等の確保や、多様な働き方のニーズに対応した就業環境づくりを推進している。男女ともに子育て等をしながら働き続けることができる雇用環境を整備する観点から改正され、2022年4月より段階的に施行されている。

(注41) ISO30414：2018年に策定された国際標準化機構（International Standard Organization）のマネジメントシステム規格。人的資本情報を定量化して開示するためのガイドラインであり、11のカテゴリーと58の指標で構成されている。欧米を中心にISO30414をベースにした人的資本の開示が進んでいる。
(注42) ジョブ型：職務を定義し、そこに人を紐づける考え方。人に職務を紐づけるメンバーシップ型と対義的な意味で使われる。欧米企業においてはジョブ型が一般的であり、日本ではメンバーシップ型が主流である。
(注43) TNFD：Taskforce on Nature-related Financial Disclosures（自然関連財務情報開示タスクフォース）の略称。TCFDの生物多様性版で、自然を保全・回復するための活動に世界の金融の流れを向け、世界経済に回復力をもたらすことを目的として2021年に発足した。企業などの組織が、自社の経済活動による自然環境や生物多様性への影響及び自然環境や生物多様性による自社への影響などを評価し、情報を開示するための枠組みの構築を目指している。

第2章

サステナビリティ経営のジレンマ

～なぜサステナビリティ経営はうまく進まないのか～

1　「顧客課題」と「社会課題」が区別できていない

本節では、「顧客課題」と「社会課題」の違いと関係について解説します。

この数年、私は、「当社は十分に社会に対して貢献できている」とおっしゃる経営者やサステナビリティ担当者と多く出会いましたが、本当にそうなのかなと半信半疑でお話を聞いていました。貢献している対象は、あくまで対価を支払う「顧客」であって、それは社会全体の特定の一部に過ぎず、贔屓目に見ても「社会」に貢献しているということにはならないのではないかと感じていたのです。

これまでの経営は、顧客課題に力点を置き過ぎて、社会課題にはあまり目を向けてこなかった傾向があります。顧客課題を解決する製品やサービスを提供すれば、確実に対価を受け取れますが、社会課題を解決しても対価を受け取れるイメージが湧かないためです。また、社会課題を解決する主体は国や地方自治体などの行政であるという意識も強かったように思います。

自社の「社会課題」への取り組みは本当に十分なのか

「サステナビリティ経営で求められるのは、本業で〝社会課題〟に取り組むことなのです。」とお伝えすると、「ああ、それならば当社はすでに十分に取り組んでいます」、あるいは「当社は創業以来、社会貢献を理念として掲げていますので問題ありません」という経営者の方が少なくありません。このような経営者の皆さんが思い描いている「社会」とは一体どのような「社会」なのでしょうか。

近江商人の経営哲学である「三方よし」という言葉があります。三方とは「売り手」「買い手」「世間」を意味しており、古くから「三方よし」という考え方が根付いている日本では「サステナビリティ経営」は実現しやすいという方も多くいらっしゃいます。もし、それが正しければ、日本のサステナビリティ経営はもっと進んでいて、世界をリードしているのではないかと思いますが、現実はそうなっていません。一体、どこに問題があったのでしょうか。

「社会課題」と混同されがちな「顧客課題」

ウィキペディアによれば、「顧客」とは、「商業や経済学において、物、商品、サービス、アイデア等を販売する対象となる個人または法人のこと」を指します。販売の対象ですから、つまり対価として金銭を支払う「買い手」ということになります。

顧客は何らかのニーズや課題を抱えており、そうしたニーズを満たしたり、課題を解決したりするために、製品やサービスを購入しようとします。その際、自身が感じる価値に対して対価を支払うということはもはや説明がいらない話かとは思います。

例えば、「お洒落な料理を食べたいが、値段が高すぎて手が出ない」という場合は、リーズナブルでお洒落な料理を提供しているレストランがあれば、対価を支払って利用する可能性がありますし、そうしたレストランを探すためのガイドブックを購入するということもあるでしょう。対価を支払う意思がある顧客が存在する課題ですので、「顧客課題」ということができます。

こうした顧客課題は、収益に繋がる可能性が高いので、企業としては取り組みやすい課題であり、多くの企業が参入するため激しい競争も発生します。

企業が取り組んでいる多くの課題は、こうした対価の発生を伴う「顧客課題」であり、「社会課題」ではないのです。「三方よし」でいえば、「買い手」と「世間」が明確に区別できておらず、一緒くたに捉えてしまっているということになります。

社会課題とはどのようなものか

では、社会課題とは一体どのようなものでしょうか。例えば、「貧困で教育が受けられない」という課題があるとします。企業としてはこうした課題に対してサービスを提供しても対価を支払う顧客が存在しないため、取り組むことに二の足を踏みます。多くの社会課題は、このように対価を支払う顧客が存在しないため、資本主義経済のもとでは放置されがちで、なかなか解消されませんでした。

社会課題は多岐にわたります。いちばん大きな問題としては気候危機や生物多様性などの環境問題が挙げられますが、貧困や飢餓、トイレや水や電気の不足といった途上国に多く見られる課題、世界各国に残る根強い差別やジェンダー不平等などの人権問題、また日本においては、地方都市の人口減少による衰退なども極めて大きな社会課題です。

こうした社会課題には、可視化されていて共通認識となりつつあるものもありますが、中には、あまり認知されていないものも含まれています。

例えば、「貧困」の問題です。「貧困」には絶対的貧困と相対的貧困の2つの考え方があります。絶対的貧困とは、食料や衣類など人間らしい生活の必要最低条件の基準が満たされていない状態のことです。世界銀行が定義する「国際貧困ライン」は、現在1日2・15ドル未満で生活している人々を指し、世界で6億8500万人（2022年末時点）が苦しんでいるといわれています。

相対的貧困は各国の事情が異なるため、各国による定義で基準が決められています。日本では、等価可処分所得（いわゆる手取り収入を世帯人員の平方根で割って調整した所得）の中央値の半分の額を「貧困線」と呼んでおり、「貧困線」を下回る等価可処分所得しか得られていない世帯のことを「相対的貧困層」と定義しています。2021年の日本における相対的貧困率は15・4％でした（厚生労働省「2022年 国民生活基礎調査の概況」）。つまり、日本においては6・5人に1人が相対的貧困者に当たるわけです。

日本における相対的貧困は、当事者が公にしたくないという意識もあり、あまり知られていません。給食費を払うことができない家庭の子供でも同じように給食を食べることができるので、周囲の人々も気が付かないのです。

このような社会課題を網羅的にまとめているのがSDGsです。SDGsには17のゴールがあり、カラフルなアイコンで示されていることから、多くの方はこの17のゴールは目にされていますが、具体的な目標や期限が書かれている各ゴールに紐づく169のターゲットを見ている方は多くありません。絶対的貧困や相対的貧困についてもSDGsの1番目の目標である「貧困をなくそう」に紐づくターゲットにこのように示されています。

1－1　2030年までに、現在1日1・25ドル未満で生活する人々と定義されている極度の貧困をあらゆる場所で終わらせる。
1－2　2030年までに、各国定義によるあらゆる次元の貧困状態にある、全ての年齢の男性、女性、子供の割合を半減させる。

出典：2030アジェンダ（SDGs）

私は、サステナビリティ経営コンサルティングのプロジェクトを開始する際は、経営者の皆さんと6時間から8時間程度のセッションをさせていただくことが多いのですが、その際には、SDGsの169のターゲットすべてに目を通していただく時間をとっています。
そうすることで、社会課題とはどのようなものであるかを掴んでもらうとともに、自社として取り組みたい社会課題の目星をつけてもらうのです。

企業の社会課題への取り組み

こうした社会課題に対しては、企業はビジネスを通じてではなく、寄付や慈善活動といったCSRとしての取り組みを行ってきました。勿論、寄付や慈善活動は尊い行為ですから、できる範囲で継続していくのが望ましいのですが、予算には上限があり、活動をスケールしづらい側面があります。また、CSRは企業価値向上に直接結び付かないため、「「SX銘柄（注44）2024」募集要領」で示されているように経済産業省の掲げるSXとは本質的に異なるものとされています。

> 「SX」とは、企業が持続的に成長原資を生み出し、企業価値を高めるべく（「企業のサステナビリティ」の向上）、社会のサステナビリティ課題に由来する中長期的なリスクや事業機会を踏まえ（「社会のサステナビリティ」との同期化）、投資家等との間の建設的な対話を通じて資本効率性を意識した経営・事業変革を実行することを指します。
> ※事業を通じた企業価値創造と直接の関係が薄い、いわゆる社会貢献活動とは異なります。
>
> 出典：経済産業省／株式会社東京証券取引所「SX銘柄2024」募集要領
>
> ※傍線は著者追加

つまり、SXで求められているのは、CSRという手法ではなく、「対価を支払う顧客が存在しない社会課題」に本業で取り組むことであり、それがサステナビリティ経営の本質なのです。

ここまでご説明すると、経営者の皆さんには本来の「サステナビリティ経営」や「SX」について理解していただけるのですが、その後の反応は大きく2つに分かれます。

8割強の経営者は「理解はできたけど、なぜそこまでしなくてはいけないのか」「きれい事だよね」と

（注44）SX銘柄：東京証券市場に上場する企業の中から、SXを通じて持続的に成長原資を生み出す力を高め、企業価値向上を実現する先進的企業を選定し公表する仕組み。応募企業の価値創造ストーリーについて、価値協創ガイダンス2.0のフレームワークをもとに審査が行われる。

おっしゃいます。顧客課題だけに向き合って成果を上げてきたこれまでの成功体験から抜け出せないということだと思います。

これに対して、2割弱と少数派ではありますが、真に志の高い経営者は「本業で社会課題を解決できるものならぜひやりたい」とおっしゃいます。また勘の鋭い経営者は、サステナビリティ経営は自社に変革を起こすための「きっかけ」であると気が付き、詳しい話を聞きたいと考えます。

社会課題解決型事業、CSV、パーパスという言葉が当たり前になってきましたが、まだまだ多くの経営者にとって実際のところは「お客さまは神様」であり、それ以上の存在はないのかもしれません。これではサステナビリティ経営はうまく進みません。

SXで求められる「社会のサステナビリティ」と「企業のサステナビリティ」の同期化

次にSXを「社会課題」と「顧客課題」という視点で見てみましょう。第1章でご紹介した「SX版伊藤レポート」で示されているSXの概念図で同期化を図ることが求められている「社会のサステナビリティ」と「企業のサステナビリティ」を、向き合う課題の視点で捉えたものが図表2−1です。

「社会のサステナビリティ」において向き合う課題は、「社会課題」です。図中でも気候変動や人権への対応などとある通り、基本的な考え方としては「対価を支払う顧客が存在しない課題」を指しています。これに対して、「企業のサステナビリティ」は、「価値提供」「稼ぐ力」といった言葉からもうかがえるように対

図表2-1　「社会課題」「顧客課題」の視点で見たSX

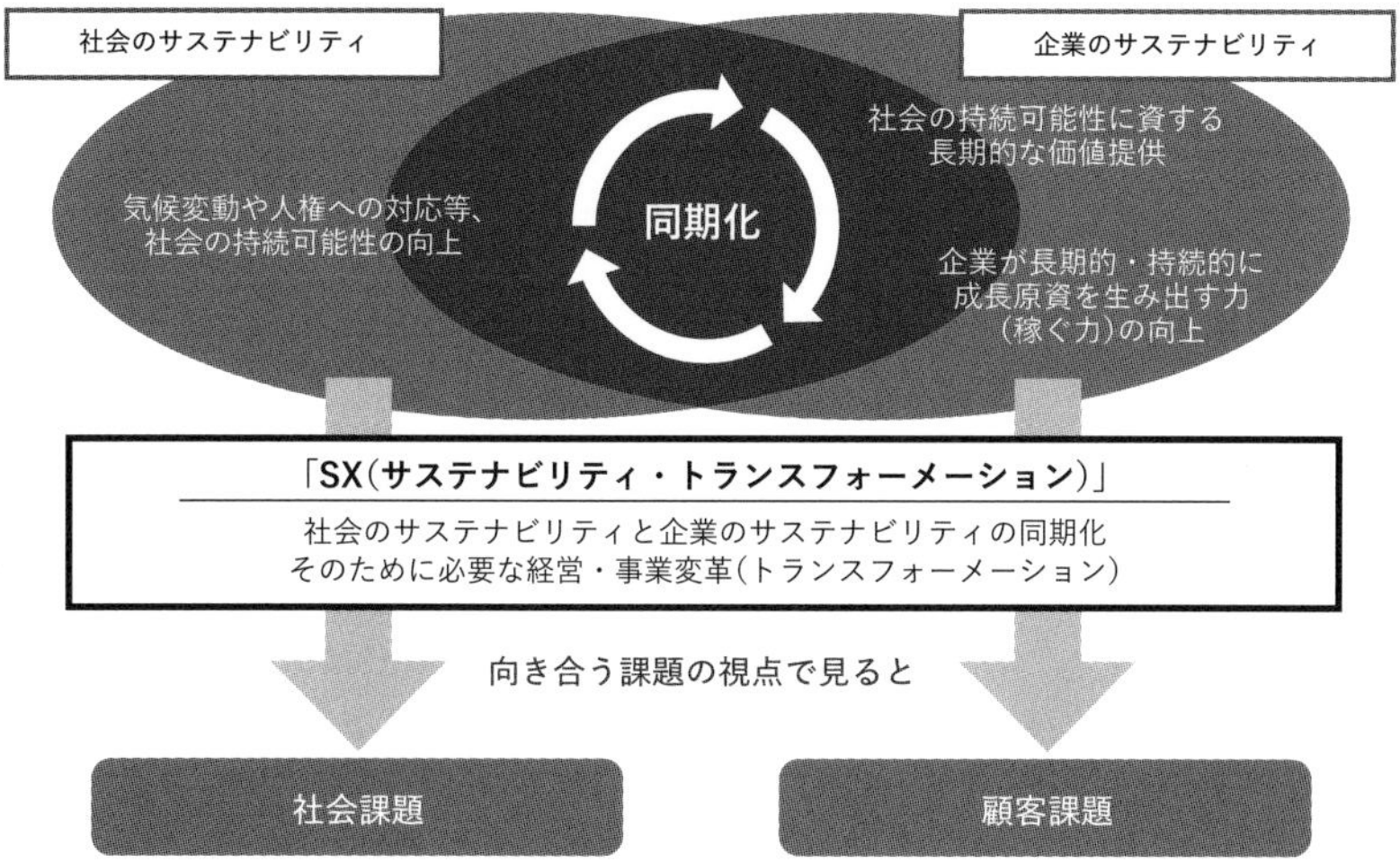

出典：経済産業省「SX版伊藤レポート」を参考に著者作成

価を支払う意思のある「顧客課題」が前提となっています。

つまり、ＳＸ実践の手法は、「社会課題解決」と「顧客課題解決」を同期化することと考えることができますが、これはかなり難易度が高いアプローチであり、イノベーションの創出なくしては実現できないものだと言えます。「ＳＸ版伊藤レポート」でも以下のように記載されています。

〈社会のサステナビリティを経営に織り込む上での課題〉

このように事業環境が複雑化する中、企業は、社会のサステナビリティを経営に織り込むことを通じて、長期的かつ持続的に成長原資を生み出す力（稼ぐ力）を維持・強化していくことが欠かせない。

しかし、具体的にどのような事業活動が社会のサステナビリティに資するか、それらの活動がどのように企業価値の向上につながるかについては、国際的にも多様な議論が展開されており、何にどのように取り組めばよいか、企業に迷いが生じることもある。

また、サステナビリティ課題の多くは、これまで経済的合理性が見出せなかったからこそ取り残されてきた課題であり、これらの課題解決を通じて利益を創出することは、本来的には困難を伴うものである。

だからこそ、インベンション（技術革新・発明）のみならず、イノベーション（革新的な価値創造）の実現により、課題解決と経済的合理性との両立を可能とするビジネスモデルの構築が重要である。ただし、企業経営や投資行動が短期志向に陥ってしまうと、長期目線でイノベーションに取り組み、事業としてスケールさせることが困難となる。

出典：経済産業省「ＳＸ版伊藤レポート」　※傍線は著者追加

社会課題と顧客課題が一致するケース

「社会課題」と「顧客課題」は対価を支払う顧客の有無で区別されるということをお伝えしてきましたが、中にはこの2つが一致しているケースも存在します。

例えば、健康に関わる課題です。ＳＤＧｓでは「すべての人に健康と福祉を」という目標があり、健康についでは社会課題として扱われています。この課題は、主に途上国における妊産婦や新生児の致死率を下げるというようなものから、道路交通事故、薬物乱用、有害化学物質、たばこ規制など多岐にわたりますが、経済的に発展した国であれば、自分自身や家族の健康に資する薬や医療については、対価を支払ってもサービスを受けたい人々は多く存在します。

つまり、日本のような国では、「健康」という社会課題は顧客課題にもなり得るわけで、ヘルスケアサービスを提供する企業は、社会のサステナビリティと企業のサステナビリティの同期化を図りやすいという側面があります。他にもインフラ事業などの公共性の高い事業は国や自治体が顧客となるため、同様に、社会課題と顧客課題が一致しているケースが見られます。

途上国においても社会課題が顧客課題と一致するケースがあります。絶対的貧困からは抜け出しているものの、まだまだ生活インフラの整っていない地域では、電気やトイレの問題が大きな社会課題となります。一定の収入がある世帯では、衛生的なトイレや携帯用の充電器などは対価を支払ってでも確保したいというニーズがあるため、低価格な製品やサービスと流通網さえ確保できれば、十分にビジネスが成り立つ市場があり、顧客課題を解決することが社会課題をも解決するという同期化ができるわけです。

場所や時代によって変化する社会課題と顧客課題

社会課題は、場所や時代によって変化します。上記のような途上国での電気やトイレの問題は、現在は経済生産性や人命に大きく関わる社会課題ですが、生活レベルが向上し、一定のインフラが整えば、より利便性を求める顧客課題へとシフトしていきます。

当然のことですが、顧客課題も変化します。モバイル端末やパソコンが存在しなかった時代、カフェに求められるのは、美味しい珈琲であり、快適な空間でした。現在、電子機器が発達したことで、カフェを使いたい人々のニーズは多様化しています。珈琲の味よりも充電用の電源、高速なＷｉ－Ｆｉを求めてカフェを探すことも稀ではないでしょう。

顧客課題を解決し、収益を上げるために、企業は競って新しい技術やサービスを開発し、次々と顧客に提供しようとします。新たなサービスは新たな顧客課題や顧客ニーズを生み出すことも少なくありません。当初は１００万画素程度で満足していたデジタルカメラの画素数はより鮮明な写真を撮影したいという顧客ニーズから４００万画素、１０００万画素へと進化していき、現在ではモバイル端末に付属しているカメラの画素数が４８００万画素となっています（iPhone15Pro/Max のメインカメラの場合）。

さらに新たな製品やサービス、極端に安価なサービスは、新たな社会課題に繋がるケースも少なくありません。再生可能エネルギー（注45）の利用を促進するために無計画に太陽光パネルを設置すれば、森林破壊に繋がります。また、極端に安価な製品を提供するために原価を切り詰めようとすれば、賃金の安い途上国に委託をすることとなり、児童労働や強制労働を助長するといったトレードオフが発生する可能性もあるのです。

顧客課題の変化に対しては、業績に直結するため、企業は俊敏に反応し対策をとりますが、こうした社会課題の変化やトレードオフに対しては、企業はあまり敏感ではないことも、社会課題が放置され、サステナビリティ経営がうまく進まない要因の一つだと考えられます。

（注45）再生可能エネルギー：太陽光、風力その他非化石エネルギー源のうち、エネルギー源として永続的に利用することができると認められるもの。太陽光・風力・水力・地熱・太陽熱・大気中の熱その他の自然界に存する熱・バイオマスなどを指す。

2 社会課題に向き合った純度の高いパーパスが存在しない

本節では、社会課題とパーパスやマテリアリティの関係について整理していきたいと思います。近年パーパスを掲げる企業が増えてきましたが、まだまだパーパスの本来の意味合いやミッションやビジョンとの違いなどについては理解が進んでいないと感じます。

パーパスはサステナビリティ経営の実践においては極めて重要なものであり、遥か彼方のゴールを指し示す北極星のような存在です。パーパスを正しく理解し、自社が目指す未来を描いたパーパスを「発掘」しなければサステナビリティ経営はうまく進まないのです。

パーパスが遥か彼方のゴールを指し示す北極星であるならば、視点を未来に向けなければなりません。とはいえ、直近の業績が振るわなければ、未来どころか明日さえも危ぶまれる事態に陥ってしまいかねないのも事実です。このような状態に陥ると、目先のことに100％の意識を向けてしまうケースが多いのもサステナビリティ経営がうまく進まない大きな理由のように思います。

図表2-2　パーパスとMMVの概念

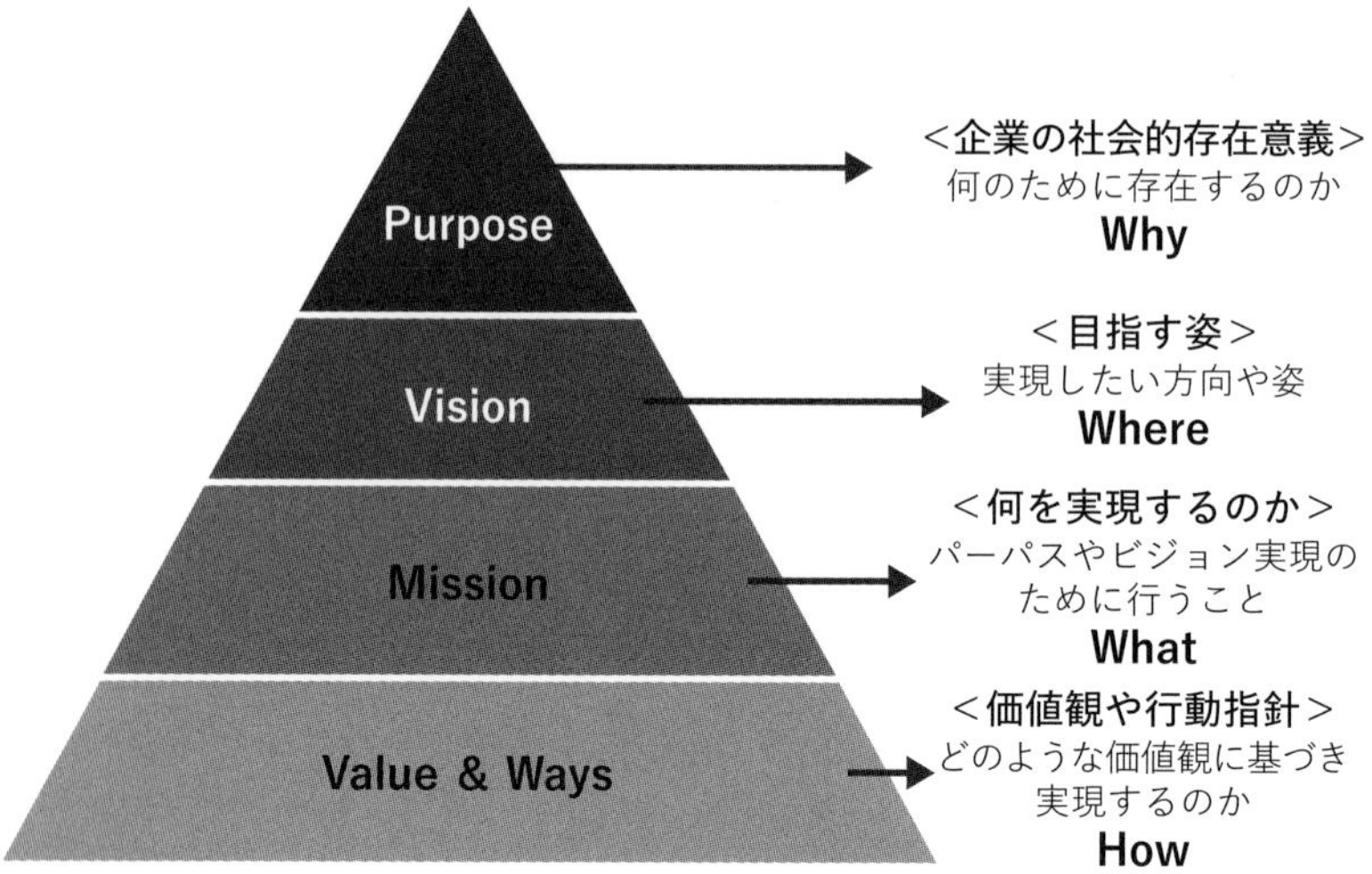

出典：著者作成

パーパスとは単なる「目的」ではなく、組織の社会的な存在意義を意味する

パーパスとは、直訳すれば「目的」「目標」「意図」といった意味合いとなりますが、近年、ビジネスシーンにおいては、企業や組織の「社会的な存在価値」「社会的意義」という意味を持つようになりました。

「社会的」というキーワードは、前述の社会課題と大きな関係があり、「どのような社会を目指すのか」「どのような社会課題に取り組むのか」といったことを意味しています。

つまり、パーパスとは、企業や組織として、「そもそもなぜビジネスに取り組むのか（Why）」を問われるものなのです。

企業の経営理念としては、MVV（ミッション／ビジョン／バリュー）が一般的かと思いますが、パーパスはそもそもの存在意義ですので、さらに上

図表2-3　パーパスとミッションの違い

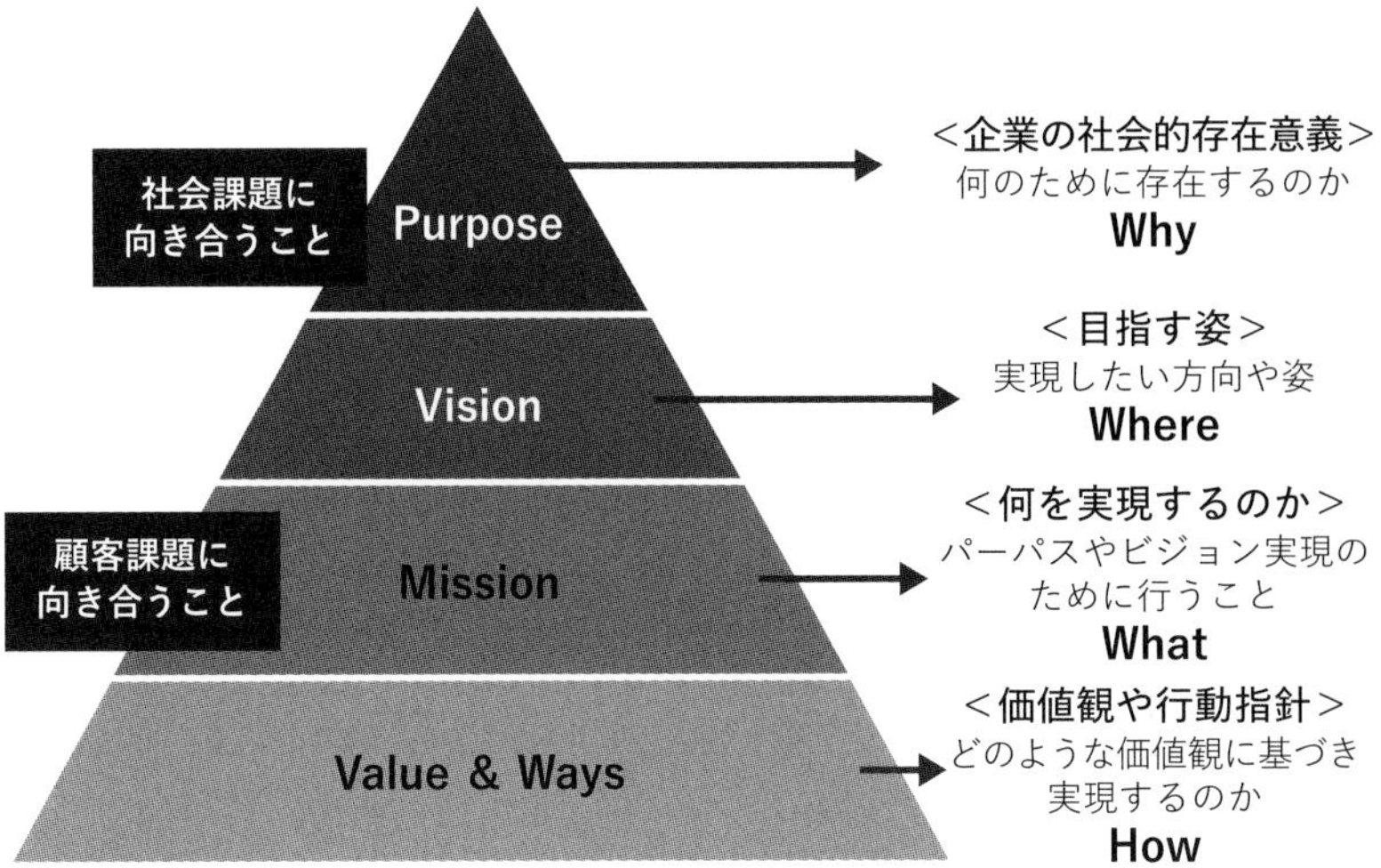

出典：著者作成

位の概念になります。

近年、パーパスという言葉は注目されるようになってきていますが、経営者も含めて、これまでのMVVとの差異を明確に説明できる人は意外と少ないのが現状です。これはおそらく前述した「社会課題」に対する認識の曖昧さが大きな要因だと考えられます。本書ではパーパスを図表2－2のように整理しておきたいと思います。

図表2－2に「社会課題」と「顧客課題」の概念を加えてみます。パーパスは社会的存在意義ですので、どのような社会を目指すのか、どのような社会課題を解決していくのかということですので、「社会課題」に向き合う概念となります。

また、ミッションは、パーパスやビジョン実現のために行うことですので、「顧客課題」に向かい合って事業を行うことや「自社内の課題」に向き合って、変革を起こしていくことを指しています。

図表2-4　ソニーグループのパーパス

＜Mission＞

ユーザーの皆様に感動をもたらし、
人々の好奇心を刺激する会社であり続けること

↓

＜Purpose＞

クリエイティビティとテクノロジーの力で、**世界を**感動で満たす。

出典：https://www.sony.com/ja/SonyInfo/CorporateInfo/
出典：https://www.sony.com/ja/SonyInfo/News/Press/201606/16-065/

このように捉えると、パーパスの意味合いを正確に認識することができ、「社会課題」と「顧客課題」の違いについてもしっかりと理解できるのではないでしょうか（図表2－3参照）。

ソニーグループのパーパス

ソニーグループは、2019年1月にパーパスを発表しました。同社がそれまで掲げていたミッションと比較するとパーパスとミッションの違いがよくわかります（図表2－4参照）。

かつてのミッションは、対象に「ユーザーの皆さま」という言葉が含まれています。当然ながらこれは「顧客」を指します。これに対してパーパスにおける対象は、「世界」です。世界には顧客も含まれますが、すべてのステークホルダーを対象としている表現となっています。

ソニーグループに限らず、従来のミッションは、顧客を対象としたものが大半を占めていましたので、自社の使命は「顧客課題」に向き合うことですと宣言していたわけですが、これに対して、パーパスは対象が顧客ではなく、「世界」や「社会」であり、自社の存在意義は「社会課題」に向き合うことであると定義し直したということなのです。

企業のパーパス事例

その他いくつかの企業のパーパスを見てみましょう。対象が「顧客」ではなく、「世界」や「社会」であることが共通する特徴です。ここでは、社会的意義のみが明確に示されている純度の高いパーパスをご紹介します。多くは、パーパスを見ただけでは、どのような事業を営んでいるのかわからないというのも興味深い点です。

・世界が進むチカラになる。（三菱ＵＦＪフィナンシャル・グループ）
・気候変動を社会の可能性に変える（ゼロボード）
・あらゆる不安のない社会の実現（セコム）
・私たちは、故郷である地球を救うためにビジネスを営む。（パタゴニア）
・幸せな仕事を通じて ひとりひとりの可能性をひらく社会に（オープンアップグループ）
・仕組みを変えれば、世界はもっと良くなる（ラクスルグループ）
・Strive for Equality　モノの貸し借りを通して 体験が平等に提供される社会を作ります。（ピース

テックラボ）
・この地球《ほし》のエネルギーの風向きを変える（チャレナジー）
・エシカル（注46）がカッコいい世界を創り、エシカルがカッコよくない世界を創る。（Lentree）
・ビジネスの力で気候変動を逆転させる（オールバーズ）

こうした純度の高いパーパスを掲げることができている企業はまだ少ないのが現状です。多くの企業では、対象に「顧客」と「社会」の両方を掲げていたり、「社会」「世界」「地域」という表現を使っていても、実質的には「顧客」を強く意識したパーパスとなっていたりすることが一般的で、まだまだ「社会課題」と向き合うという舵を切りきれていないように見受けられます。

抽象度が高いパーパスをビジョンで具体化する

パーパスは企業の社会的存在意義ですので、端的な表現を用いて抽象度が高くなってしまうこともあります。また複数の事業を営む大企業などでは、具体的な社会的意義を絞り込むことが難しく、すべての事業を包括するような以下のような表現になってしまいます。

・・・・・によって、より良い社会を創る。
・・・・・によって、持続可能な社会創りに貢献します。

（注46）エシカル：倫理的の意。人や社会、地球環境などに配慮した考え方や行動を指す言葉として使われる。ex.エシカル消費、エシカル就活など

図表2-5　メンバーズのミッションとビジョン

＜ミッション＞
“MEMBERSHIP”で、心豊かな社会を創る

＜VISION2030＞
日本中のクリエイターの力で、気候変動・
人口減少を中心とした社会課題解決へ
貢献し、持続可能社会への変革をリードする

※“MEMBERSHIP”とは自発的貢献意欲を持って何らかの組織活動に参加すること

出典：メンバーズ「VISION2030」

・・・・・によって、人々の豊かな暮らしを支えます。

これでは、具体的にどのような社会を目指しているのかをステークホルダーは理解することができません。こうした場合には、ビジョンでより具体的なイメージを伝えるという方法が有効です。

私がかつて人事責任者としてサステナビリティ経営に携わってきたメンバーズが掲げるミッションとビジョンは、こうした補完関係によって、具体性のあるパーパスとしての機能を果たしています（図表2－5参照）。

ミッションで掲げられている「心豊かな社会を創る」という表現だけでは抽象度が高く、具体的にはどのような社会を目指しているのかがわかりませんが、「VISION2030」で「気候変動」「人口減少」といった具体的な社会課題が示されていることで、目指す社会の姿の輪郭が見えてきます。さらに同社の「VISION2030」では、ミッションについて以下のように解説されてい

ます。

現在の物質的・経済的豊かさを追求する消費至上主義、資本主義的な経済の概念が変わらなければ、日本の未来、そして地球の未来はない。地球環境問題、エネルギー問題、貧困問題などのさまざまな社会的な課題を解決できる持続可能な経済モデルを実現しなければならない。そのためには購買行動、経済活動においても損得勘定ばかりで物事を判断するのではなく、より良い未来にするために何が善いことで何が善くないことなのかを軸に判断する人や企業が増えていく必要がある。難しい社会貢献ではなくとも、日々の行動を少しずつ変え、日常の生活や購買行動を通してできるだけ未来により良いことをする人を増やしていきたい。人々や企業が自己の利益の追求のみではなく、将来への希望や社会への参加意識を持ち、持続可能なより良い未来のために共に協力しあう心豊かな社会を実現したい。

出典：メンバーズ「VISION2030」

メンバーズは、本業であるデジタルマーケティング事業とは一見関わりのない「気候変動」「人口減少」といった社会課題に取り組むというパーパスを掲げて、サステナビリティ経営を推進し、極めて大きな飛躍を遂げるわけですが、その経緯については、第4章で詳しく解説していきたいと思います。

パーパス実現のための戦略がマテリアリティ

パーパスを掲げ、目指す社会を描いても、実際の事業での取り組みが進まなければ、会社自体も社会も何も変わりません。つまり、サステナビリティ経営はうまく進んでいないことになります。ただしパーパスで描く理想の社会は、数年後のような近い将来ではなく、数十年後の未来であることがほとんどであり、現在の事業との接続は簡単ではありません。

そこで要となるのがマテリアリティです。マテリアリティとは第1章でご紹介した通り、重要課題のことを指しますが、一般的には事業を通じて取り組む「事業マテリアリティ」と事業の推進や経営基盤強化に繋がる「経営基盤マテリアリティ」とに大別されます。

パーパスと深く結び付いて、事業と接続する役割を果たすのは「事業マテリアリティ」です。「事業マテリアリティ」は本業を通じて解決する社会課題を指しますので、パーパスを細分化したものと位置付けられます。経済産業省の「ＳＸ研究会」の検討資料においてもマテリアリティは図表2－6のように位置付けられています。

つまり、パーパスやビジョンを細分化し、マテリアリティとして具体化して、ミッションを踏まえた上で事業での取り組みに落とし込み実践していくという一連のストーリーを作り上げる必要があるのです。このように考えると、「顧客課題」に向き合うのはミッションや事業のフェーズですので、パーパスやマテリアリティでは「社会課題」にフォーカスする方が思考を整理しやすいと言えるでしょう。

図表2-6　マテリアリティの位置づけ

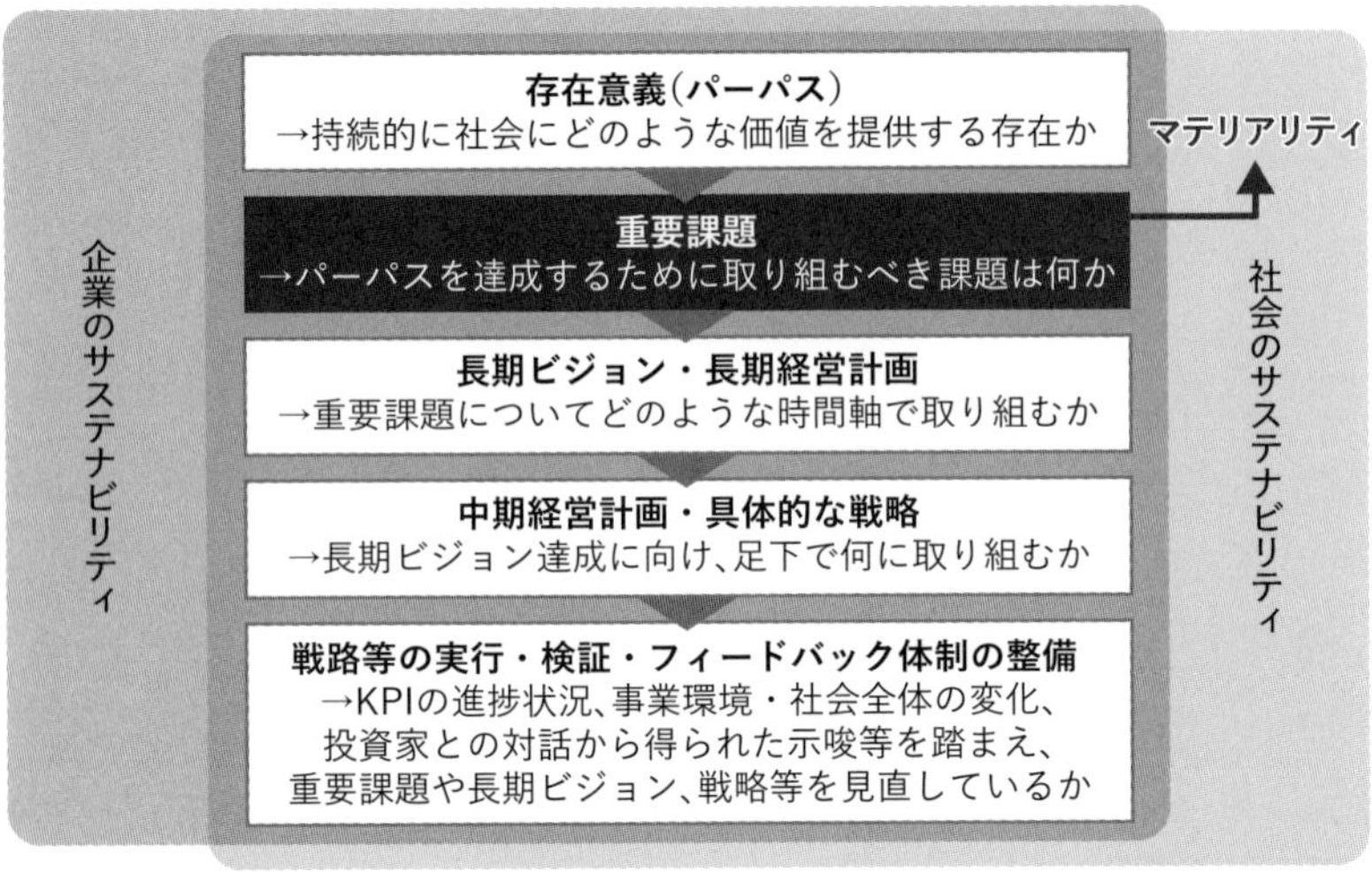
存在意義（パーパス）
→持続的に社会にどのような価値を提供する存在か
マテリアリティ
重要課題
→パーパスを達成するために取り組むべき課題は何か
長期ビジョン・長期経営計画
→重要課題についてどのような時間軸で取り組むか
中期経営計画・具体的な戦略
→長期ビジョン達成に向け、足下で何に取り組むか
戦略等の実行・検証・フィードバック体制の整備
→KPIの進捗状況、事業環境・社会全体の変化、
投資家との対話から得られた示唆等を踏まえ、
重要課題や長期ビジョン、戦略等を見直しているか
企業のサステナビリティ
社会のサステナビリティ

出典：経済産業省「サステナブルな企業価値創造のための長期経営・長期投資に資する対話研究会（SX研究会）」に著者加筆

ブランディングを目的にパーパスを策定していたり、統合報告書を作成する際にとってつけたようにマテリアリティを選定していたりすると、こうした一連のストーリーには仕立てにくいため、サステナビリティ経営はうまく進みません。パーパスやマテリアリティを策定する際にいちばん強く意識すべきは、自社の事業との繋がりやブランド戦略ではなく、「本気でその社会課題を解決したい」「経営の中心に位置付ける」という経営としての強い意志なのです。

中期経営計画や当期目標に縛られる日本企業

日本においては、多くの企業が中期経営計画を策定しており、3年タームで掲げた目標へのコミットメントが求められます。特に上場企業は中期経営計画に加えて、四半期目標に縛られており、直近業績に全力投球をしなければならないことも多いのではないでしょうか。

これでは、中長期的な視点で考えることも大きな投資をすることも現実的ではありません。つまり、日本企業は、こうした呪縛から逃れない限りは、理想の未来を描くことができない構造上の問題を抱えているのです。

名古屋証券取引所市場第2部に上場していた総合ビルサービスの大成は、中長期的な企業価値向上のために、MBOを行い、2021年6月に上場を廃止しました。同社が上場を廃止までして、取り組んだのは、「サステナビリティ経営」です。経営陣が一丸となって未来を描き、野心的なマテリアリティを策定し、SDGs宣言として公開しました。そして、マテリアリティに沿った取り組みを着実に進めていっているのです（図表2－7参照）。

同社の取り組みは勿論、素晴らしく、まさに中長期的な企業価値向上に繋がるもので、ぜひ、参考にしていただきたいものなのですが、上場を廃止しないと取り組めないという我が国の状況には大きな問題があると感じざるを得ません。同社のような取り組みを上場企業でもベンチャー企業でも積極的に進めることができる構造が必要なのではないでしょうか。

図表2-7　大成の「SDGs宣言」

SDGs ポリシーの下、大成が描く社会と企業の未来をここに宣言します。

大成株式会社は、1959年の創業以来、総合ビルメンテナンス事業を通して雇用機会の創出や建物機能の向上を図り、社会に貢献してきました。第7次中期経営計画(2020~2022年度)では「Ready for Change -変革への備え-」をスローガンに「持続可能な開発目標(SDGs)」を中核とした新たなSDGsポリシー「ファシリティマネジメント事業を通じて、環境と働き方改革に配慮した社会の実現の一端を担います」を掲げました。このポリシーの下、ステークホルダーとのパートナーシップを形成し、クリーンな水、ハイブリッドな社会、フレッシュな空気をテーマとするサスティナブルな街づくりをめざした活動を推進していきます。

私たちが取り組むこと	なぜ取り組むのか、なにを目指すのか
クリーンな水 ●洗剤使用量 2026年に2021年比50%削減	**クリーンな水 “変わらぬ日常から地球をキレイに”** 大成の主要業務であるクリーン業務はたくさんの洗剤を使用します。私たちが洗剤の使用量を減らした清掃を実現することで、排水による環境負荷を低減でき、これらは毎日行うことなので大きな効果が得られます。ベンチャー企業と連携し、汚れを落とせる水の開発に挑戦していきます。より少ない洗剤で汚れを落とす環境に配慮した清掃手法を実践していきます。
ハイブリッド(ヒト×IoT)な社会 ●警備アバターロボット「ugo」・次世代受付システム「T-Concierge」2026年までに500台 ●「T-Spider」・センサー導入件数2024年までに管理物件の30%へ展開	**ハイブリッド(ヒト×IoT)な社会 “人と寄り添う先端技術”** 少子高齢化に伴う働き手不足が加速しています。ビルサービスは社会インフラの維持に不可欠です。現在の労働集約型の業務スタイルから脱却し、人と先端技術のハイブリッド管理で品質向上、コスト低減を実現していかなければなりません。私たちは築いたビルサービスの知識、経験を活用し、IoTやロボティクスなど先端技術の開発企業とパートナーシップを組み、警備アバターロボット「ugo」ならびに情報プラットフォーム「T-Spider」を提供します。
フレッシュな空気・早生桐によるCO_2削減 ●「furniTure」を中心としたオフィス環境づくりを2026年までに10件 ●早生桐苗を2026年まで4ha、2400本植林	**フレッシュなオフィス空間 “グリーンからクリーンへ”** ビルやオフィスでは樹脂や金属などによるインテリア、空間づくりが一般的ですが、私たちは木材と紙を主材料にしたオフィス家具シリーズ「furniTure」を開発。材料となる早生桐はCO_2の吸収量が他木の10倍もあり、通常の桐は20年程度で成木になりますが、早生桐は4~5年で丈夫な成木になります。大成では桐の植林、育成から手掛け、オフィス空間の改革をめざします。
サスティナブルな街づくり ●ニューノーマルライフを実現する山林開発（エコトピア） ●エコトピアで2050年までに食物、エネルギーの自給自足率100%	**サスティナブルな街づくりへ “大成の集大成 エコトピア”** これまでの3つの取り組みの最終形として、大成ではエコトピアの創生をめざしています。さまざまなパートナーと協業し、山林を開発、農地やログハウス、太陽光発電設備などのインフラを整備し、さらに、リモートワークが行える情報通信環境も整えた、非日常空間型エコタウンをアウトプットとして生み出し、SDGsのその先をめざした新しい暮らし方の提案をしていきます。

出典：大成「SDGs宣言」より著者作成

3 既存事業でのみ取り組むことが前提となっており、新規事業がスコープに入っていない

本節では、既存事業と新規事業の観点でサステナビリティ経営を考えていきたいと思います。

大手企業においても新規事業の成功確率は極めて低く、新規事業を構築するには手間も時間も必要であり、不確実性が高い領域にどこまで踏み込むか、企業としては悩ましい問題であると思います。

しかしながら、私はサステナビリティ経営と新規事業は切っても切り離せない関係にあると考えています。その背景や必然性について説明していきます。

企業がサステナビリティ経営に取り組まねばならない真の理由

そもそも、企業がサステナビリティ経営に取り組まねばならないのはなぜなのでしょうか。びっくりすることに、この問いにすっと答えられる経営者やサステナビリティ推進担当者は多くはいません。

企業価値を向上させるためでしょうか？　ESGに取り組まないと海外の機関投資家から支持されないからでしょうか？　消費者や学生から選ばれないからでしょうか？　どれも企業の実情からすれば動機の一つではあるかと思いますが、そもそも論で言えば、大変な見当違いです。

企業がサステナビリティ経営に取り組まねばならない理由、それはこの社会が持続可能ではない状態に陥っているからです。産業革命以降、人類が排出してきた温室効果ガスが蓄積し、気温が上昇しているため、このまま進むと人類への大きな負の影響が発生します。生物多様性が失われ、生態系に大きな影響が生じ、レジリエンスが低下しています。また経済格差の問題、差別などの人権問題も解消の目処は立っていません。

この先、世界の人口が増加し、100億を超えれば、食料生産が追い付かず食物が不足します。また水も枯渇し、生活や農業、畜産業に大きな打撃を与え、最悪のシナリオでは、食物や水を奪い合う紛争が世界各地で勃発することにもなりかねません（すでに水紛争（注47）は世界の各地で発生しています）。このような観点で見れば、現在のこの社会は持続可能ではないことは明らかです。

現在の社会において、企業は極めて大きな影響力を持つ存在です。こうした持続可能ではない社会を作り上げてきたのも企業ですが、持続可能な社会に戻すべきなのもまた企業なのです。そもそも環境や社会が成立しなければ、企業は存在しえないのですから。

サステナビリティ経営に携わる上で、知っておかねばならない「持続可能な開発」という概念

「持続可能」という言葉は、「サステナブル（sustainable）」の日本語訳です。ご承知の通り、ＳＤＧｓは、Sustainable Development Goals の略で、「持続可能な開発目標」と訳されていることもあり、日本における「サステナブル」という言葉の認知度は高いのですが、「ＳＤＧｓ」や「持続可能な開発目標」という言葉自

（注47）水紛争：水資源開発と配分の問題、水質汚濁の問題、水の所有権の問題などにより、世界の各地で水をめぐる紛争が発生している。

図表2-8 「アース・オーバーシュート・デー」

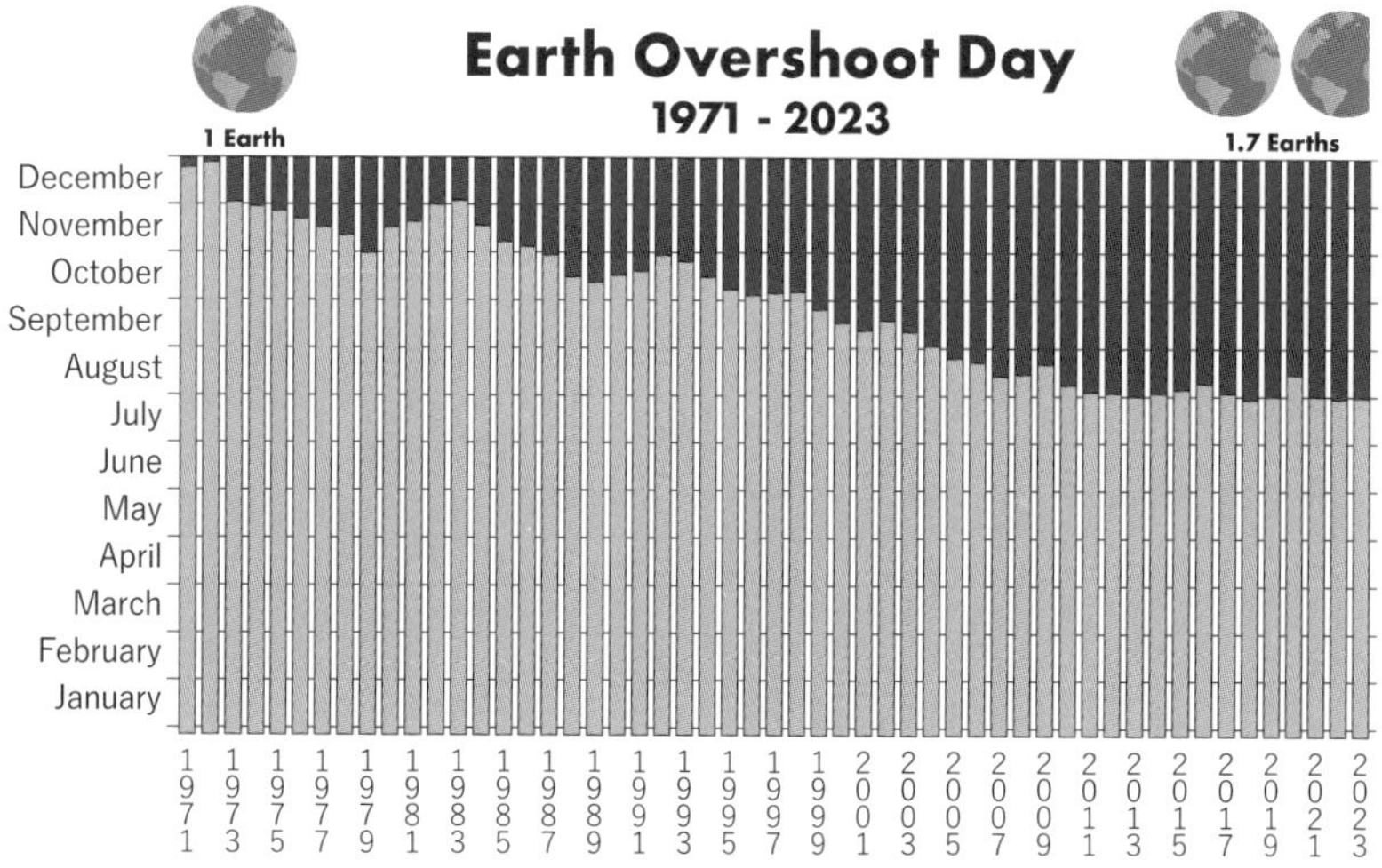

出典：National Footprint and Biocapacity Accounts 2023 Edition data.footprintnetwork.org

体が一人歩きしてしまった感があり、意味を正確に捉えている人は少ないように思います。

「持続可能な開発」とは、ブルントラント委員会（注48）が1987年に公表した報告書「Our Common Future」の中心的な考え方として取り上げたもので、「将来の世代の欲求を満たしつつ、現在の世代の欲求も満足させるような開発」という考え方です。

この「持続可能な開発」の真意を理解するには、「アース・オーバーシュート・デー」という考え方を知るのがよいでしょう。「アース・オーバーシュート・デー」とは、地球の環境が生み出す1年分の資源を、人類が使い切ってしまった日を指します。計測が開始された1970年以降、年の途中で「アース・オーバーシュート・デー」が訪れ、図表2－8のように「債務超過（色の濃い部分）」の状態が続いています。

ちなみに、2023年の「アース・オーバーシュート・デー」は8月2日に訪れ、それ以降は翌

（注48）ブルントラント委員会：1984年国連に設置された「環境と開発に関する世界委員会」。議長を務めたブルントラント女史（後のノルウェイ首相）の名をとって「ブルントラント委員会」と呼ばれている。

年以降の資源を前借りしている状態となっています。「アース・オーバーシュート・デー」はここ数年横ばいではあるものの、まだ逆転フェーズには入っていません。言うなれば、年収500万の人が毎年約300万の借金をし続け、一切の返済をしていないということになるわけです。

「アース・オーバーシュート・デー」についての詳しいロジックや計算式は、本書の趣旨からは外れるものなので記載は控えますが、誰が見ても「持続可能」な状態ではないのがおわかりになるかと思います。国連では、「2030年までに全世界の二酸化炭素排出量を2010年と比べて43％削減する」という目標を掲げていますが、その達成には、今後7年間、「アース・オーバーシュート・デー」を毎年19日間ずつ遅らせる必要があるとされています。

持続可能ではない社会を生み出したのは、現在の世界中の企業の既存事業

こうした持続可能ではない社会を生み出したのは我われ人類の活動であるわけですが、企業について言えば、産業革命以降の世界中の企業の事業の影響ということになります。つまり世界中の企業の既存事業全体がこの持続可能でない社会に繋がっているのです。

勿論、企業の中には、すでにサステナビリティ経営にシフトし、環境や社会へのネガティブな影響を軽減している企業やそもそもネガティブな影響がないビジネスを営んでいる企業も多数存在します。さらにポジティブな影響を創出するビジネスしか営んでいない企業もありますが、世界全体で見れば、現状のままでよい企業などは一社も存在しません。持続可能な社会に戻すためには、世界中のすべての企業が、環境や社会

に、よりポジティブなインパクトを創出するためにトランスフォーメーションせねばならないのです。「当社はすでに十分に社会に貢献できている」とおっしゃる経営者は、こうした観点から見ても大きな勘違いをしているわけですので、そのままの考え方ではサステナビリティ経営がうまく進むわけがないのです。

既存事業の社会価値を高めることは難易度が高い

こうした新たな社会的インパクトを既存事業中心に創出する方法を図表2-9のようにアンゾフのマトリクスで考えてみると、①②の2つのアプローチが存在します。

①は、既存の商品を、社会課題を抱える途上国や貧困層向けの市場に持ち込む方法です。トイレのない地域に、簡易トイレを提供するLIXILの「SATO」や未電化地域に電気の量り売りサービスを提供する「WASSHA」はこの①の方向で成功を収めています。ただし、こうした途上国の人々や貧困層が購入できる価格で既存の商品を提供するためには、高い技術力や研究開発、設備投資が必要となります。また、流通網の開拓やリスク回避のためのコストも国内の比ではないことを想定する必要があります。

②は、既存市場に新しい商品としてソーシャルグッドな商品サービスを投入する方法です。レゴブロックは、2015年から非プラスチック製のブロックへの切り替えを始め、2021年には廃棄ペットボトルからブロックを作る取り組みも開始していますが、やはりこうした取り組みには、大規模な研究開発が必要であり、世界的な大手企業であるレゴブロック社だからこそいち早く取り組むことができたという側面を忘れてはならないと思います。

図表2-9　社会的インパクトを既存事業中心に創出する方法（①・②のアプローチ）

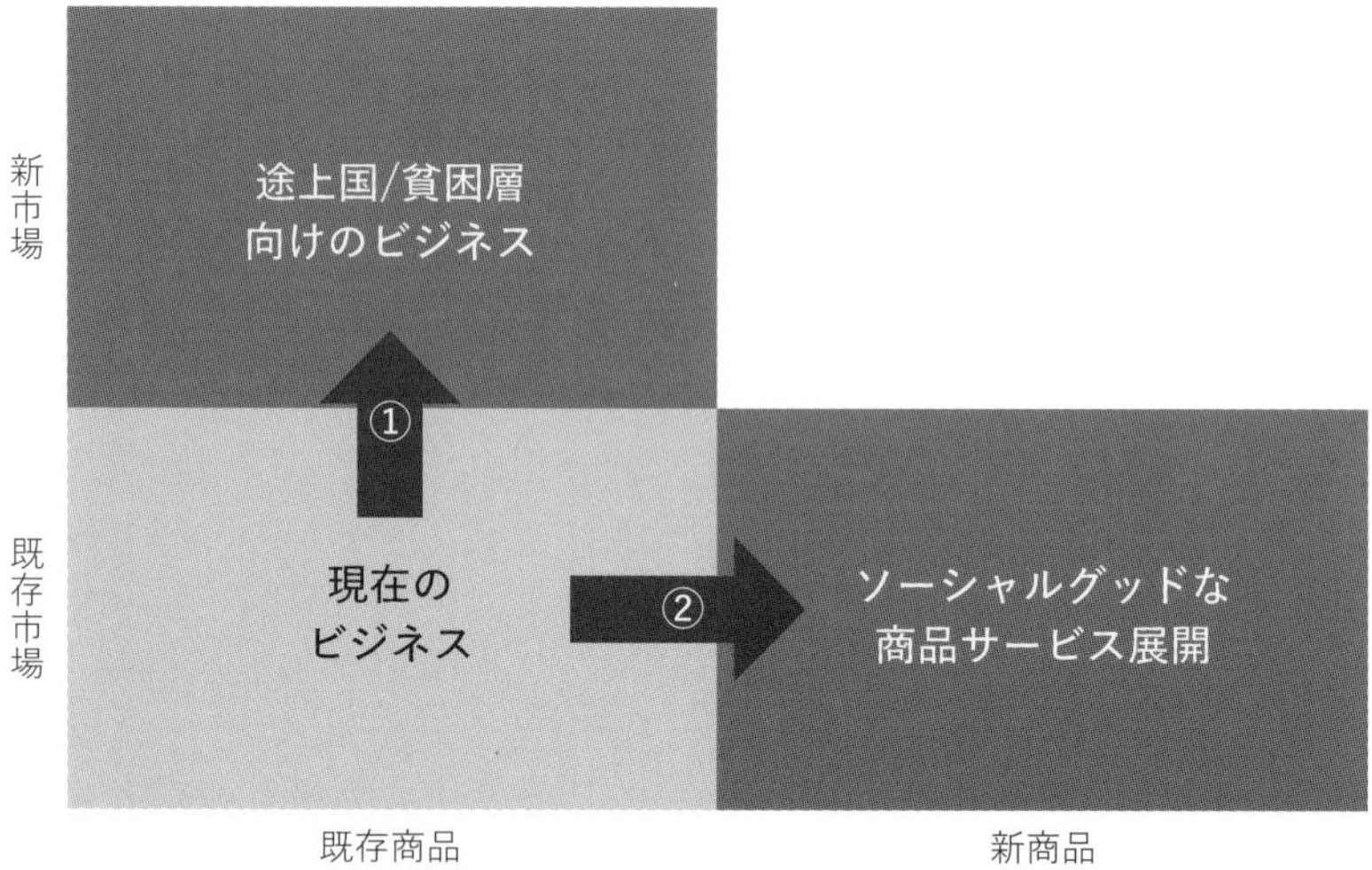

出典：著者作成

企業としては、既存事業の利益インパクトが大きければ大きいほど、既存事業を活かしたいと考えるのは当然ですが、既存事業の社会価値を高めることは極めて難易度が高く、結果的には、何ら新たな社会価値を創出していないにもかかわらず「自社の既存事業はすでにこうした社会価値を創出している」という辻褄合わせのような話になってしまうのです。これが、世にいう「SDGsのワッペン貼り」であり、近い将来は「SDGsウォッシュ（注49）」と揶揄されるリスクが高い状態です。

また、既存事業から考えると、社会課題から発想するアウトサイドインアプローチではなく、どうしてもインサイドアウトのアプローチとなり、社会課題ではなく、顧客課題に向き合うことが中心となってしまいます。これでは、立派なパーパスがあったとしても単なる飾り物になってしまうため、サステナビリティ経営はうまく進みません。

（注49）SDGsウォッシュ：実態が伴っていないにもかかわらず、SDGsに取り組んでいるように見せかけることを揶揄する言葉。

イノベーションを創出し、新規事業で社会課題に取り組む

図表2－9に③のアプローチを加えてみます（図表2－10参照）。イノベーションを創出し、新規事業で社会課題に取り組むという方法です。このアプローチは、既存市場でも成立するものではありますが、ここでは便宜上、新市場という位置付けで話を進めます（図表2－10）。

サステナビリティ経営においては、パーパスや事業マテリアリティをもとに、アウトサイドインで社会課題から発想することが重要です。新規事業の場合は、既存事業とは異なり、まだ顧客課題への提供価値を明確に定めていないため、社会課題ドリブンで着手することはそう難しくありません。

とはいっても新規事業を成功させるのは、簡単なことではありません。また、社会課題から考えるというのは、具体的にどのようにアプローチしたらよいのかというノウハウも確立されているわけではありません。

そこでヒントになるのが、ＳＤＧｓの１６９のターゲットです。ＳＤＧｓでは17の大きなゴールが設定されていますが、具体的な内容や目標数値、達成期限などは１６９のターゲットに落とし込まれています。この１６９のターゲットの中から取り組む社会課題を選定し、解決するモデルが構築できれば、アウトサイドイン型の新規事業となるわけです。

勿論、普通に考えると、社会課題を解決しようとするとＣＳＲになってしまうため、どのように事業と接続してビジネスに仕立てていくかという次なる難関が待ち構えていますが、この手法については第5章で詳しく考察していければと思っています。

図表2-10　社会的インパクトを新規事業で創出する方法（③のアプローチ）

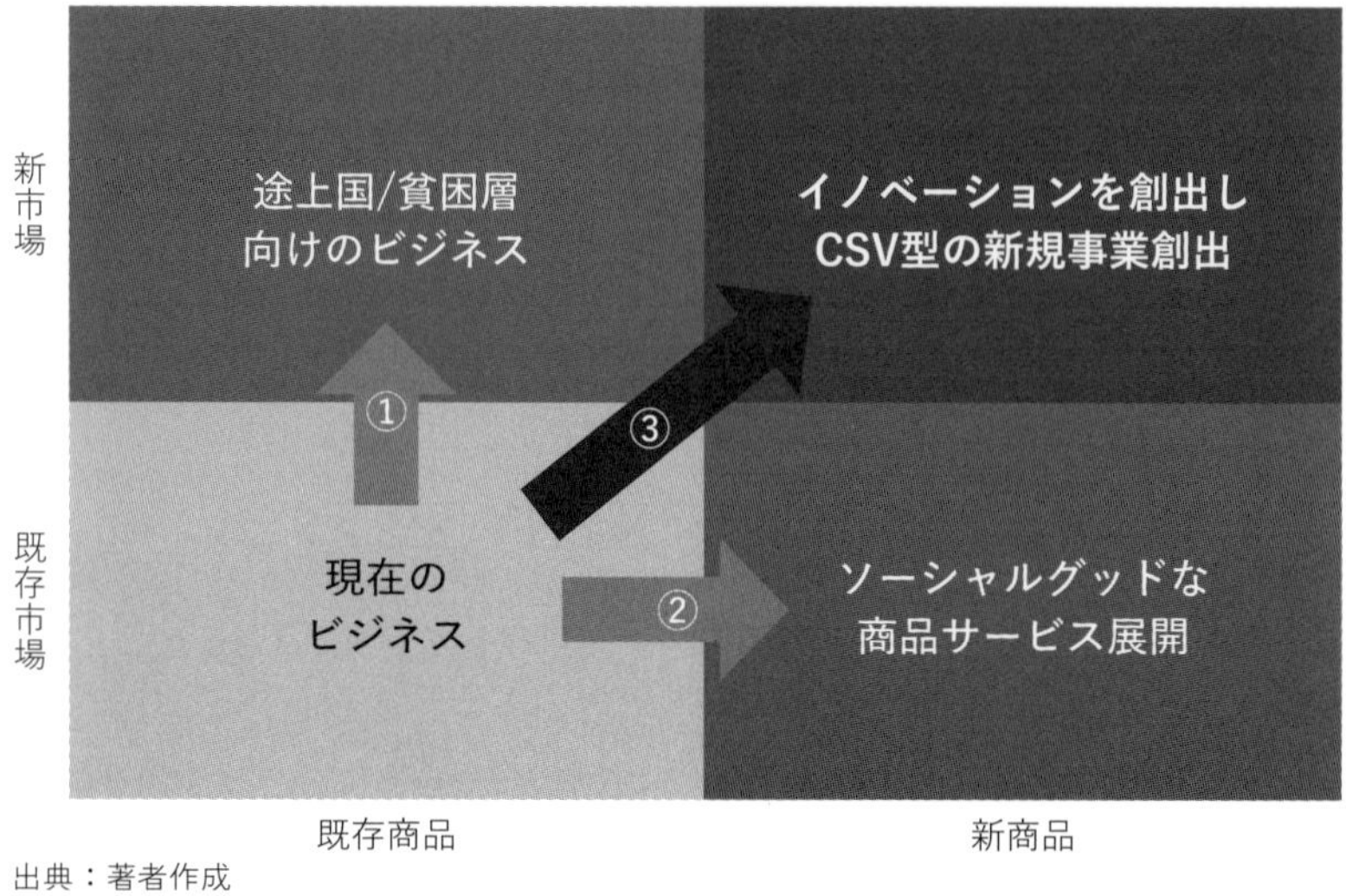

出典：著者作成

リソースが足りない問題をどのように解決するか

ＧＣＮＪ（一般社団法人グローバル・コンパクト・ネットワーク・ジャパン）（注50）とＩＧＥＳ（公益財団法人地球環境戦略研究機関）（注51）が発表した「ＳＤＧｓ進捗レポート２０２３」では会員企業がＳＤＧｓに取り組む際の課題についてのアンケート結果が示されています（図表２－11参照）。

注目したいのは、57・９％の企業がリソース問題（資金・人手・能力・技術等）を課題として掲げている点です。全体の項目の中でも２番目に比率が高い課題となっており、サステナビリティ経営の進捗の足かせになっていると言っても過言ではありません。経営者の方々からは新規事業に着手できないのは、リソースが足りないからというご意見もよく耳にします。

（注50）GCNJ：Global Compact Network Japan（グローバル・コンパクト・ネットワーク・ジャパン）の略称。2003年12月に国連グローバル・コンパクトの日本におけるローカルネットワークとして発足し、日本の会員企業・団体のグローバル・コンパクト10原則、SDGsなどへの自発的戦略的行動をサポートしている。加入企業は590社（2023年12月15日時点）。
（注51）IGES：Institute for Global Environmental Strategies（公益財団法人 地球環境戦略研究

図表2-11　企業がSDGsに取り組む際の主な課題

Q11 貴社がSDGsに取り組む場合にどのようなことが課題になっていますか。(複数回答)

	2022				2021	前年比
	10～249人	250～4,999人	5,000人	全体	全体	
SDGsの社会的な認知度	14.8	3.4	5.6	5.8	8.7	-2.9
社内での展開方法	33.3	56.2	46.2	48.3	52.4	-4.1
トップのコミットメント	3.7	13.5	7	8.9	10.1	-1.2
中間管理職の理解度・実行度	40.7	58.4	49.7	51.7	56.3	-4.6
一般職層の理解度・実行度	44.4	58.4	57.3	56.4	59.6	-3.2
管掌役員の理解度・実行度	18.5	23.6	23.1	22.8	23.1	-0.3
バリューチェーンに関連する人と環境に対するリスクに関する全体像の把握	18.5	64	60.8	57.5	-	New
定量的な指標の設定、インパクトなど評価方法	55.6	77.5	74.1	73.4	76.4	-3.0
リソース（資金・人手・能力・技術等）	51.9	59.6	58	57.9	52.4	5.5
政府･地方行政の政策的後押し	14.8	15.7	19.6	17.8	16.3	1.5
ステークホルダーエンゲージメントの有効な方法	14.8	34.8	35	32.8	31.3	1.5
SDGs達成に向けたコレクティブアクション（企業・政府・団体との連携）の取組	33.3	19.1	24.5	23.6	-	New
適切な情報開示(SDGsウォッシュへのリスク等の把握を含む)	7.4	42.7	42	38.6	44.7	-6.1
SDGs取り組みの広報･コミュニケーション戦略（国内外への周知）	22.2	34.8	45.5	39.4	41.8	-2.4
成長戦略とSDGs達成の両立	29.6	58.4	42.7	46.7	38.5	8.2
その他	7.4	5.6	0.7	3.1	1.9	1.2
特になし	3.7	-	1.4	1.2	1.9	-0.7

(回答%、10~249人：n=27 、250~4,999人：89 、5,000人以上：143)

出典：GCNJ/IGES「SDGs進捗レポート2023」 ※太枠は著者追加

機関）の略称。1998年に発足し、新たな地球文明のパラダイムの構築を目指して、持続可能な開発のための革新的な政策手法の開発および環境対策の戦略づくりのための研究を行っている。

ところで、リソースが十分であるという状態は現実にあるのでしょうか？　ビジネスシーンで頻繁に用いられる「戦略」の本質はリソースの最適配分です。リソースは常に不足しているものなので、限られたリソースをどこに配分するかを決定するために「戦略」が必要となります。もし潤沢なリソースがあれば、「戦略」を練り上げる必要はなく、「戦術」を磨くことに専念すればよいのです。

つまり、リソースが不足していると回答した企業は、サステナビリティ経営に関わるリソースだけではなく、全社的に慢性的なリソース不足に陥っている可能性が高く、一朝一夕に解決できないリソース課題を抱えているのだと思います。

加えて、日本企業の多くは「自前主義」です。経営における重要な部分は社内のリソースで賄い、ノウハウを蓄積したいと考えています。またこれまであまり社外には目を向けてこなかったため、外部との繋がりである社会・関係資本が潤沢ではないので、自前で何とかしようとしてしまうという負のスパイラルに陥ってしまいがちです。

サステナビリティ経営で重要なのは、アウトサイドインアプローチで社会課題から考え、野心的な目標を掲げてバックキャスト思考でイノベーションを創出することです。野心的なプランであればあるほど、社内のリソースだけでは決して実現することはできません。そもそも社内のリソースでこのような発想を持ちプランを立てられる人材は簡単には育成できませんし、テクノロジーやその他のリソースも自前で開発したり、調達したりするのはコストの面でも時間の面でも合理性がありません。

論理的に考えれば、足りないリソースについては積極的に外部の組織や個人と連携し、パートナーシップを組めばよいわけですが、上述した事情もあり、口で言うほど簡単にはいかないのが現実なのではないで

図表2-12　アウトサイドインアプローチとは

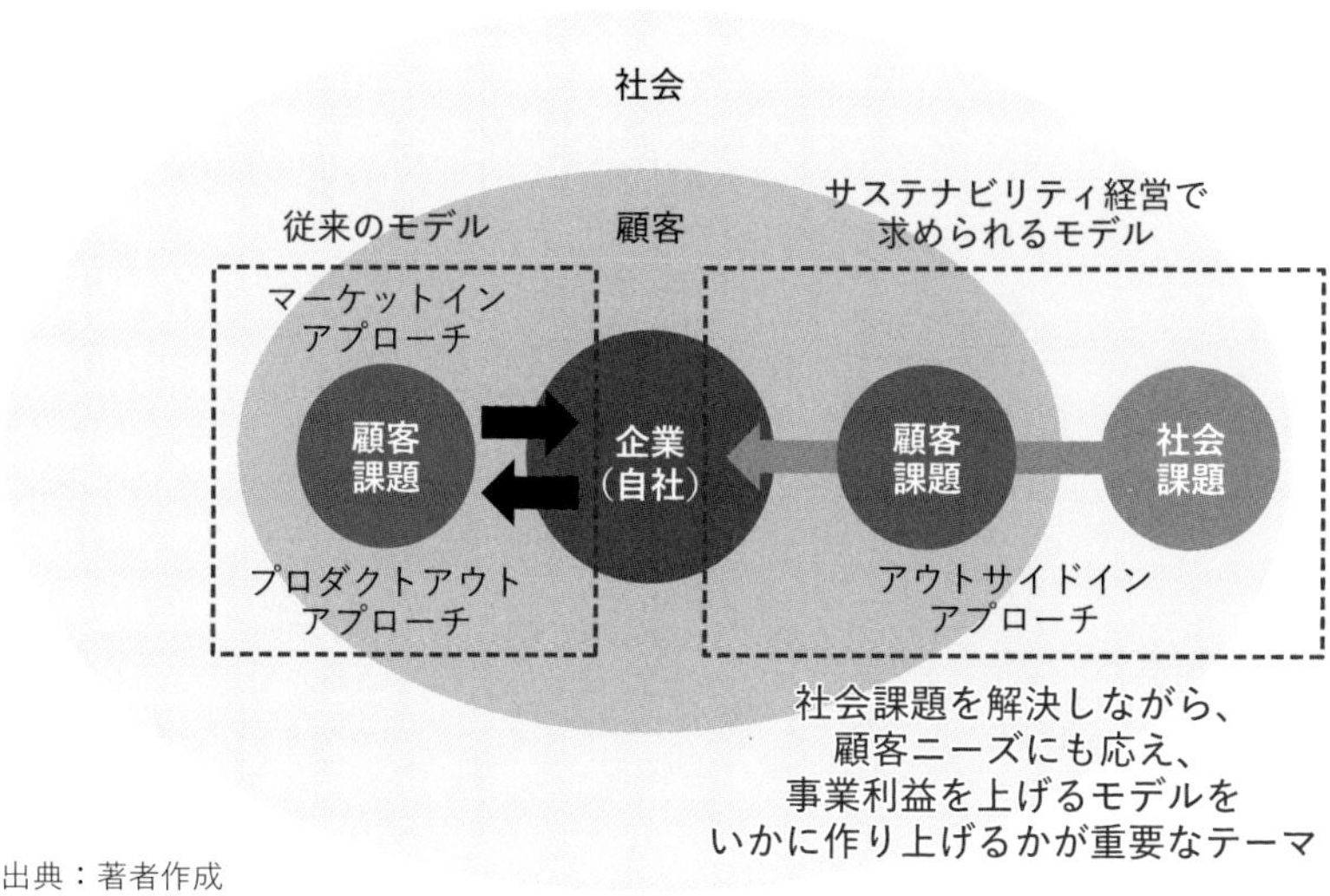

出典：著者作成

しょうか。これではやはりサステナビリティ経営はうまく進みません。

アウトサイドインアプローチの正体

ここでこれまで幾度となく登場したアウトサイドインアプローチについて整理しておきたいと思います。「SDG Compass」の説明だけでは、実践に繋げるのは難しいため、事業に繋げることができるという観点で私なりの説明を追加していきます。

アウトサイドインアプローチとは、社会課題から考えるアプローチですが、実はそれだけでは十分ではありません。それでは慈善事業やＣＳＲと近いものになってしまい、収益に貢献しないからです。図表２－12のように自社を中心に置き、その周囲に顧客、さらにその外側に社会という構造を想定してみます。

伝統型なアプローチはプロダクトアウトです。戦後から高度経済成長時代は、物自体がなかった時代であり、人口ボーナスもあったため、家電や生活必需品は、それなりの品質が担保されていれば売れたので、こうしたプロダクトアウトのアプローチが一般的でした。

その後、物資が飽和し、新たな企業が市場に参入してくるケースが多くなると、差別化が必要となりました。価格やデザイン性で差別化をするという手法もありましたが、顧客ニーズを踏まえた商品・サービス作りが求められるようになっていきます。これがマーケットインという発想です。

これに対して、アウトサイドインアプローチとは、顧客ではなく、顧客を含めた社会全体のニーズ（つまりは社会課題）から考えるアプローチです。単に社会課題に取り組むことだけを考えると、慈善事業やCSRとなってしまうため、収益化ができなくなります。そこで、社会課題解決のアプローチを顧客課題と結びつけて収益性を伴う事業に仕立てることが必要となります。

この一連のプロセスを理解せずにアウトサイドインを行おうとすると、「全然儲からないではないか」ということになってしまうのです。

サステナビリティ経営のジレンマ

本章では、サステナビリティ経営がなぜうまく進まないのかについて様々な視点から分析をしてきました。私はこれらの現象を「イノベーションのジレンマ」になぞらえて「サステナビリティ経営のジレンマ」と呼んでいます。「サステナビリティ経営のジレンマ」は5つのジレンマで構成されています（図表2－13

参照）。

第1章の「サステナビリティ経営の現在地」の状況を踏まえると、大手企業がこれらのジレンマに陥り、サステナビリティ経営へのシフトに手こずっている間に、中小企業やベンチャー企業がディスラプター（注52）となり、市場を奪われてしまう可能性も大いにあるのではないかと思います。

〈経営理念のジレンマ〉

経営理念の軸が顧客課題解決のまま変わっておらず、純度の高いパーパスが確立されないため、自社が取り組むべき社会課題の解像度が低い

〈経営計画のジレンマ〉

中期経営計画や直近の目標に縛られてしまい、理想の未来を描いたり、長期的な視点での戦略構築にウェイトを置いたりすることができない

〈事業合理性のジレンマ〉

不確定要素の多い新規事業ではなく、収益インパクトが大きい既存事業での取り組みを進めるものの、難易度が高く、辻褄合わせに陥る

〈経済合理性のジレンマ〉

対価を支払う顧客が存在する顧客課題が優先され、対価を支払う顧客が存在しないような社会課題が置き去りにされてしまう

〈経営資源のジレンマ〉

（注52）ディスラプター：新しいアイデアや技術を駆使し、既存の業界の秩序やビジネスモデルを破壊するベンチャー企業などのプレイヤーを指す。

図表2-13　サステナビリティ経営のジレンマ

経営理念のジレンマ
経営計画のジレンマ
事業合理性のジレンマ
経済合理性のジレンマ
経営資源のジレンマ

出典：著者作成

リソースが不足していると理解はしているものの、自前主義や社会・関係資本の不足のため、外部のパートナーとの協業に踏み切れない

サステナビリティ経営をうまく進めるためには、これらのジレンマを乗り越えていく必要があります。もし乗り越えられなければ、「ＳＤＧｓウォッシュ」の誹《そし》りを受けるリスクが待ち構えています。せっかく、手間暇やコストをかけてリスクを低減してきたにもかかわらず、さらに大きなリスクに遭遇するというのはあまりにも残念なことではないでしょうか。

第３章からは、こうした最悪の結果を回避し、企業価値向上を実現するために、これらの５つのジレンマを乗り越える手法について触れていきたいと思います。

第3章

「サステナビリティ経営のジレンマ」を乗り越えるために必要なこと

～既存事業にSDGsのアイコンを貼り付ける「ワッペン貼り」からの脱却～

1　マテリアリティの再定義とKPIの設定

本節では、既存事業のバイアスにとらわれずにアウトサイドインアプローチでマテリアリティを再定義するメソッドと、抽象的な表現になりがちなパーパスを具体化する方法について解説していきます。

現在、マテリアリティやパーパスを策定していない企業にも、すでに策定している企業にも適用できるように、策定手法から示していきたいと思います。

パーパスについては、ブランディングという観点ではなく、世界や社会に向き合った存在意義といった本来の意味合いを意識して解説を進めていきます。

また、マテリアリティについては、同業他社と差別化の図れるマテリアリティ特定プロセスをご紹介します。

本節を通じて、「サステナビリティ経営のジレンマ」のうち「経営理念のジレンマ」「経営計画のジレンマ」「事業合理性のジレンマ」の解消を目指していければと思います。

図表3-1　CSV Model Canvasワークシート（取り組みたい社会課題）

目標（17）	上段：ターゲット（169）／下段：理由
17のアイコンをコピペする	169のターゲットをコピペする （何故、取り組みたいのか、何故、会社として取り組む必要があるのか）
17のアイコンをコピペする	169のターゲットをコピペする （何故、取り組みたいのか、何故、会社として取り組む必要があるのか）
17のアイコンをコピペする	169のターゲットをコピペする （何故、取り組みたいのか、何故、個人として取り組む必要があるのか）
17のアイコンをコピペする	169のターゲットをコピペする （何故、取り組みたいのか、何故、個人として取り組む必要があるのか）

出典：著者作成

アウトサイドインアプローチで取り組みたい社会課題を選定する

アウトサイドインアプローチでマテリアリティを検討するには、少し工夫が必要です。企業組織に属する人は誰しも自社の事業にどっぷり浸かっているため、事業を念頭に置きながらマテリアリティを考えてしまう傾向があります。それでは、本当の意味でのアウトサイドインアプローチになりません。そこで、図表3－1のようなCSV Model Canvasワークシートを活用します。

このワークシートの特徴は2点あります。

1点目は、何の制約もなく自由に社会課題を発想するのではなく、SDGsの169のターゲットから選定していく点です。また、その際に、「なぜ、その社会課題に取り組みたいのか（Why）」を記載することで、背景にある価値観や考え方を深掘りできるようにしています。このようにすることで、経営陣の間で共有する際に伝わりやすくなるのです。

もう1点は、上の2つ(①②)と下の2つ(③④)で選定軸を変えている点です。①と②には会社として取り組みたいことを記載していただいています。これに対して、③と④には会社のことは一旦忘れて、自分自身(個人)として取り組みたいことを記載していただくのです。図表3-2のように少し難易度も変えて書き分けていただくようにしています。

事業から完全に離れてワークを進めようとすると、参加者がかなりのストレスを感じるために、うまくいきません。事業から考えていただく通常のアプローチも行いながら、事業から離れたアウトサイドインアプローチも行っていただくことでバランスを取るように工夫しているのです。

また、このワークをしていただく際には、リモートではなくできるだけリアルで集まっていただき、ターゲットファインダー(注53)(写真)を使い、手を動かしながら考えていただくようにしています。SDGsの169のターゲットについて記載してあるウェブサイトもありますが、パソコンの画面でスクロールしながら見ていくよりも、手を動かしながら一枚一枚めくって見ていく方が右脳を刺激する効果もあり、頭に入ってきやすいのです。

企業によっては、メガトレンド(注54)やグローバルリスク(注55)を意識してテーマを決めたいというニーズもあろうかと思いますので、その際には、前提としてメガトレンドやグローバルリスクをメンバー全員で共有してから始める方法もあるかと思います。ただし、これらをあまりに強く意識しすぎると、他の企

(注53) ターゲットファインダー:SDGsの169ターゲットについてより多くの人が知り、アクションにつながることを目指して作られたツール。

(注54) メガトレンド:世界のあり方を形作るほどの社会的または経済的な大きな潮流。世界中の様々な企業や組織が実証データを元にまとめ上げている。ex. サステイナビリティ、エネルギー、食料・農業、人口動態・都市化、新興国の台頭、ヘルスケアなど

図表3-2　CSV Model Canvasワークシートの記入方法

目標（17）	上段：ターゲット（169）／下段：理由
17のアイコンをコピペする	169のターゲットをコピペする ①既存事業で取り組みたい社会課題 （何故、取り組みたいのか、何故、会社として取り組む必要があるのか）
17のアイコンをコピペする	169のターゲットをコピペする ②新規事業で取り組みたい社会課題 （何故、取り組みたいのか、何故、会社として取り組む必要があるのか）
17のアイコンをコピペする	169のターゲットをコピペする ③会社の事業や業務に囚われずに 自分自身が取り組みたい社会課題（少し背伸び）
17のアイコンをコピペする	169のターゲットをコピペする ④会社の事業や業務に囚われずに 自分自身が取り組みたい社会課題（大きく背伸び）

出典：著者作成

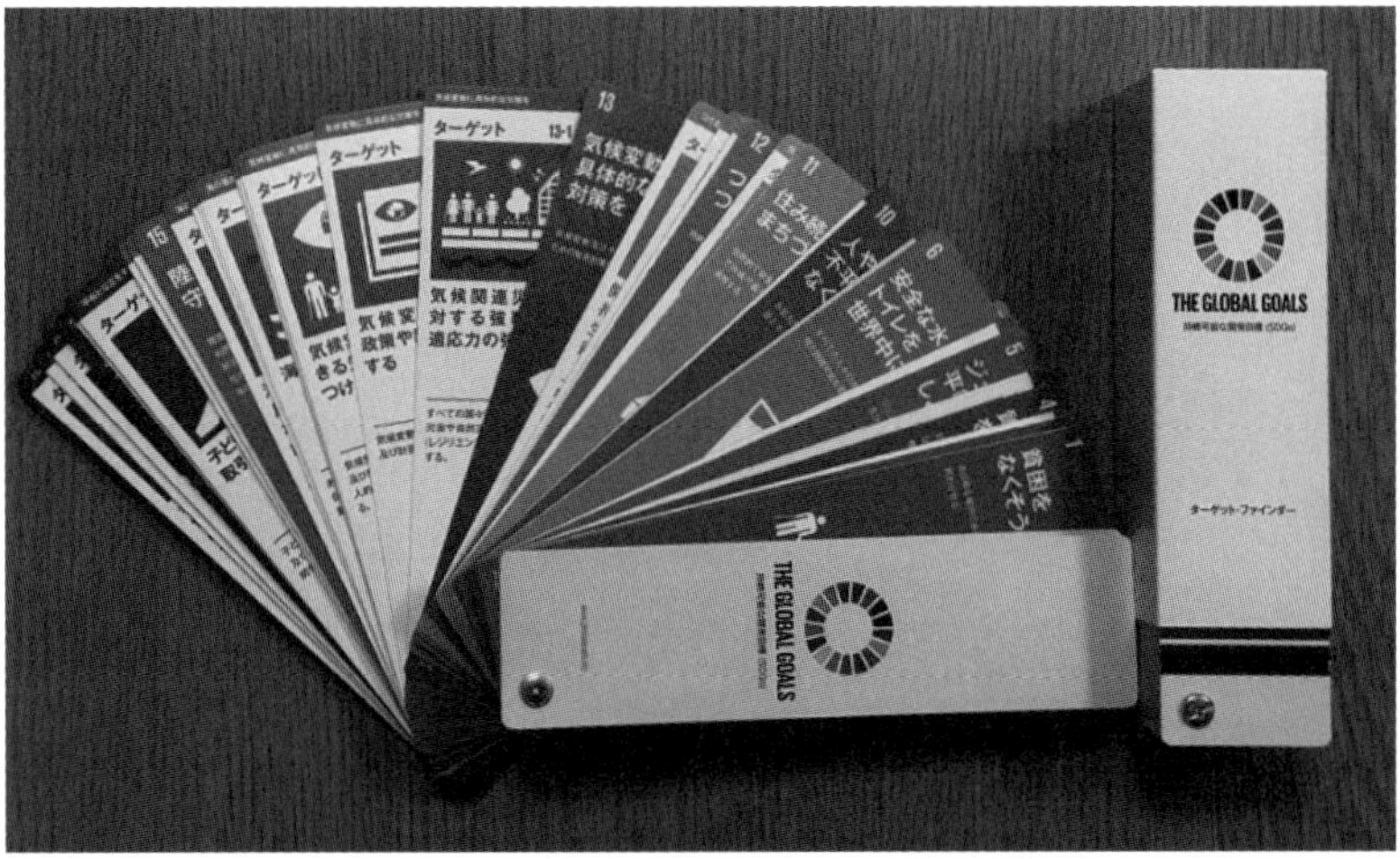

出典：著者撮影

(注55) グローバルリスク：発生した場合に、世界のGDP、人口もしくは天然資源のかなりの割合に悪影響を及ぼす事象、またはその事象が起こる可能性を指す。世界経済フォーラム（WEF）が毎年発行している「グローバルリスク報告書」が著名。

図表3-3　取り組みたい社会課題の集計例

	1	2	3	4	5	6	7	8	9	10	11	12	13	14	15	16	17
x 事業として		4	4, 4, 8, 8, 8		1	3, 4, 4	1, 1, a, b	1, 2, 2	1, 4, 4, 5		5	4, 5, 5, 5	1, 2	1, 7	2		16
y 個人として		3, 3, 4	4	7	5, b	3	2	5, 5, 5				3	1, 3			2	

出典：著者作成　　＊白抜き数字・アルファベットはターゲット番号

業と同じようなテーマしか出てこなくなる可能性もあるため、最後に絞り込む際にメガトレンドを加味する方がイノベーション創出の可能性を多く残せるのではないかと思います。

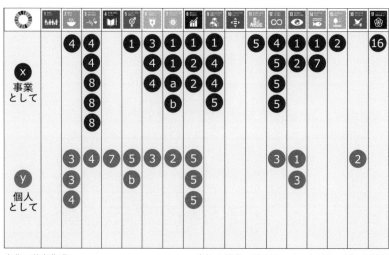

取り組みたい社会課題をキーワード化して整理する

このワークは、役員全員または事業部長以上全員など複数で取り組んでいただくのが効果的です。例えば6名で取り組めば、重複も出ますが、24個の取り組みたい社会課題が出てきます。図表3－3は、部長以上15名くらいで実施した事例ですが、会社として取り組みたい社会課題、個人として取り組みたい社会課題とも意外な重なりと分布が生じます。

このままでは整理や議論が難しいため、キーワード化することで優先度を議論できる状態にします。私が企業コンサルティングで実施した経験では、各

図表3-4　取り組みたい社会課題のキーワード化

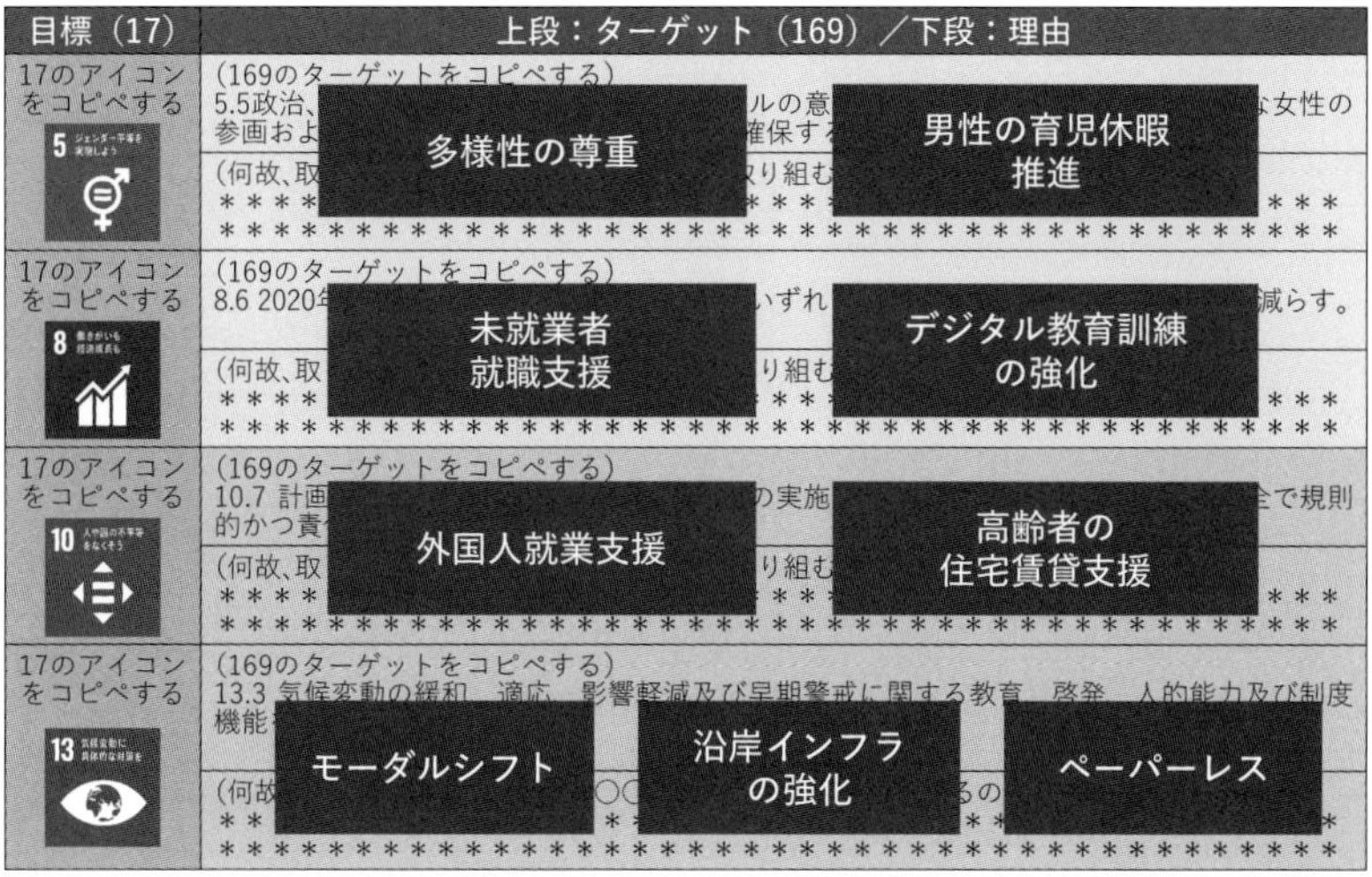

出典：著者作成

項目について図表3－4のように2つから3つのキーワードが抽出できることが多く、そのキーワードを活用して整理を進めていくようにしています。

こうして抽出したキーワードをマトリクスを活用して一旦整理します。マトリクスの縦軸は、「社会のサステナビリティの観点での重要度」、横軸は「自社のサステナビリティの観点での重要度」としてキーワードをプロットしていきます。人数が多い場合には、それなりの数になりますので、図表3－5のようにまずはＥｘｃｅｌでまとめてみるのがよいかと思います。

これをさらに共通項で括って、整理してみると、図表3－6のようにおおよその傾向が可視化され、議論ができる状態となります。

図表3-5　取り組みたい社会課題を2軸で整理①

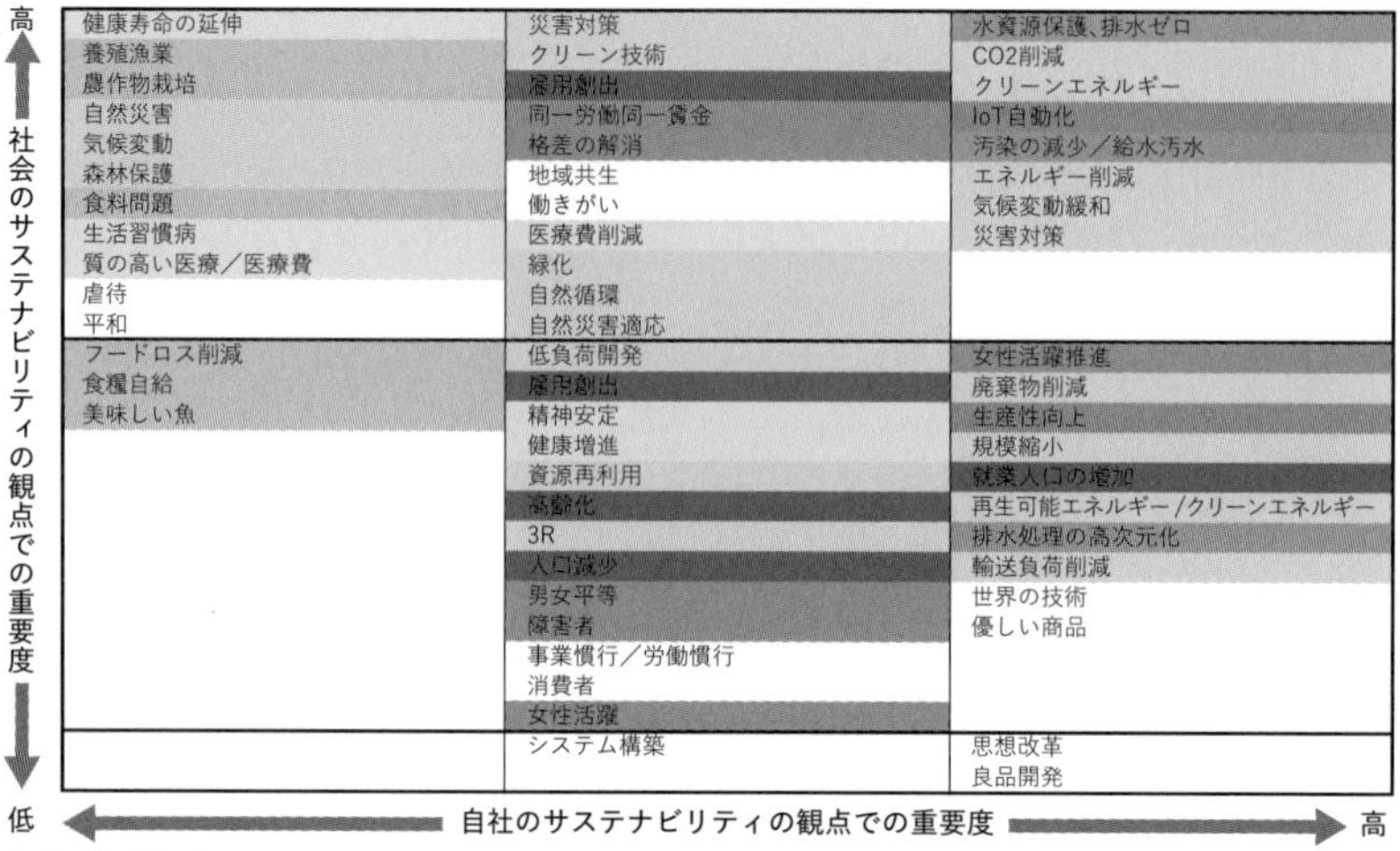

出典：著者作成

図表3-6　取り組みたい社会課題を2軸で整理②

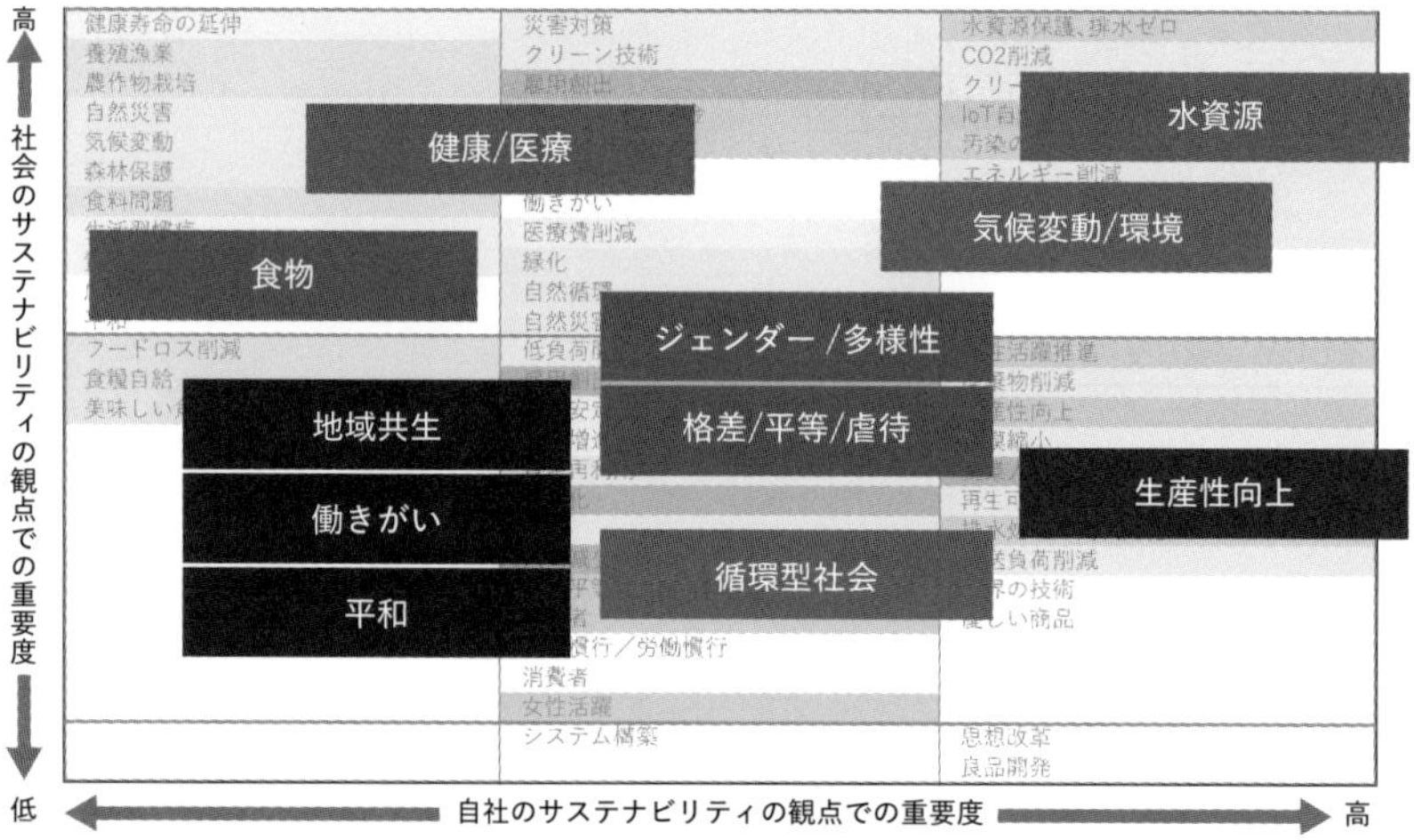

出典：著者作成

図表3-7 取り組みたい社会課題優先度を決める

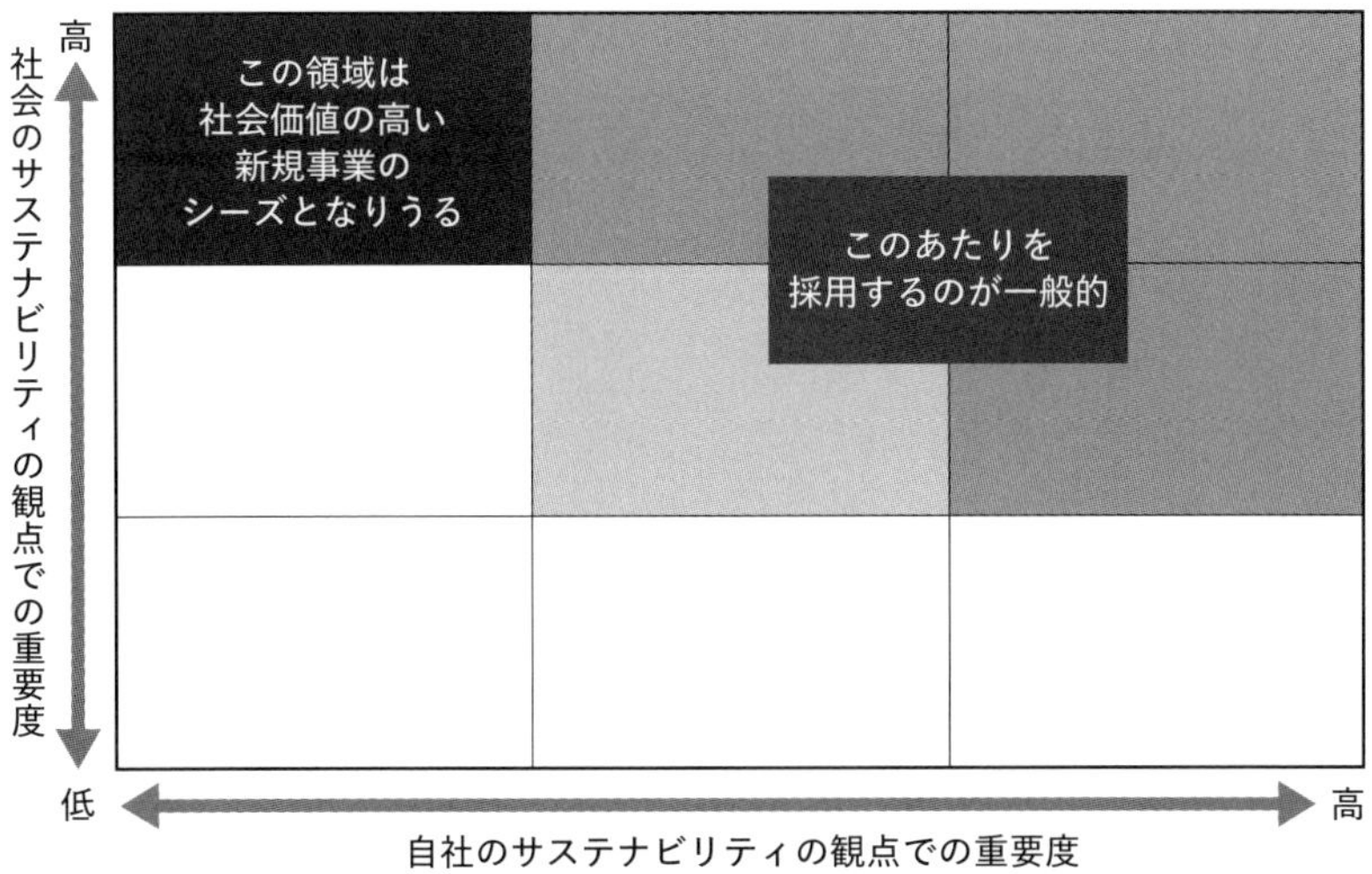

出典：著者作成

取り組みたい社会課題の優先度を決める

整理ができたところで、優先度を検討するのですが、このマトリクスでは、一般的には図表3－7のように右上のブロックの項目を抽出します。

これは非常にわかりやすく合理的な説明ができるアプローチなのですが、業種が同じ企業では、ほぼ同じような結果となり、会社独自のカラーが出せないありきたりなマテリアリティになってしまいます。

そのため私は、特に左上の領域を重視するようにしています。右下の領域は既存事業に無理やりSDGsのアイコンを貼り付ける「SDGsのワッペン貼り」になりがちですが、左上のブロックは「社会価値の高い新規事業のシーズ」となり得るからです。なおかつ、左上のブロックに出てくる項目は、役員のうち誰かが、「会社の事業にこだわらずに自分自身として取り組みたい」ものとして挙げているものであることが多く、強い意志を持った役員が存在しているという点も見逃せません。

このようなプロセスを経て、マテリアリティを特定していくわけですが、この際、いくつくらいのマテリアリティを特定すればよいかという質問をいただくことも多々あります。特に決まりがあるわけではありませんので、自社が本当にこだわって解決したい重要課題に絞り込むことをお勧めしています。

中にはＳＤＧｓの17の目標すべてに紐づけてマテリアリティを特定している企業がありますが、本当にすべてのＳＤＧｓの目標にコミットして社会価値を創出できるのでしょうか。15個も20個もマテリアリティを並べても新たな社会的インパクトが創出できないのであれば、「ＳＤＧｓウォッシュ」と揶揄されても仕方がありません。

事業マテリアリティと経営基盤マテリアリティに大別する

マテリアリティは、その性質から「事業マテリアリティ」と「経営基盤マテリアリティ」に大別されることは第2章で示した通りです。

「事業マテリアリティ」は本業を通じて取り組む課題です。つまり、ＣＳＲなどとは一線を画す利益創出を伴うＳＸの王道的なアプローチのための重要課題を指します。

これに対して、「経営基盤マテリアリティ」は、事業の推進や経営基盤強化に繋がる重要課題で、直接、利益に貢献する取り組みではないものの、中長期的な企業価値向上には欠くことのできないテーマです。例えば、ディップやTMJでは図表3−8、3−9のようにマテリアリティを大別して示しています。

「事業マテリアリティ」と「経営基盤マテリアリティ」の区分けは、事業の性質によって異なります。事例で示したディップとTMJは、事業と人々の就業が密接であり、「DEI」というテーマは事業を通じて取り組むことができるため、事業マテリアリティに位置付けていますが、一般的な企業では、「DEI」は「経営基盤マテリアリティ」に位置付けられています。

両社とも敢えて「気候危機への対応」を「事業マテリアリティ」に位置付けて重要度と取り組む姿勢を明確にしていますが、サービス業では、環境課題に事業で取り組み、大きなインパクトを創出するのは難易度が高いという側面があるため、脱炭素や生物多様性への取り組みは、「事業マテリアリティ」ではなく「経営基盤マテリアリティ」に組み込むこともあり得ます。このように「事業マテリアリティ」と「経営基盤マテリアリティ」の区分けは業種によっても異なるのです。

マテリアリティに対するKPIを設定する際には、中長期の未来を描くことが重要

選定したマテリアリティに対しては、KPIを設定することが重要です。この際、マテリアリティ自体はまだまだ抽象度が高いので、いくつかの具体的なKPIを設定することで、初めて事業と接続することができるようになります。KPIが定まっていなければ、実現のための戦略構築も進みませんし、活動の評価すらできません。

図表3-8　ディップのマテリアリティ

＜事業におけるマテリアリティ＞

テーマ	取り組み内容
多様な就業機会の創出 雇用ミスマッチの解消	AIなどのテクノロジーの力で、多様な人材の就業と様々な働き方を創出し、人材の流動性を高めつつ、採用時のミスマッチを解消することを通じて、個々人が力を最大限に発揮し、より良く処遇されることで、働く喜びと幸せを感じる就業者を増やします。
人材力・経済生産性の向上 働きがいのある職場づくり	テクノロジーの活用で、採用した人材のエンゲージメントとスキルを高め生産性とイノベーションの力を上げることで、企業の収益力を向上し、働く人の処遇の改善と働きがいに溢れた職場づくりを支援します。
DEIの推進 人権の尊重	様々な個性を持つ人々が、互いを認め合い協働する職場、環境づくりを進め、ユーザー、顧客企業をはじめとした、ビジネスに関わる全ての人々の人権が尊重される事業活動を行います。 AI活用によるデータの誤活用を防ぎ、多様性を尊重した公平性の高いマッチングを推進します。
気候危機への対応	気候危機を抑制するために、サプライチェーン全体でのCO2排出量削減に取り組みます。気候危機による災害や事故にあった方々の就業支援に取り組みます。

＜経営基盤におけるマテリアリティ＞

テーマ	取り組み内容
フィロソフィーで結びつく 人的資本の強化	フィロソフィーに共感する人材の採用・育成、マネージメントにテクノロジーを駆使し、そのエンゲージメントとロイヤリティ、幸福度を高めることで、一人ひとりの力が遺憾なく発揮されるように努めます。
ガバナンスの強化	社会価値と経済価値を創出し、持続的かつ高い成長を続けるために、経営の透明性と健全性を確保しつつ、さらなる意思決定および業務執行の迅速化を図ります。特に、ビジネスにAIなど最新のテクノロジーを活用することで生まれるリスクを正しく捉え、コンプライアンスの遵守/リスクマネジメントの強化を推進します。

出典：ディップ「統合報告書2023」より著者作成

図表3-9 TMJのマテリアリティ

<事業マテリアリティ> 事業によって解決する社会課題

テーマ	取り組み内容
多様な雇用やサービスの創出によるDEIの推進(Diversity Equity Inclusion)	個々人の価値観やライフスタイルに寄り添った多様な雇用やサービスを創出することで、誰もが公平に自分らしい暮らし方や働き方を選択できるように支援します。
共通インフラ提供による企業の生産性向上	企業活動を支えるインフラの提供とビジネスプロセスにおけるイノベーションの創出を通じ、企業の生産性向上を実現します。
継続的に学習意欲を喚起する能力開発の実現	継続的な学びの機会を提供する環境やサービスを創出し、能力開発を通じて個人が自己の成長や働く愉しみを実感することで、誰もがいきいきとやりがいのある仕事ができる社会の実現に貢献します。
気候危機の抑制と環境保護	サプライチェーン全体で脱炭素化を目指すためにサーキュラーエコノミーおよび再生可能エネルギーの活用などを推進し、気候危機を抑制するとともに、環境や生物の多様性を保護します。
地域企業の活性化による住み続けられる街づくり	地域社会との共創により、地域の特性や強みを活かしながら、地域企業の活動や働く人々を活性化させることで、住み続けられる街づくりを推進します。

<経営基盤マテリアリティ> 自社の経営活動において取り組むべき社会課題

テーマ	取り組み内容
人的資本の継続的向上	あらゆる属性及び知と経験のダイバーシティを実現し、個々の強みや志向に応じたスキル育成を行うことにより、イノベーション創出文化の醸成と生産性の向上を実現します。 また、健康経営を推進し、互いに尊重しあいながら安心して働くことで、従業員のエンゲージメントを高め、持続的な企業価値向上を実現します。
コーポレートガバナンスの強化	コンプライアンスやリスク管理を重視したガバナンスを強化し、透明性の高い公正な事業慣行を実現することにより、あらゆるステークホルダーに対しての責任を果たします。 また、経営の効率性を高めるとともに、健全なリスクテイクを行うことで、企業競争力を高め、持続的な成長と中長期的な企業価値の向上を実現します。

出典：TMJ「サステナビリティへの取り組み」より著者作成

サステナビリティ経営において求められているのは、理想の未来を描きイノベーション創出を促すバックキャスト思考です。そのため中長期の視点で理想の未来を描く時間軸の概念が欠かせません。できれば30年先、50年先の理想の未来を描き、自社の在り方を問うことができるとよいと思います。

手塚治虫の漫画やSF映画のように感じる方が多いかもしれませんが、第1章でご紹介したムーンショットという言葉の成り立ちを思い起こせば、極めて重要な考え方だと言えると思います。実際のビジネスシーンでも数十年前からこうした思考は用いられています。

1970年に開催された大阪万博（EXPO'70）の三菱未来館では、50年後の2020年の未来予測が行われていました。仕事はボタン一つで行われて、人間の労働時間は1日4時間になる、伸縮自在の高速通勤列車により通勤ラッシュが解消されるといった2023年になっても実現までにはまだ時間がかかりそうな予測もありましたが、世界中のテレビが見られる、教育の場は家庭に移り、教育放送を聞き、難しいところはビデオで復習するというようなすでに実現している内容も含まれていました。具体的なプロダクトのイメージも示されており、その後の科学の発展に大きく寄与したと考えられます。

オムロンでも1970年に科学・技術・社会の相互作用から未来を予測する「サイニック（SINIC：Seed-Innovation to Need-Impetus Cyclic Evolution）理論」を構築し、以降、経営の羅針盤と位置付けています。

こうした取り組みはすでにいくつかの企業で始まっています。ここでは、YOKOGAWAグループ、丸井グループの事例をご紹介したいと思います。

図表3-10　2035年の世界：4つのシナリオ

出典：YOKOGAWAグループ「2035年の未来シナリオ 時を超えた旅」

2035年の未来シナリオ 時を超えた旅（YOKOGAWAグループ：図表3－10）

YOKOGAWAグループの未来シナリオは、早稲田大学ガバナンス&サステナビリティ研究所、Frost & Sullivan社の協力のもと、不確実性の高い事象、関連するメガトレンド、産業の再編成を考慮して、作成されました。未来シナリオでは、2035年における私たちのビジネス環境だけでなく、産業全体のエコシステムを理解するために地図を作成し、各シナリオにおける世界の状況と社会を描いています。協力関係を構築し、YOKOGAWAグループの未来志向の考え方を示す、この取り組みが、お客様やパートナーとの共創的対話のきっかけとなることを期待しています。

YOKOGAWAグループの「2035年の未来シナリオ　時を超えた旅」を制作した未来共創イニシアチブは、将来を担うミレニアル世代の若手が主体となって構成されているのが特徴です。

また、フォアキャスティングを主とした「未来予測」ではなく、バックキャスティングによる「シナリオプランニング」手法を使っているのも極めて興味深い点だと言えます。

丸井グループが考える2050年の世界（丸井グループ「ビジョン2050」）

私たちが生きる世界の現状を理解した上で、今後訪れる確定的な未来、不確実な未来、そして不確実から確定的にしたい未来は何か、丸井グループは1年かけて本気で考えました。その結果、「私らしさを求めながらもつながりを重視する」「世界中の中間・低所得層に応えるグローバルな巨大新市場が出現する」「地球環境と共存するビジネスが主流になる」という3つの視点から未来の世界を整理することができました。そして、その3つの視点から導き出した2050年の世界には、「国・人種・自然すべてがつながり合う世界」が訪れているのではないかと考えました。

マテリアリティのKPIは理想の未来を意識して野心的に設定する

「理想の未来を実現するための重要課題＝マテリアリティ」という位置付けですので、マテリアリティのK

PIを設定する際にも同様に中長期的な時間軸を踏まえる必要があります。できれば10年、少なくとも5年というスパンでの時間軸で野心的なKPIを設定することが重要でしょう。また、10年先のKPIを設定することで、様々な取り組みを実施したり、アイデアを形にしたりすることが可能となるのではないかと思います。

ところが、多くの企業では、マテリアリティに対しての中長期的なKPIを設定していません。報告該当年度の実績数値とその先1~2年程度の目標数値（＝ほとんど見通しの立っている数値）しか掲載していない企業がほとんどです。これではイノベーションは創出されませんし、社会は何も変わりません。サステナビリティ経営がうまくいかないどころか、旧態依然とした経営からまったく前進していない状態であるとしか言いようがありません。

さらに立ちはだかる壁は、中期経営計画や目先の予算です。3年後や当期の目標が、ゴールとなり、それ以降のテーマは一旦棚上げになってしまいます。パーパスのような目指す理想の社会を実現するために必要なマイルストーンが中期経営計画であり当期の目標である、という繋がりを意識し、バランスをとりながら取り組みを進めることが大切なのです。

また、上場企業が財務的目標を開示する際には、期末近くなって下方修正はしたくないという意識が働き、保守的な開示を行う習慣があります。こうした姿勢が非財務情報の開示にも波及しているため、野心的なKPIと言われてもピンとこないのが経営者の皆さんの本音だとは思います。

こうした現状を踏まえ、2022年6月に公開された「金融審議会ディスクロージャーワーキング・グループ（注56）報告－中長期的な企業価値向上につながる資本市場の構築に向けて－」では、サステナビリ

（注56）金融審議会ディスクロージャーワーキング・グループ：投資家が必要とする企業の情報を効果的かつ効率的に提供するための情報開示のあり方等について幅広く検討を行う会議体。

ティ情報の開示について、以下のようなコメントを記載しており、積極的な開示を促しています。

（3）サステナビリティ開示に関する留意事項

① 将来情報の記述と虚偽記載の責任

サステナビリティ情報は、企業の中長期的な持続可能性に関する事項であり、将来情報を含むこととなる。有価証券報告書は、近年、経営方針や事業等のリスク等の記述情報の充実が図られており、これらの中で、将来情報の記載もみられてきている。前回ワーキング・グループ報告を踏まえた内閣府令改正の際には、将来情報の記載と虚偽記載の関係について、「一般に合理的と考えられる範囲で具体的な説明がされていた場合、提出後に事情が変化したことをもって虚偽記載の責任が問われるものではないと考えられる」ことを明らかにしている。

サステナビリティ開示について、投資家の投資判断にとって有用な情報を提供する観点では、事後に事情が変化した場合において虚偽記載の責任が問われることを懸念して企業の開示姿勢が委縮することは好ましくない。このため、上記の考え方について、実務への浸透を図るとともに、企業内容等開示ガイドライン等において、サステナビリティ開示における事例を想定して、更なる明確化を図ることを検討すべきである。

出典：金融審議会ディスクロージャーワーキング・グループ報告－中長期的な企業価値向上につながる資本市場の構築に向けて－　※傍線は著者追加

本件に限らず、日本のサステナビリティ経営についての行政の指針は極めて的を射ており、合理性も高く、発信されている文書や資料はサステナビリティ経営を実践していく上で、大変有効な資料となり得るものと思います。サステナビリティ経営を進めるために必要なのは、残すのは経営者の正しい理解と腹決めだけなのではないでしょうか。

ロジックモデルを作成し、アウトカムからKPIを設定していく

マテリアリティのKPIはどういった指標にすればよいのかというご質問もよくいただきます。よくよく聞いてみると、イメージが湧かないというよりは、何が適切なのか判断できないというケースが多いように思います。

こうした場合、まずはマテリアリティへの取り組みがどのような社会価値を創出するのかというマップを作成することをお勧めしています。第1章で取り上げた「SDG Compass」でも紹介されているロジックモデルです。

ロジックモデルとは、ある施策がその目的を達成するまでの論理的な因果関係を可視化したものを指し、「input（ヒト・モノ・カネ）」→「activity（事業活動）」→「output（直接的な結果）」→「outcome（変化・成果・便益）」といった流れで構成されています。

ロジックモデルを検討する際には、最終的な「outcome」から作成するのがセオリーです。「activity」から作成してしまうと、相関関係は示せても因果関係までは示しきれないからです。つまり、最終KPIから

図表3-11　「activity」や「output」にSDGsのゴールを紐づけてしまった例

企業によるSDGsへの取り組みにおいて、SDGs達成（社会課題解決）との繋がりが見えず、
SDGsゴールと事業活動との単なる[関連付け]で留まってしまうことも少なくありません。

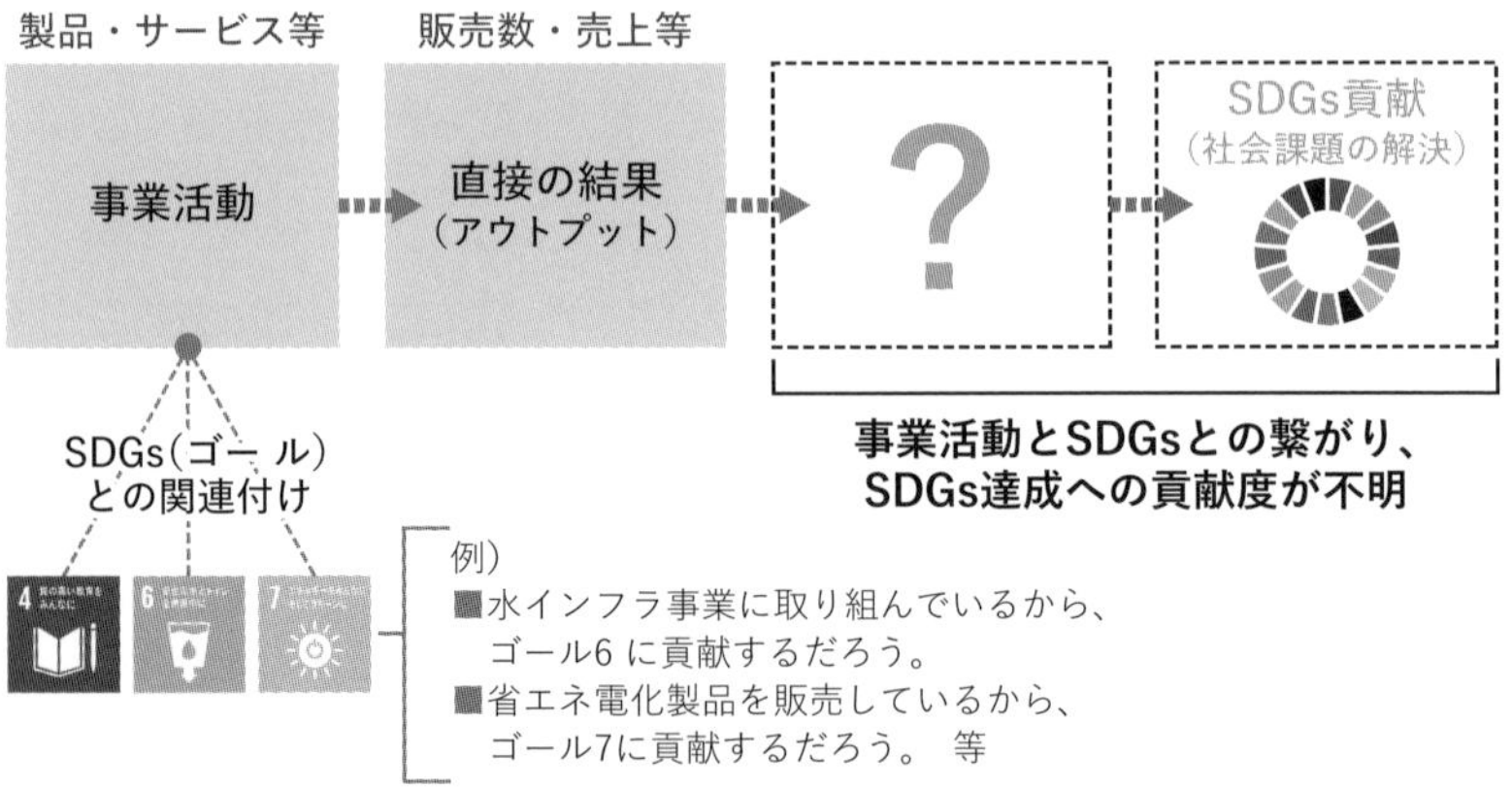

出典：神奈川県政策局SDGs推進課「はじめてのSDGs社会的インパクト・マネジメントガイド」

逆算して考えるバックキャスト思考に繋がるツールだと言うことができます。

次に注意しなければならないのは、「outcome」を踏まえずに「activity」や「output」の発想に終始し、そこにSDGsのゴールを紐づけてしまうことです。多くの企業が陥っているこの状態は、社会的インパクトの創出がスコープに入っていないということになるため、「SDGsウォッシュ」と揶揄されても仕方がない状態なのです。「SDGsのワッペン貼り」というのはこの状態を指しています。

神奈川県政策局SDGs推進課が2021年3月に公開した「はじめてのSDGs社会的インパクト・マネジメントガイド」では、社会的インパクトについてわかりやすい説明がされていますので、ご紹介したいと思います（図表3-11、3-12参照）。

次に、ロジックモデルの全体像を見てみましょ

図表3-12 「outcome」にSDGsのゴールを紐づけできている例

「社会的インパクト」とは、事業活動による直接的な結果（アウトプット）がもたらす短期的・長期的な社会や環境への変化や成果（アウトカム）のこと。社会的インパクトとSDGsとの繋がりを確認することで初めて、事業を通じたSDGs達成への貢献が明らかにとなり、貢献度を高めることが可能になります。

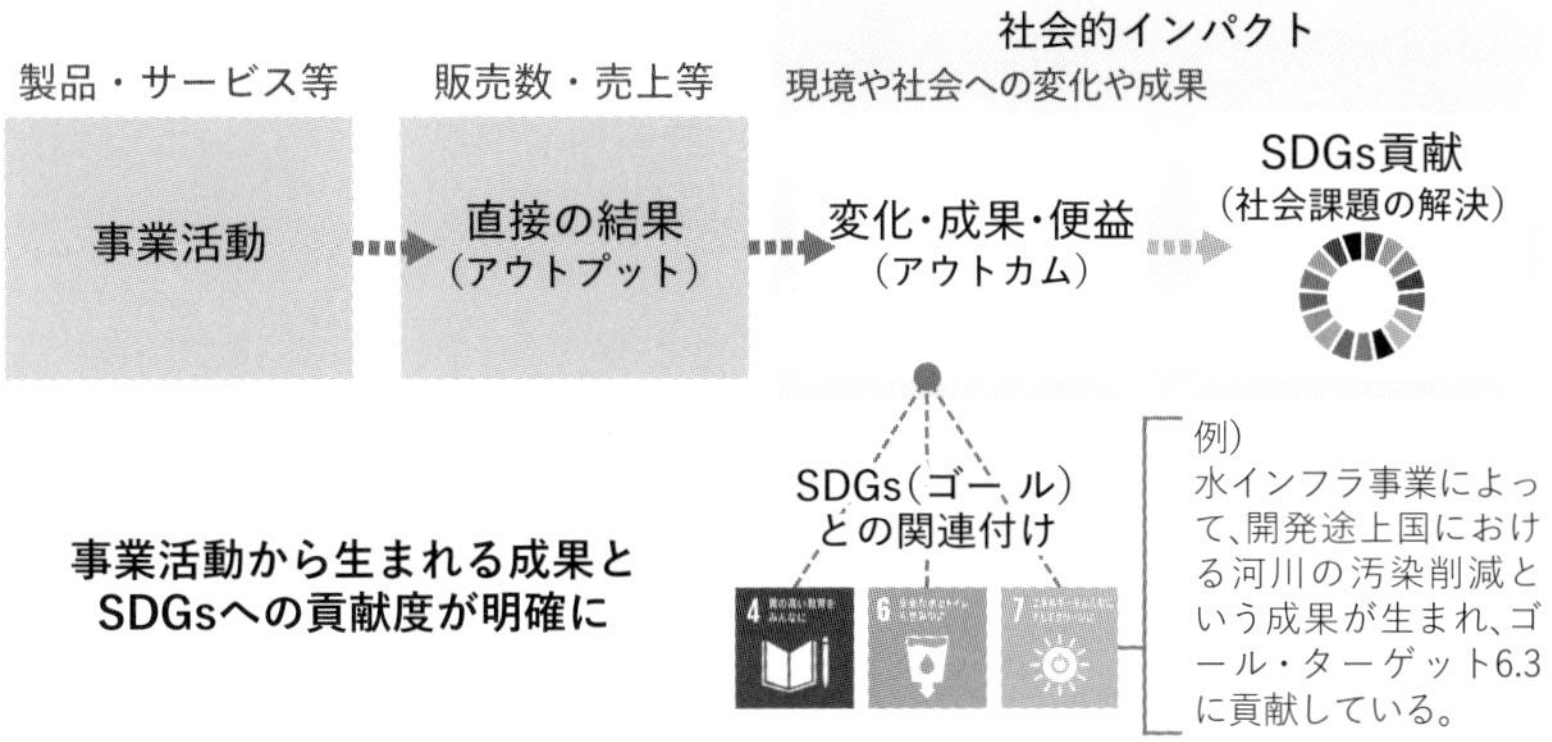

出典：神奈川県政策局SDGs推進課「はじめてのSDGs社会的インパクト・マネジメントガイド」

う。前述の「はじめてのSDGs社会的インパクト・マネジメントガイド」では、事例として保育士資格取得のための講座を提供する事業についてのロジックモデルが示されています（図表3－13参照）。

保育士資格取得のための講座を提供するビジネスでは、どれほどの数の講座を開催し、どれほどの人が受講したのかといった「output」のみにKPIを設定しがちですが、本当の意味での社会的インパクトを創出するためには、「outcome」を意識すべきなのです。

UNDP（国連開発計画）（注57）は、SDGsの達成のために民間資金の流れを拡大する目的で「SDG Impact」という取り組みを進めています。これは企業の活動によってきちんと社会的インパクト（＝outcome）が創出されているのかを第三者が認証する仕組みです。こうした認証が一般化すれば、

（注57）UNDP：United Nations Development Programme（国連開発計画）の略称。貧困や格差、気候変動といった不公正に終止符を打つことを目的とした国連の主要機関。世界の170カ国以上の国々で活動を進め、開発途上の国々が開発目標を達成できるように支援を行っている。

図表3-13　保育士資格取得のための講座を提供する事業についてのロジックモデル

ロジックモデルは、事業活動が社会課題解決（SDGs達成）に貢献する道のりを、「インプット」「アウトプット」「アウトカム」に分け、それぞれを論理的につなげて示すツールです。最終アウトカムから逆算して事業活動を考えていくことが重要です。

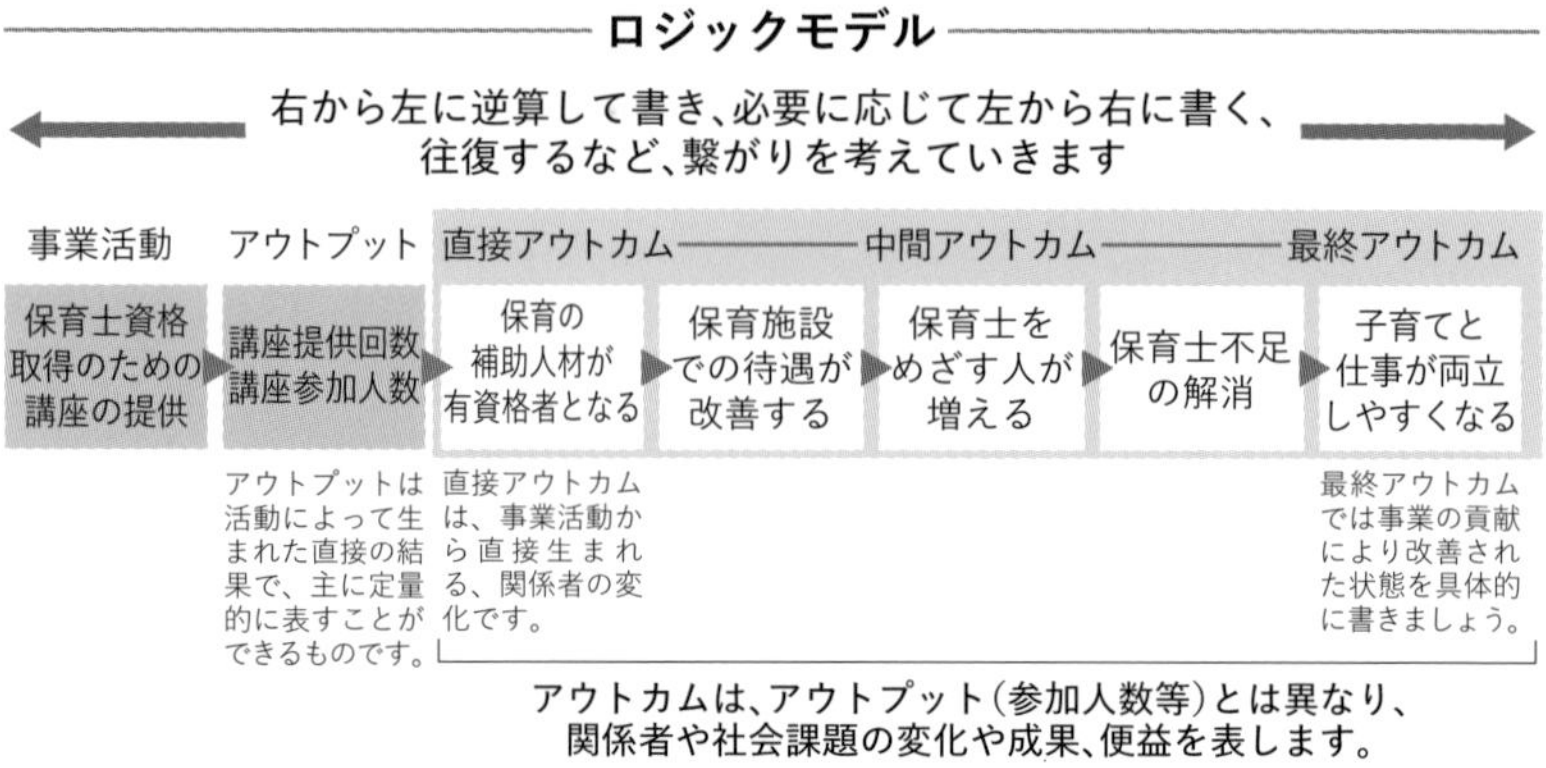
ロジックモデル
右から左に逆算して書き、必要に応じて左から右に書く、往復するなど、繋がりを考えていきます
事業活動
アウトプット
直接アウトカム
中間アウトカム
最終アウトカム
保育士資格取得のための講座の提供
講座提供回数
講座参加人数
保育の補助人材が有資格者となる
保育施設での待遇が改善する
保育士をめざす人が増える
保育士不足の解消
子育てと仕事が両立しやすくなる
アウトプットは活動によって生まれた直接の結果で、主に定量的に表すことができるものです。
直接アウトカムは、事業活動から直接生まれる、関係者の変化です。
最終アウトカムでは事業の貢献により改善された状態を具体的に書きましょう。
アウトカムは、アウトプット（参加人数等）とは異なり、関係者や社会課題の変化や成果、便益を表します。

出典：神奈川県政策局SDGs推進課「はじめてのSDGs社会的インパクト・マネジメントガイド」

とってつけたようなマテリアリティとKPIを掲げている企業は「SDGsウォッシュ」であると分別される流れが加速することとなるでしょう。

2 自社の目指す方向を照らす「パーパスを発掘」する

第2章では、パーパスとはどのようなものかということや経営理念におけるパーパスの位置付けについてご説明させていただきました。では、パーパスはどのように「発掘」すればよいのでしょうか。

ここでは敢えて「発掘」という表現を使っていますが、それはパーパスとは新たに創出するものではなく、本来は企業の歴史や哲学に内在しているはずの概念だからです。とってつけたようにかっこいいパーパスを作ってもあまり意味はありません。社会に対して成したいことは、企業の歴史の中で育まれてきているはずなのです。

本節では、こうした点を踏まえたパーパスの「発掘」の具体的手法について解説していきます。

パーパスの基本的な構文

パーパスの発掘に入る前に、事例をもとにパーパスの基本構文を確認してみましょう。ここでは、第2章で取り上げたソニーグループと、メンバーズのパーパスを題材としてみます。

図表3-14　パーパスの基本的な構文

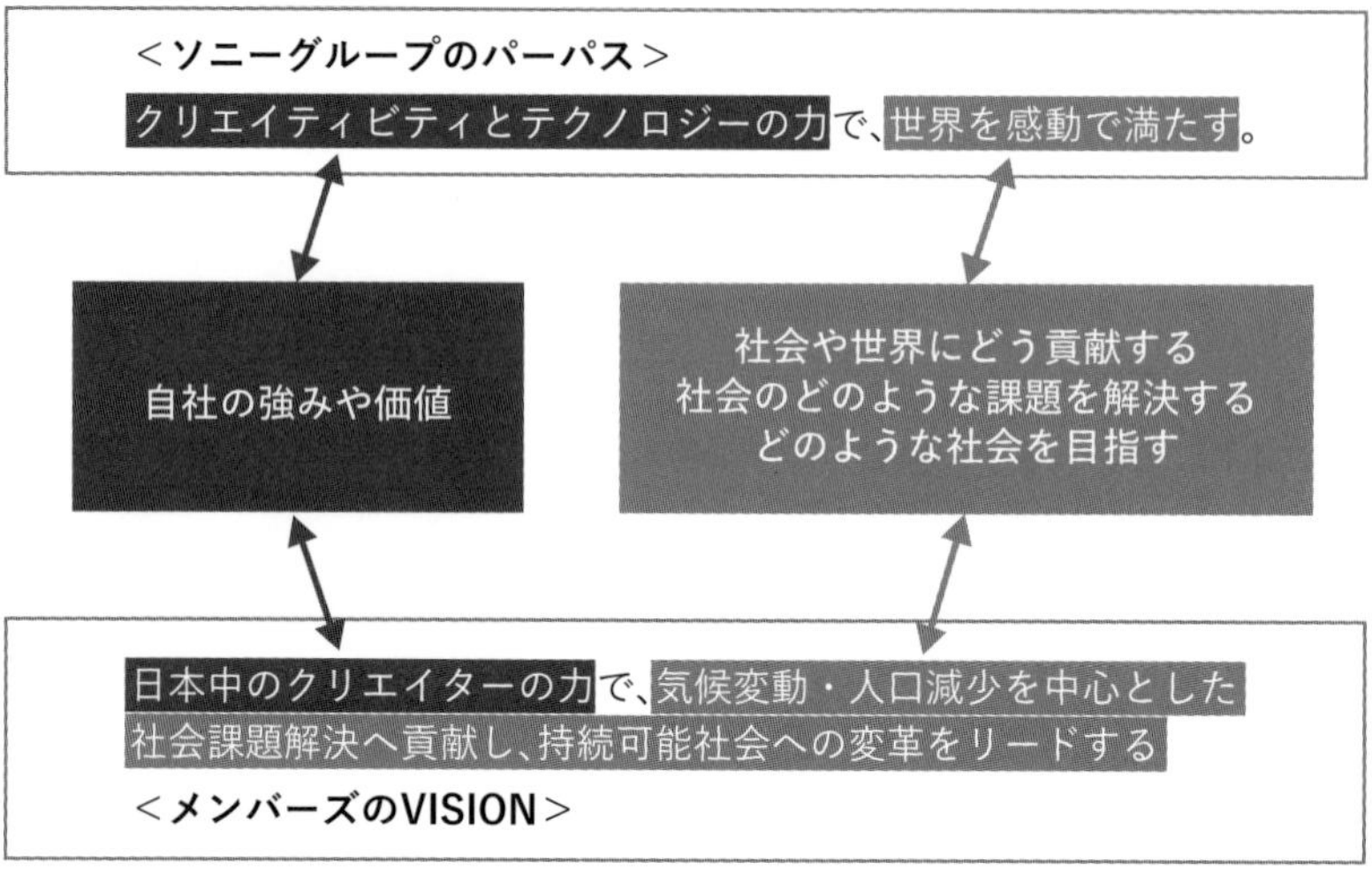

出典：著者作成

パーパスの前半部分には、「自社の強みや価値」が表現されているのがわかります。ソニーグループは自社のリソースを前提にしていますが、メンバーズは自社以外のリソースも巻き込む意図があり、違いこそありますが、明らかに「手段」を表現しています。

後半部分では、「社会や世界にどう貢献するか」「社会のどのような課題を解決するか」「どのような社会を目指すか」といった、ビジョンが表現されています。この部分は顧客を含めた「社会」や「世界」という表現をしているのが特徴です（図表3－14参照）。

せっかくパーパスを発掘したにもかかわらず、この後半部分に「顧客」「お客さま」といった表現を残している企業が多数ありますが、パーパスの本質を考えると、敢えて記載する必要はないように思います。

図表3-15　CSV Model Canvasワークシート（自社の強みや価値などを掘り下げる）

項目	具体的内容
歴史的資産	
強み/競争優位性	
大切にしている価値観/情熱	
その他	

出典：著者作成

世界や社会に向き合ったパーパスの「発掘」

パーパス発掘手法について、前半部分と後半部分に分けて解説していきます。

前半部分は、「自社の強みや価値」を表明する部分ですので、創業から培ってきたものを棚卸ししていくことが必要です。例えば、図表3－15のようなワークシートを活用して、「歴史的資産」「強み／競争優位性」「大切にしている価値観／情熱」などいくつかの観点で分析してみるのがよいと思います。

歴史的資産には、創業から培ってきた技術やノウハウ、良好な関係性を築いてきた顧客やパートナーなども含まれます。これらは一朝一夕には蓄積できないその企業独自の資産を指しています。

強みや優位性はそうした歴史的資産から生み出されるものもあれば、ビジネスモデルや商品サービス自体が発揮するものもあり得るでしょう。

価値観や情熱は、企業理念と通ずるものであり、哲学ともいうべきものです。長い間、事業を営み、顧客に向き合ってきた企業であれば、パーパスやミッションのように明文化されていない価値観や情熱も多く存在するのではないでしょうか。

これらの中に、パーパスやマテリアリティの実現に通ずる自社なりの手段が内包されているため、まずはこうした自社の「強み」や「独自性」について棚卸ししてみることが大切です。

後半部分は、「社会や世界にどう貢献するか」「社会のどのような課題を解決するか」「どのような社会を目指すか」といったビジョンですので、マテリアリティやマテリアリティ選定の際に描いた「理想の未来」がヒントになります。ワークシートでイメージすると図表3－16のような形となります。

さらにパーパスの構文に整えるためには、図表3－17のようなワークシートに落とし込むと迷わずに済むと思います。

パーパスが描く理想の未来の具現化

昨今、パーパスというキーワードがホットになってきており、すでにパーパスを掲げている企業も増えてきています。ただ、多くの企業のパーパスは抽象度が高く、漠然としており、具体的なイメージが湧かないものが見られます。

図表3-16　CSV Model Canvasワークシート（パーパスを発掘する①）

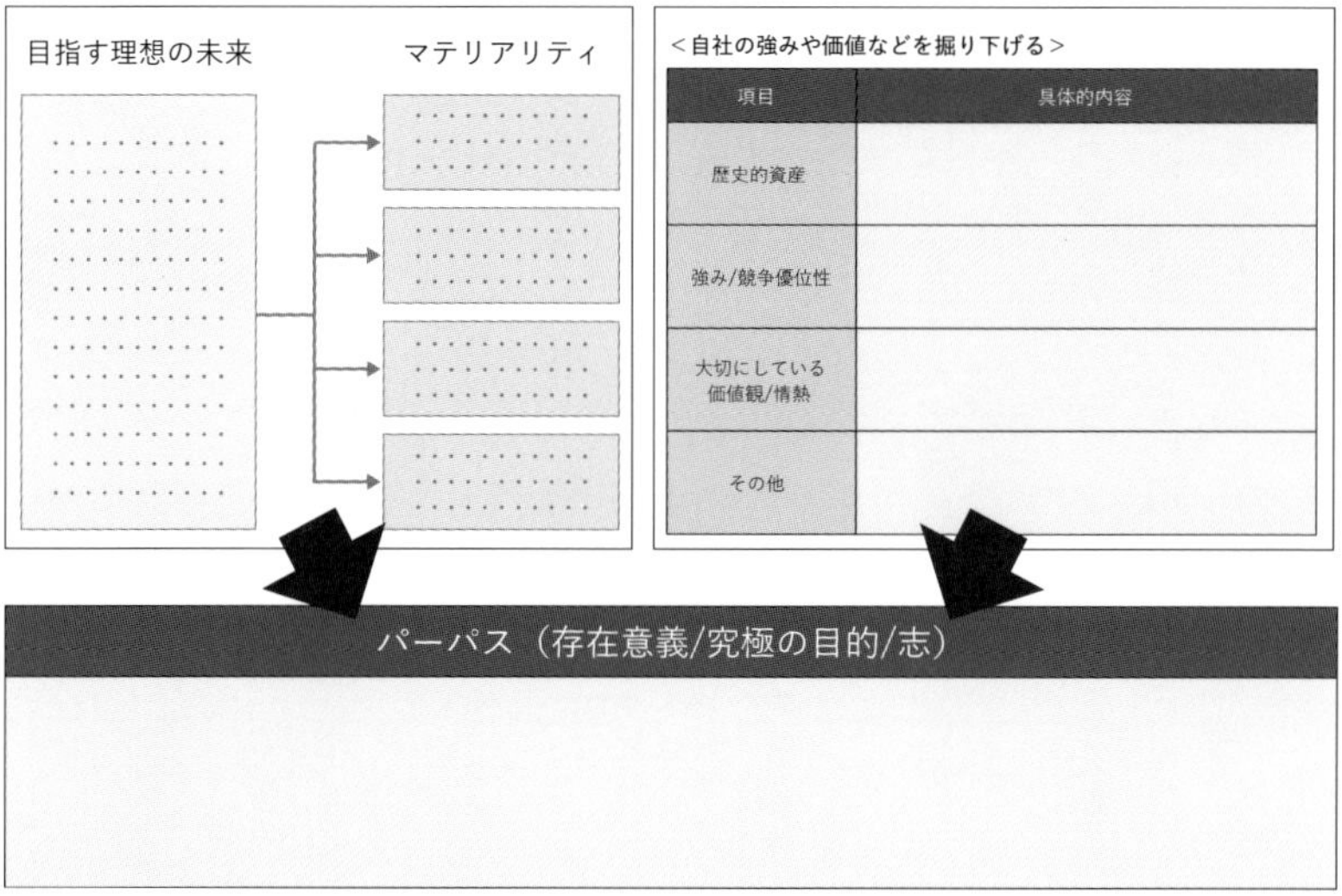

出典：著者作成

図表3-17　CSV Model Canvasワークシート（パーパスを発掘する②）

自社/自身らしい手段	
対象（＊顧客ではない）	
対象の目指す姿 対象への貢献	

出典：著者作成

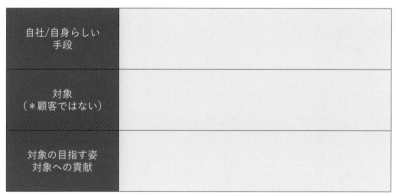

具体的イメージが湧かないパーパスとは、第2章で示した通り、下記のようなパーパスです。

・・・・・によって、より良い社会を創る。
・・・・・によって、持続可能な社会創りに貢献します。
・・・・・によって、人々の豊かな暮らしを支えます。

第2章では、これらのパーパスをビジョンで補足する手法をご紹介しましたが、さらにくっきりとした未来像を示す手法をご紹介します。

スウェーデンのストックホルムにあるレジリエンス・センターのヨハン・ロックストローム氏（注58）らによって2016年に提唱された「SDGsのウェディングケーキモデル」を活用し、パーパスの要素を「環境」「社会」「経済」の3つに分解して落とし込んでいく手法です。

「SDGsのウェディングケーキモデル」では、最下層に「環境」、その上に「社会」、最上段に「経済」という3段の構造が示され、環境という土台がしっかりしてこそ、その上に社会が成り立ち、経済が発展するという相関を表しています。

この「SDGsのウェディングケーキモデル」をもとに、自社のパーパスの中身を分解して、どのような「環境」「社会」「経済」を目指すのかを具現化していくのです。検討は個々に行い、最後にすべての文章を繋げると一連の未来創造ストーリーとなります。

（注58）ヨハン・ロックストローム：スウェーデン出身の環境学者で、持続可能性の分野で国際的に認められている。地球環境の限界を示す「プラネタリーバウンダリー」を開発したことでも知られている。

セコムグループのＴＭＪは、２０２３年にサステナビリティ宣言を公開しました。同社はその冒頭で、「たゆまぬ対話と改善で誰もが暮らしやすい社会を創る」というパーパスを以下のようにわかりやすい未来ストーリーとして表現しています。

ここまで練り上げると、他社とは一線を画す独自の具体的なパーパスが出来上がります。ストーリーを読むと、頭の中に映像が浮かんでくるような解像度であるため、社員やステークホルダーと共通の認識を持つことができるようになっているのです。

ＴＭＪの目指す理想の環境、都市、企業、人々の未来

人々の暮らしや産業と自然とが調和し、美しい四季の変遷が感じられ、豊かな資源と安全・安心な暮らしを享受し続けられる環境が守られている。

都市や街においては、公共サービスへのデジタルアクセス環境とモビリティが整備され、素早く快適に、また安全に目的地に移動ができる利便性の高い生活が実現し、誰もがつながり助け合うことができる温かく活気のあるコミュニティが形成されている。

企業においては、多くの業務が自動化・最適化され、時間や場所に縛られない働き方が当たり前となり、社員はクリエイティブで挑戦的なやりがいのある仕事に集中することができ、あらゆる多様性が尊

重され、人々は、誰もが人目を憚ることなく、何の不便もなく、のびのびとありのままに生き、健康で幸福な人生を謳歌している。

これが、TMJが目指す「誰もが暮らしやすい社会」です。

出典：TMJ「サステナビリティへの取り組み」(https://www.tmj.jp/company/sdg/)

パーパスは北極星のような存在

パーパスは北極星に例えられます。北極星は遠く彼方にあり、我われは到達することができませんが、他の星に比べて遥かに明るく光り輝く存在であり、我われに目指す方向を示してくれる星だからです。

「パーパスブランディング」という言葉をあちらこちらで見かけるようになりましたが、パーパスに本当にブランディングが必要なのでしょうか。これまでもミッションやビジョンがありましたが、ミッションブランディングなどという言葉はあまり使われていないと記憶しています。また、そもそもブランディングという表現そのものにもやや無理を感じます。

一橋ビジネススクール特任教授の楠木建氏は、「ブランディング」よりも「ブランデッド」という受動態が、正しいブランドの理解であると述べています。手っ取り早くブランドを手に入れるためにブランディングに血道を上げるのではなく、日々の積み重ねの結果、いつの間にかブランドになるのが理想だという主張には私も強く共感します。

サステナビリティ経営を進めるにあたっては、パーパスは極めて重要なものですが、ＰＲやブランディングをする必要はありません。パーパスは、組織の人々の進むべき道を照らし続ける北極星であればよいのだと思います。

3　マテリアリティをもとに社会課題解決型事業を創出する

第1章では、多くの企業がSDGsという社会課題への取り組みを「リスク低減」に主眼をおいて捉えているとお伝えしましたが、反対に「ビジネス機会」と捉え「社会課題解決型事業を創出する」という方向性を打ち出している企業が徐々に出てきています。

そもそも社会課題は経済合理性の観点（＝儲からない）から取り残されてきた課題であり、イノベーションが創出されなければ社会課題解決型事業は成立しません。そこまで理解した上で、「社会課題解決型事業を創出する」という方向性を打ち出す企業が現れたことは画期的なことだと言えますし、意思決定をした経営者の皆さんの腹決めは相当なものだったのではないかと思います。

また、「社会課題解決型事業の創出」における「社会課題」とは「事業マテリアリティ」であり、パーパスの実現に繋がるものでなければなりません。そのため、とってつけたようなマテリアリティを選定してしまった場合は、この段階でサステナビリティ経営が行き詰まってしまう可能性があります。

本節では、こうした観点を踏まえ、サステナビリティ経営の本丸とも言える「社会課題解決型事業の創出」について掘り下げていきたいと思います。

社会課題解決型事業の創出を掲げ、SXに踏み出している企業

ＴＩＳインテックグループでは、サステナビリティへの取り組みとしての「事業活動を通じた社会課題の解決」を事業成長戦略の中核と位置付けています（図表３－18参照）。

「当社グループは、企業が本来有する事業を通じた社会課題の解決による持続的な社会発展への貢献という社会的責任に対する認識をより一層深め、コーポレートサステナビリティに関する取り組みのさらなる高度化を目指します。」という宣言には、経営陣の「社会課題解決」への強い意志を感じます。

また、「持続可能な社会への貢献」と「持続的な企業価値向上」を同期化させていくモデルを描いており、ＳＸを実践していこうとする姿勢も感じられます。

オムロンでは、２０２２年度から新たな長期ビジョン「Shaping The Future 2030」を設定し、「オムロンのサステナビリティ重要課題」を特定しました（図表３－19参照）。その1番目には「事業を通じた社会的課題の解決」を掲げ、社会課題解決型事業に取り組む意思を表明しています。また、2番目では「ソーシャルニーズ創造力の最大化」を示し、既存事業にとらわれず、新たな事業創出もスコープに入れていることを明らかにしています。

古河電工グループでは、「古河電工グループ　ビジョン２０３０」の中で収益機会の大きな柱として、「社

図表3-18　TISインテックグループの目指すサステナビリティ経営

当社グループは、企業が本来有する事業を通じた社会課題の解決による持続的な社会発展への貢献という社会的責任に対する認識をより一層深め、コーポレートサステナビリティに関する取り組みのさらなる高度化を目指します。

出典：TISインテックグループ「統合報告書2023」

図表3-19 オムロンのサステナビリティ重要課題

	長期ビジョン「Shaping The Future 2030」におけるサステナビリティ重要課題	長期ビジョン「Shaping The Future 2030」目標
1	**事業を通じた社会的課題の解決** 事業を通じた社会的課題の解決により、社会価値を創出するとともにオムロンの持続的な成長を牽引する	SF2030でフォーカスする社会の変化因子「高齢化」、「気候変動」、「個人の経済格差」から、全社で捉える3つの社会的課題「カーボンニュートラルの実現」、「デジタル化社会の実現」、「健康寿命の延伸」を解決し、持続可能な社会の発展に貢献している状態
2	**ソーシャルニーズ創造力の最大化** オムロンの持続的成長のために競争力となるビジネスモデルの進化と新たな事業創出の取り組みの拡大	必要なコア技術開発の進化やビジネスモデルへの組み込みなどを通じて、既存事業および新規事業の領域でソーシャルニーズ創造力を発揮し、新たな事業を生み出し続けている状態
3	**価値創造にチャレンジする多様な人財づくり** オムロンの持続的成長の源泉となるオムロンで働く多様な人財の能力やスキルを引き出す人財マネジメントの進化	オムロンで働く多様な人財が成長できる機会を提供するとともに、能力・スキルを最大限引き出す人財マネジメントへと進化し、国籍・性別・働き方と関係なく、多様な人財が集まり、誰もが活躍している状態
4	**脱炭素・環境負荷低減の実現** 気候変動を「機会」と「リスク」の二側面で捉えた企業としての社会的責任の実践と更なる競争優位性の構築	バリューチェーンにおける温室効果ガスの排出削減と資源循環モデルの構築を通じて、社会的課題を解決すると共に、更なる競争優位性が構築されている状態 ●Scope1・2*1:2016年度比▲65% ●Scope3 カテゴリー 11*2:2016年度比▲18%
5	**バリューチェーンにおける人権の尊重** 企業の社会的責任として、自社のみならずバリューチェーンで働く人々の人権の尊重に対する影響力の発揮	国連の「ビジネスと人権に関する指導原則(UNGP)」に沿って自社のみならずバリューチェーンで働く人々の人権の尊重に対して影響力を発揮し、人権侵害を許さない、発生させない風土と仕組みが形成されている状態

*1 Scope1・2:自社領域から直接的・間接的に排出される温室効果ガス
*2 Scope3 カテゴリー 11:Scope3は自社のバリューチェーンからの温室効果ガスの排出。そのうち、カテゴリー 11は製造・販売した製品・サービス等の使用に伴う排出。

出典：オムロン「統合レポート2023」より著者作成

会課題解決型事業の創出」を掲げています。同社は、収益機会の観点から、従来のプロダクトアウトではなく、アウトサイドインアプローチへの転換が必要（同社統合報告書２０２３）としており、社会課題解決型事業の本質を理解し、社会課題ドリブンな検討を進めようとしています。

このようにＳＸの本質を捉え、実践を試みようとする企業が徐々に増えていけば、日本のサステナビリティ経営の未来は大きく拓けていくことでしょう。

社会課題解決型事業創出のアプローチ

社会課題解決型事業の創出には、大きく分けて3つのアプローチが考えられます。前述のマテリアリティを特定するために活用したマトリクスの軸を重要度から結果に置き換えて見てみたいと思います。縦軸は、社会のサステナビリティへのインパクト（＝社会価値）、横軸は、自社のサステナビリティへのインパクト（＝経済価値）となります。

まず1つめのアプローチは、事業マテリアリティを起点としたアウトサイドインアプローチで新規事業を創出する方法（図表3－20①）です。特に、事業とは距離のあるマテリアリティを選定した場合は、ＣＳＲで取り組むのではなく、新規事業に仕立て上げることが重要なポイントです。このアプローチは、事業マテリアリティという社会課題から発想するわけですので、顧客課題と結び付けて新規事業を構築できれば、自動的に「社会課題解決型事業」となりますが、勿論、新規事業創出自体は口で言うほど簡単なことではありません。

図表3-20　社会課題解決型事業創出のアプローチ

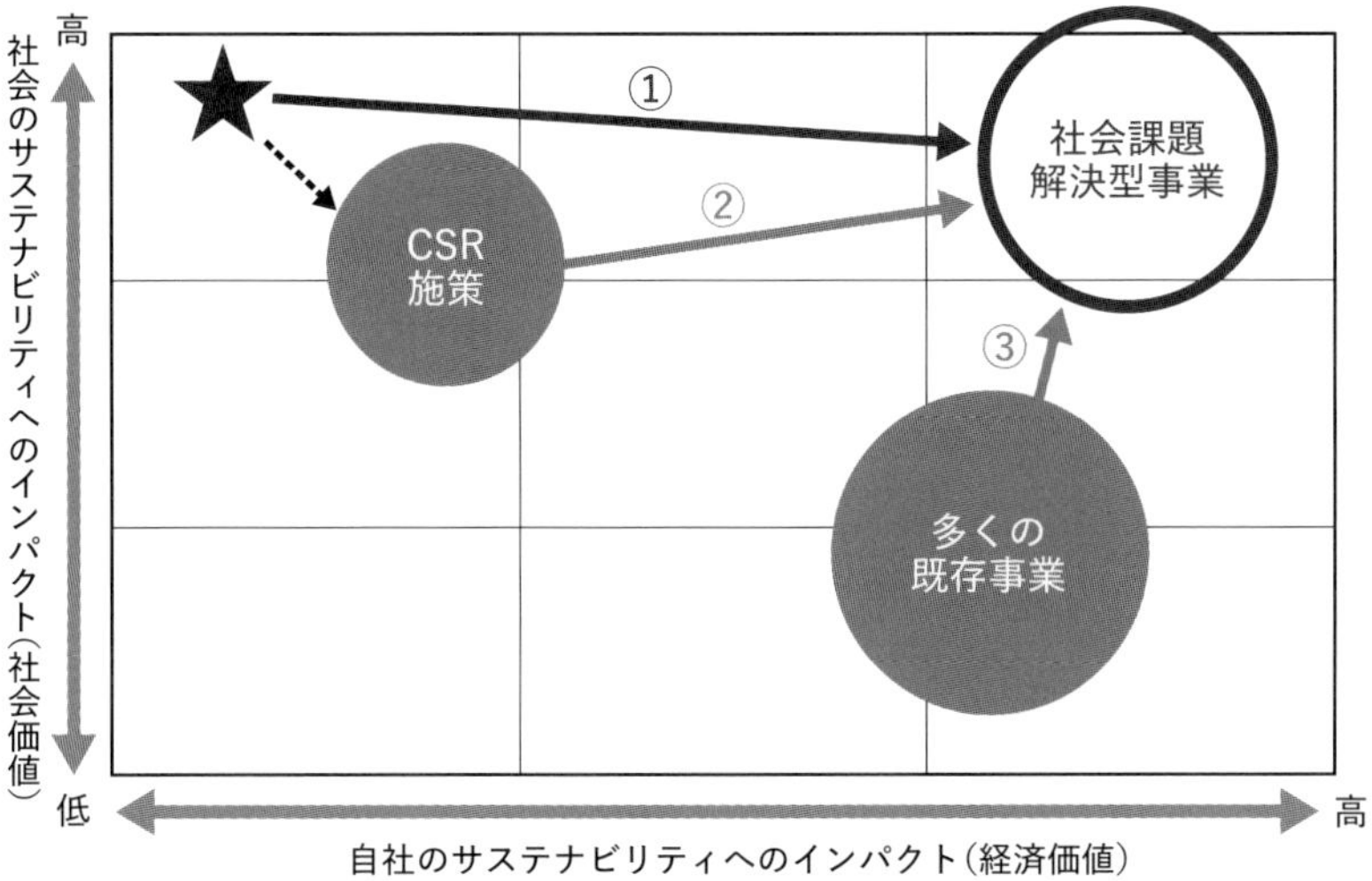

出典：著者作成

2つめのアプローチは、現状取り組んでいるCSR活動を事業として再構築する方法（図表3－20②）ですが、これは普通に考えると極めて難易度の高いアプローチです。これまでは慈善事業として、無償で提供していたサービスを明日から有償化しようとしてもおそらく受け入れられないでしょう。

CSR活動の多くは、社会課題に対する取り組みです。こうした社会課題に寄付や慈善事業ではなく、ビジネスで取り組む仕組みを創出することが重要なのです。そのように考えると、CSR活動の事業としての再構築は、①と同様の新規事業の創出に収斂されていきます。

3つめのアプローチは、既存事業の社会価値を高める手法（図表3－20③）です。この手法については、第2章で「難易度が高い」「そもそもサステナビリティ経営では新規事業が大切」とお伝えしてきたので、おや？　と思う方もいらっしゃるかもしれません。

製品・サービスで正面から取り組もうとすると、技術革新などの多額の投資が必要となるかもしれませんが、事業のバリューチェーン全体を俯瞰すると、既存の事業のままでも社会価値を高める取り組みが可能になることもあるのです。この具体的な手法については第4章で解説したいと思います。

また、既存事業そのものではなく既存事業の持つ提供価値を活用して、社会課題解決型の事業に昇華させるアプローチも考えられます。この場合、それは新規事業のようなものになるケースと既存事業のバージョンアップのようなものになるケースが想定できます。

誤解を恐れずに言えば、事業そのものはパーパスの実現やマテリアリティに取り組むための手段に過ぎませんので、既存事業なのか新規事業なのかはあまり問題ではありません。「既存事業にとらわれない」社会課題起点の考え方が重要なのです。

既存事業への「SDGsのワッペン貼り」とは

まずは「SDGsのワッペン貼り」とはどのようなものなのかを改めて確認しておきたいと思います。

マテリアリティを掲げる際には、多くの企業で図表3-21のような表組みの形式が活用されています。こちらのマテリアリティは食品メーカーを想定した架空のものですが、どこの業界でもよく見かけるような一般的なマテリアリティ例としてご覧いただければと思います。一見、それなりに社会課題に貢献しているように見えますが、本当のところはどうなのでしょうか。

図表3-21　食品メーカーのマテリアリティ事例

		テーマ	取り組み	来期指標と来期KPI	貢献するSDGs
事業マテリアリティ	1	人々の豊かな暮らしと健康を守る	安全な食品の安定的な提供を通じて、人々の豊かな暮らしと健康を守り続けます。	・従業員に対する食品安全のための研修の実施100%	2, 3
	2	フードロスの削減	消費期限表記を月単位にすることを通じて、商品の売れ残りを減らし、フードロス削減に繋げます。	・全商品のうち、20%の商品の消費期限を月単位に変更	2, 12
	3	サーキュラーエコノミーの推進	包装パッケージを見直し、プラスティック使用量の削減の努めます。	・非プラスチックの包装パッケージの実験実用を開始	12
経営基盤マテリアリティ	4	脱炭素経営の推進	サプライチェーン全体でのCO2排出量削減に取り組み、気候変動の抑制に貢献します。	・2050年までにサプライチェーン全体でカーボンニュートラルを実現	13
	5	DEIの実現	多様な人材が活躍できる安心安全な環境を作り、DEIを実現します。	・女性管理職比率10% ・障害者雇用比率2.3%	5, 10
	6	コーポレートガバナンスの強化	公正かつ迅速な意思決定を可能にするコーポレートガバナンス体制を構築し運用します。	・取締役会参加率90%以上 ・従業員に対するコンプライアンス研修の実施100%	16

出典：著者作成

事業マテリアリティの最初に掲げられている「1 人々の豊かな暮らしと健康を守る」は、本業ど真ん中のテーマですが、記載内容を見ると食品メーカーとしては当たり前の取り組みであり、創業以来ずっと提供してきた価値のように読み取れます。つまり、新たな社会的インパクトを創出せずに既存事業をそのまま継続するという内容です。

「2 フードロスの削減」「3 サーキュラーエコノミーの推進」については、新たな社会価値を創出しようという意図を感じる内容となっていますが、KPIを見ると、いわば「改善」レベルの取り組みであり、サステナビリティ経営で求められる「トランスフォーメーション」とは程遠い内容にとどまっています。

勿論、こうした「改善」レベルの取り組みを否定するわけではありませんが、それだけでは求められているトランスフォーメーションに対しては十分ではないのです。上場企業のような日本を代表する企業であれば大きな社会的インパクトを創出できる可能性があるわけですから、トランスフォーメーションが求められるのは当然のことと言えるでしょう。

さらに致命的な問題は、来期指標と来期KPIです。ここでは来期KPIと敢えて記載しましたが、同様に多くの企業が、短期的なKPIしか公開していません。また、KPIの対象は「outcome」ではなくて、自社の「activity」と「output」ばかりというのも気になるところです。

この状態で、貢献するSDGsとして、関係していそうなSDGsのアイコンを貼っている状態、これが俗にいう「SDGsのワッペン貼り」です。この状態が続けば、「SDGsウォッシュ」と揶揄されるリスクが極めて高くなってしまうのです。

「SDGsのワッペン貼り」が発生するメカニズム

「SDGsのワッペン貼り」が大流行したきっかけは、第1章でご紹介した「SDG Compass」におけるバリューチェーンのSDGsマッピングだと私は考えます。バリューチェーンにおける影響度合いを分析すること自体は必要なことですが、「SDG Compass」では、これを実質的なファーストアクションとなるステップ2で実施することを推奨してしまったため、企業の発散思考を妨げ、収束思考を助長してしまったのです。

「SDG Compass」では、マテリアリティはステップ5で登場するのですが、すでにステップ2で既存事業のバリューチェーンを元に優先課題を抽出し、図表3-22のようにSDGsのマッピングまで行ってしまっ

図表3-22 バリューチェーンにおけるSDGsのマッピング

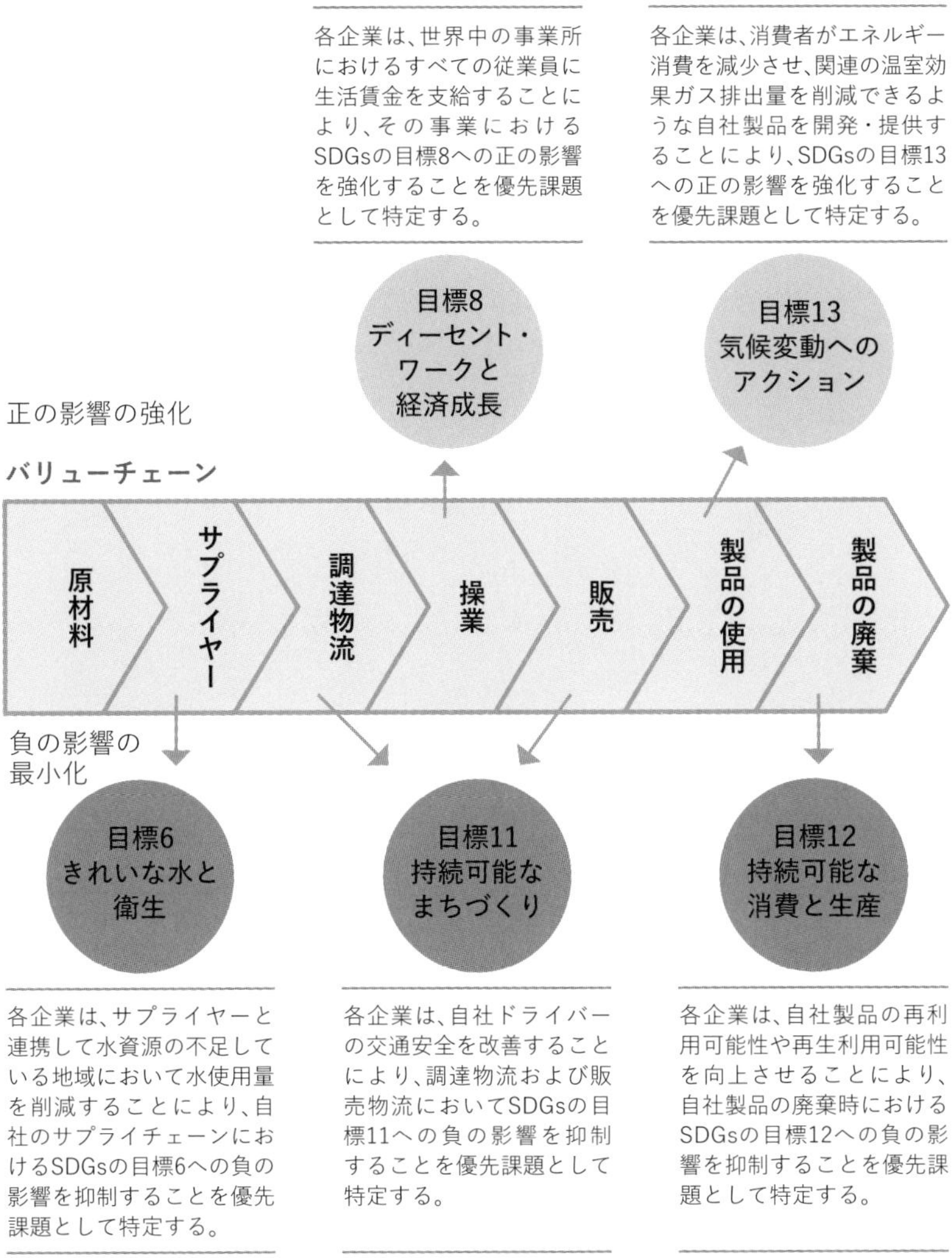
各企業は、世界中の事業所におけるすべての従業員に生活賃金を支給することにより、その事業におけるSDGsの目標8への正の影響を強化することを優先課題として特定する。
各企業は、消費者がエネルギー消費を減少させ、関連の温室効果ガス排出量を削減できるような自社製品を開発・提供することにより、SDGsの目標13への正の影響を強化することを優先課題として特定する。
目標8 ディーセント・ワークと経済成長
目標13 気候変動へのアクション
正の影響の強化
バリューチェーン
原材料
サプライヤー
調達物流
操業
販売
製品の使用
製品の廃棄
負の影響の最小化
目標6 きれいな水と衛生
目標11 持続可能なまちづくり
目標12 持続可能な消費と生産
各企業は、サプライヤーと連携して水資源の不足している地域において水使用量を削減することにより、自社のサプライチェーンにおけるSDGsの目標6への負の影響を抑制することを優先課題として特定する。
各企業は、自社ドライバーの交通安全を改善することにより、調達物流および販売物流においてSDGsの目標11への負の影響を抑制することを優先課題として特定する。
各企業は、自社製品の再利用可能性や再生利用可能性を向上させることにより、自社製品の廃棄時におけるSDGsの目標12への負の影響を抑制することを優先課題として特定する。

出典：GRI/UNGC/WBCSD（日本語訳：GCNJ/IGES）「SDG Compass」

ためにどうしてもこれに引っ張られてしまい、「ＳＤＧｓのワッペン貼り」という状態を生み出してしまいました。昨今では、バリューチェーンのＳＤＧｓマッピングはほぼ姿を消したにもかかわらず、マテリアリティは当時とほぼ変わっていないため、「ＳＤＧｓのワッペン貼り」は根強く残ってしまっているのです。

ロジックモデルの考慮不足も「ＳＤＧｓのワッペン貼り」から抜け出せない要因の一つです。「outcome」まで考慮せずに「activity」や「output」についてのみのＫＰＩを設定してしまうと、社会的インパクトを度外視することとなります。結果として、既存事業に対するちょっとした付加的な施策に対して、ＳＤＧｓに貢献しているとしてワッペンを貼ることになってしまうのです。図表３－21のマテリアリティ事例で紹介したような「従業員に食品安全のための研修を１００％実施」というＫＰＩを設定してしまうのは典型的な事例と言えるでしょう。

「SDG Compass」の問題やロジックモデルの問題はきっかけや一因でしかありません。根底にあるのは、ブランディングを目的に広告代理店主導で作ったパーパスや統合報告書を作る際に何となく掲げたマテリアリティの問題です。なぜならば、そこには、社会課題に対する強い憤りや課題意識、ましてや当事者意識はないからです。

もし、自社について「ＳＤＧｓのワッペン貼り」だと感じていたり、サステナビリティ経営がうまくいかないと思っていたりするのであれば、「自社のパーパスやマテリアリティは、本当にビジネス人生をかけて解決したい課題なのか」「経営陣や従業員も同じような思いなのか」について、改めて考えてみてもよいのではないでしょうか。

「SDGsのワッペン貼り」を回避するために必要なこと

「SDGsのワッペン貼り」を回避するためには、「解決したいと心の底から思える社会課題」からパーパスやマテリアリティを再構築（まだパーパスやマテリアリティがない場合は作成）することが重要です。自社の事業がこういった事業なのでという理由で選んだ社会課題や、他社も皆取り組んでいるのでという理由で決めたテーマに本気で取り組めというのは無理な話です。

「解決したいと心の底から思える社会課題」が経営陣や従業員の間で共有されているのであれば、皆の力を合わせて、何としてもその社会課題を解決したいと思えるはずですし、人材を採用する際には同じ志を持つ人を採用したいと思うでしょう。また、反対に想いを共有できない従業員には会社から去ってもらうということも必要だと考えるかもしれません。

パーパス経営を実践していくと、事業は解決したい社会課題に向き合うための手段と位置付けられます。アウトサイドインアプローチでパーパスやマテリアリティを選定したのであれば、既存事業で解決できるものもあれば、新規事業が必要なものもあるはずです。おのずと「既存事業にこだわらない」取り組みが求められるわけです。

また、「activity」や「output」だけを追いかけても、解決したい社会課題に対してきちんとインパクトがあったのか可視化することができません。社会課題への思いが強ければ、「outcome」をスコープに入れたKPIを設定し、自社の社会的インパクトを検証したくなるはずなのです。

サステナビリティ経営に企業規模は関係ない

中小企業の経営者の方々からすると、こうした取り組みは大企業だからできるのでは、というご意見もあろうかと思いますが、私はそのようには思いません。

そもそもパーパスを掲げて社会課題に取り組むことは企業の社会における存在意義です。ということは誤解を恐れずに言えば、社会課題に取り組まない企業には、社会における存在意義がないということにもなります。これは業種や企業規模とは関係なく、すべての企業に共通する問題です。

また、多くの大企業は、「サステナビリティ経営のジレンマ」に陥っており、トランスフォーメーションを実現できていません。これは中小企業にとっては千載一遇のチャンスであるとも言えるのではないでしょうか。イノベーションのジレンマに陥る大企業を尻目に、尖ったベンチャー企業がディスラプターとなり得るように、中小企業の方が思い切ったSXができるという見方もあるのではないでしょうか。

ここで、サステナビリティ経営に本気で取り組んでいる地域の中小企業の事例をご紹介したいと思います。福井県にある繊維品の染色機能加工やコーティング加工を手掛ける東洋染工は、2022年からSDGsプロジェクトを立ち上げ、パーパス及びマテリアリティの策定に取り組み、マテリアリティに沿って新規事業や社内施策の検討を始めています（図表3-23参照）。

同社の従業員数は253名（2023年4月1日現在）ですが、驚くことに40名以上の社員がSDGsプロジェクトに携わり、変革の方向性を模索しています。同社は、「社会課題に取り組むことを通じて変革を

図表3-23 東洋染工のマテリアリティとKPI

＜事業マテリアリティ＞ 社会課題を解決しつつ、事業としての利益も創出する取り組み

テーマ	取り組み内容	KPI（2030年目標）
水	染色事業では大量の水資源を消費しています。私たちは排水のクリーン化や、使用量を極限まで削減するチャレンジを、リサイクル率の向上も視野に入れ取り組んでいきます。 テキスタイルにこだわらない新事業を創造し、非染色事業の比率向上を目指します。	●水使用量の削減30%減（2022年比） ●非染色事業の比率30%以上
環境	会社のCO_2排出量の見える化から削減活動に取り組み、サプライチェーンと共にあらゆる事業活動に関係する排出量を意識した削減を行います。そして、エネルギーの転換も視野に入れた取り組みで、クリーンで快適な環境へと導き、より良い未来へ繋げるために持続可能な社会を創造していきます。	●CO_2削減 2022年比50%削減
食物	東洋染工のセンイの可能性と様々なパートナーとの協業によって、持続可能な食物生産の仕組み、気候変動問題にも対応できる食物の生産に寄与し、食物で地域を活性化し、地域と共存していきます。	●食品廃棄物・食品ロスの削減で焼却処分時のCO_2削減 2022年比50%削減
地域創生	生産操業している企業やそこで従事をしている人たちが、地元・地域を大事にするこころを持たずとして、地球環境や世界平和を語る資格があるだろうか、と言う問いがあります。この問いの自覚、又は反省から私たちは『地域創生』をスタートします。まずは、地域に密着し、人々が抱えている問題に耳を傾け、東洋染工の強みである「チャレンジ精神」から生まれたモノ・コトを生活や産業に落し込みます。	●福井県がキラキラ ●坂井市がイキイキ ●春江からアリガトウ

＜経営基盤マテリアリティ＞
社内の変革を行うことで、生産性の向上やコスト削減に繋げつつ、社会課題解決にも通じる取り組み

テーマ	取り組み内容	KPI（2030年目標）
多様性	性別・年齢・障がいを問わず、様々な個性・特性を持った人たちが、いきいきと仕事ができ心身ともに健康、快適でいられる職場環境を整備します。 育児・介護などの状況下にある社員が選択制のある働き方を導入して家庭環境も充実させる事を目指します。それにより誰もが働きがいを感じられるダイバーシティ社会を作ります。	●有休取得率 75% ●加工部における女性比率15% ●産休・育休復帰率100% ●定着率向上 男性・女性90%以上 ●障害者雇用比率5%
生産性	ICT・IOTによる情報化、自動化、らくちん化、また社員一人一人の意識改革による力量アップ・多能工化の推進により高収益企業を目指します。全社員が『こんな機能があったら良いな!』という発想を常に持ち開発提案を行う。そこから東洋染工・TSトーヨーの連携によるイノベーションをおこし未来に繋がる夢のある企業への変革を実現します。	●年間休日120日

出典：東洋染工「サステナビリティ」より著者作成

起こしたい」という思いのもと、SXの扉を開けつつあります。正直なところ、これほどの取り組みをしている地域の中小企業を私は他に聞いたことがありませんが、少なくとも、大企業だから、中小企業だからという区別は実は単なるバイアスでしかないと言えるのではないでしょうか。

「企業規模」がネックでサステナビリティ経営に取り組めないと考えている経営者の方は、一旦、そうしたバイアスを排除していただき、同社の取り組みを調べていただければと思います。

サステナビリティ経営のジレンマを乗り越える

本章では、第2章で示した「サステナビリティ経営のジレンマ」を乗り越えるための手法について触れてきました。

「経営理念のジレンマ」「経営計画のジレンマ」「事業合理性のジレンマ」については、本章で示した理想の未来を描き、解決したいと心の底から思える社会課題からパーパスやマテリアリティを再構築（まだパーパスやマテリアリティがない場合は作成）することで、乗り越えていくことができます（図表3－24参照）。

問題は、残った2つの「経済合理性のジレンマ」「経営資源のジレンマ」です。いくら解決したい社会課題が見つかっても事業利益に繋がらないようでは、企業として取り組むことは難しくなります。CSRでもよいのではという割り切りもあるかと思いますが、サステナビリティ経営で求められているのは、本業で社会課題に取り組み、自社の企業価値の向上に繋げることです。

社会課題というのは、経済合理性がないので、取り残されてきた課題です。そうした課題に取り組み、事

図表3-24　サステナビリティ経営のジレンマを乗り越える手法①

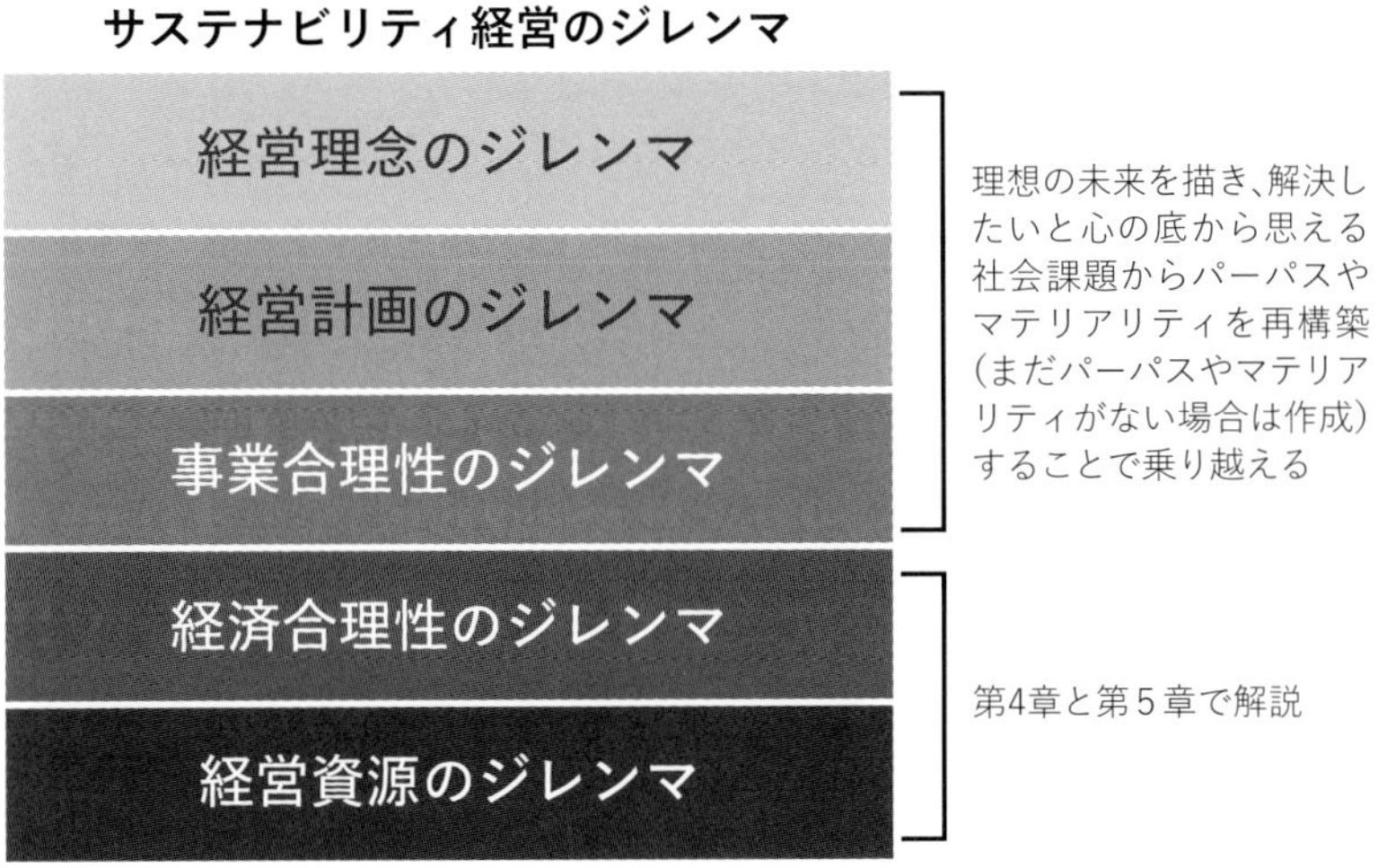

出典：著者作成

業利益を創出できるモデルを創り上げるには、イノベーションの創出が欠かせません。

第4章と第5章では、本業で社会課題を解決するモデルを構築するためには、どのようにイノベーションを創出し、新しいモデルを創造していけばよいかといった事例や具体的な実践方法をご紹介していきたいと思います。

第 4 章

実例から紐解く CSV（Creating Shared Value）経営

～究極の成功事例となった メンバーズのCSV経営～

1 CSVとは

本節では、CSVについて、ご説明していきたいと思います。経営者やサステナビリティ推進担当者の皆さんは、「CSVなんてよく知っているよ」と思っているかもしれませんが、CSVはかなり奥深く、体系的に学んでいないとその全容はつかめません。

「3種類のCSV」と聞いて、スラスラと説明ができるという方は、本節は読み飛ばしていただき、次節の「2　メンバーズのCSV経営」から読み進めていただくのがよいと思いますが、「3種類のCSV」と聞いてもピンとこない方は、本節で、「CSV」の本質を理解してから先に進んでいただくことをお勧めします。

CSVとは何か

CSVはCreating Shared Valueの略で、日本語では「共通価値の創造」と訳されます。共通価値とは、図表4－1のように、社会課題に対するインパクトである「社会価値」と、自社の事業利益を意味する「経済価値」の両方を同時に実現することを指しています。従来、「社会価値」と「経済価値」とは両立しないと考えられていました。経済が発展すれば、環境に悪影響があって当然という考え方が一般的だったのです。

図表4-1　CSVとは何か

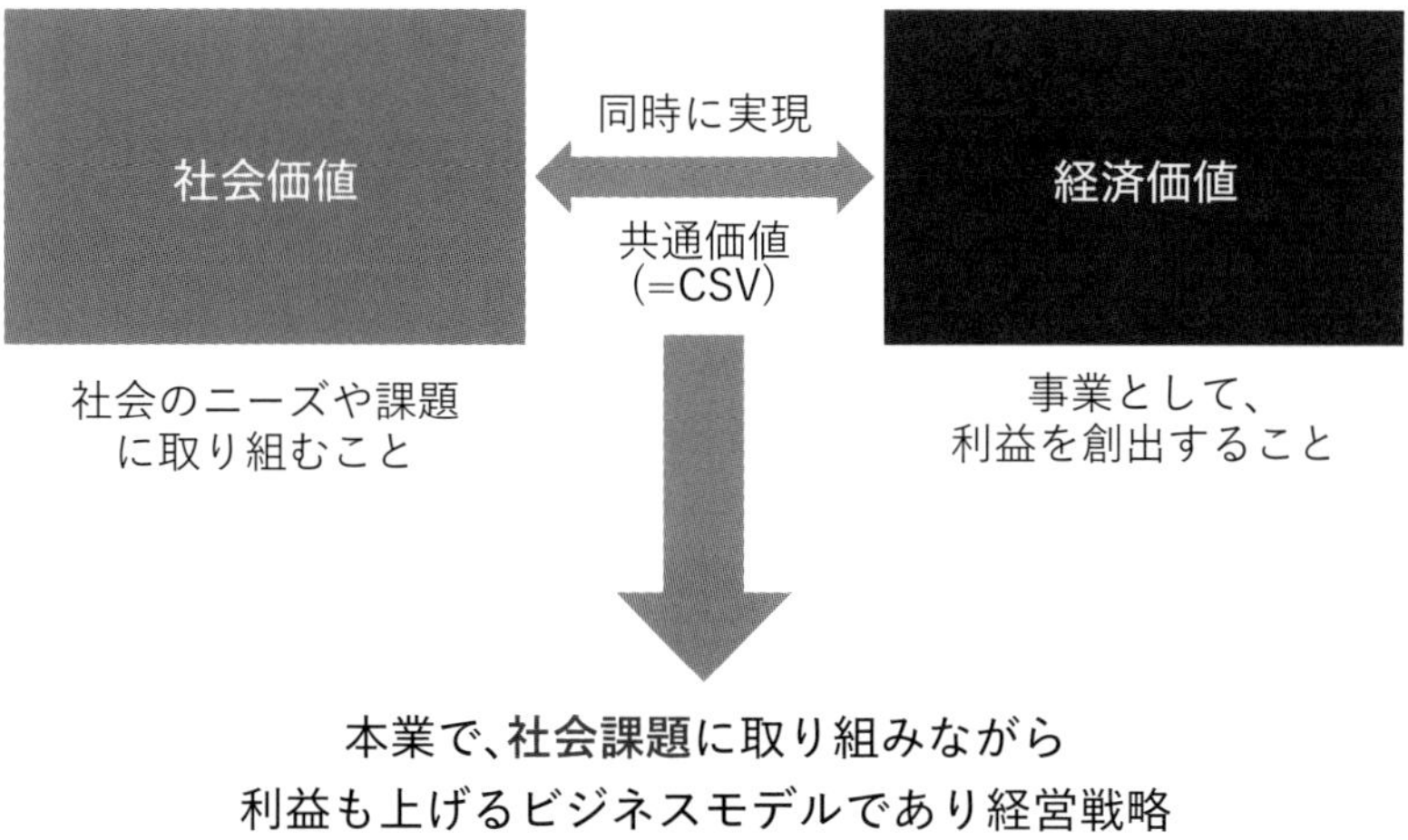

出典：著者作成

ＣＳＶはＣＳＲとは異なり、本業で、社会課題に取り組みながら事業としての利益も上げるビジネスモデルであり、経営戦略です。こうした考え方は、経済産業省の推進するＳＸとほぼ同義です。

ＣＳＶは、マイケル・Ｅ・ポーターとマーク・Ｒ・クラマーが「Harvard Business Review」誌の２０１１年６月号に発表したものですが、ベースとなる発想は、「環境保護と経済発展はトレードオフではない」といういわゆる「ポーター仮説」であるといわれており、実はこちらは１９９１年まで遡《さかのぼ》るのです。その後は、図表４－２のようにフィリップ・コトラーの『社会的責任のマーケティング』なども含めたＣＳＲの時代を経て、ＣＳＶの発表に至ります。ポーターもコトラーも競争戦略の大家ですので、この段階では根底にマーケティングのためにＣＳＲを活用するという発想があったのではないかと推察します。

図表4-2　CSV発表までの過程

発表年	論文/書籍等のタイトル（著者）
1991年	ポーター仮説（マイケル・E・ポーター）
2003年	競争優位のフィランソロピー（マイケル・E・ポーター）
2007年	社会的責任のマーケティング（フィリップ・コトラー）
2008年	競争優位のCSR戦略（マイケル・E・ポーター）
2010年	マーケティング3.0（フィリップ・コトラー）
2011年	共通価値の戦略（マイケル・E・ポーター）

出典：著者作成

コトラーが「マーケティング3・0」で示した共創マーケティング

コトラーが2010年に発表した「マーケティング3・0」では、マーケティングの目的を「世界をより良い場所にすること」と位置付けており、そのために重要なのは、製品やポジショニングよりも企業理念やミッションなどの価値であるとしています（図表4－3参照）。こうしたミッションやビジョンなどの価値をソーシャルメディアなどによって発信することでユーザーの共感を得る「共創マーケティング」を提唱したのです。

コトラーが「マーケティング3・0」で提唱した企業理念やミッションは、企業の存在価値を意味しており、パーパスに近い概念です。パーパスをソーシャルメディアで発信するというとパーパスブランディングのようにも聞こえますが、その本質は大きく異なります。

「マーケティング3・0」におけるソーシャルメディアは、広告を流す媒体ではなく、共感の連鎖を生み出すツールです。企業の理念

図表4-3　マーケティング1.0、2.0、3.0の比較

	マーケティング1.0 製品中心のマーケティング	マーケティング2.0 消費者志向のマーケティング	マーケティング3.0 価値主導のマーケティング
目的	製品を販売すること	消費者を満足させ、つなぎとめること	世界をよりよい場所にすること
可能にした力	産業革命	情報技術	ニューウェーブの技術
市場に対する企業の見方	物理的ニーズを持つマス購買者	マインドとハートを持つより洗練された消費者	マインドとハートと精神を持つ全人的存在
主なマーケティングコンセプト	製品開発	差別化	価値
企業のマーケティングガイドライン	製品の説明	企業と製品のポジショニング	企業のミッション、ビジョン、価値
価値提案	機能的価値	機能的・感情的価値	機能的・感情的・精神的価値
消費者との交流	1対多数の取引	1対1の関係	多数対多数の協働

出典：フィリップ・コトラー『コトラーのマーケティング3.0』（朝日新聞出版）

に共感した消費者が、家族や友人にブランドを推奨することを目指しているのです。消費者は企業からのメッセージを一方的に受け取るのではなく、企業の理念に共感し、その理念の実現に自らも参加し、知人に推奨する。それがコトラーの目指すマーケティングです。

コトラーの「マーケティング3・0」の考え方は、翌年にポーターが提唱したCSVの考え方と通じるものであり、CSV経営の実践方法の一例を示していると言うこともできると思います。

メンバーズのCSV経営は、実はこうしたコトラーの「マーケティング3・0」の考え方に立脚しています。その詳細は、次節「2　メンバーズのCSV経営」で詳しく取り上げていくこととします。

CSVとCSRは優劣ではなく、役割の違い

CSRとCSVの違いを整理しておきましょう。

図表4-4　CSRとCSVの比較

CSR Corporate Social Responsibility	CSV Creating Shared Value
企業の社会的責任	共通価値の創造
価値は「善行」	価値はコストと比較した経済的便益と社会的便益
シチズンシップ/フィランソロピー/持続可能性	企業と地域社会が共同で価値を創出
任意、あるいは外圧によって	競争に不可欠
利益の最大化とは別物	利益の最大化に不可欠
テーマは外部の報告書や個人の嗜好によって決まる	テーマは企業ごとに異なり、内発的である
企業の業績やCSR予算の制限を受ける	企業の予算全体を再編成する
意思決定さえすればすぐに開始できる	モデルを構築するまでに時間がかかる
持続可能性が低い	持続可能性が高い
スケールしづらい	スケールが可能

出典：マイケル・E・ポーター/マーク・R・クラマー「共通価値の戦略」（Harvard Business Review June 2011）を元に著者作成

頭の2文字は同じですが、図表4－4を見ていただくとわかる通り、まったくの別物です。特徴を比較すると、CSRよりもCSVの方が優れているように見えますが、そのように単純に比較できるものではありませんし、そもそもどちらが良いとか悪いといった評価をするものではなく、役割が異なるものだと思うのです。

図表4－5のように整理すると、役割の違いが明確になります。CSRは、社会的インパクトを創出しますが、経済価値に直結するとは限りません。また、ガバナンスの側面もあり、リスクの低減も含まれていますので、主に、「企業価値毀損防止」つまりは「守り」と位置付けることができます。

これに対して、CSVは、社会的インパクトを創出すると同時に経済価値としての企業収益向上も実現しますので、「企業価値の向上」つまりは「攻め」と位置付けることができます。

図表4-5　CSVとCSRの役割の違い

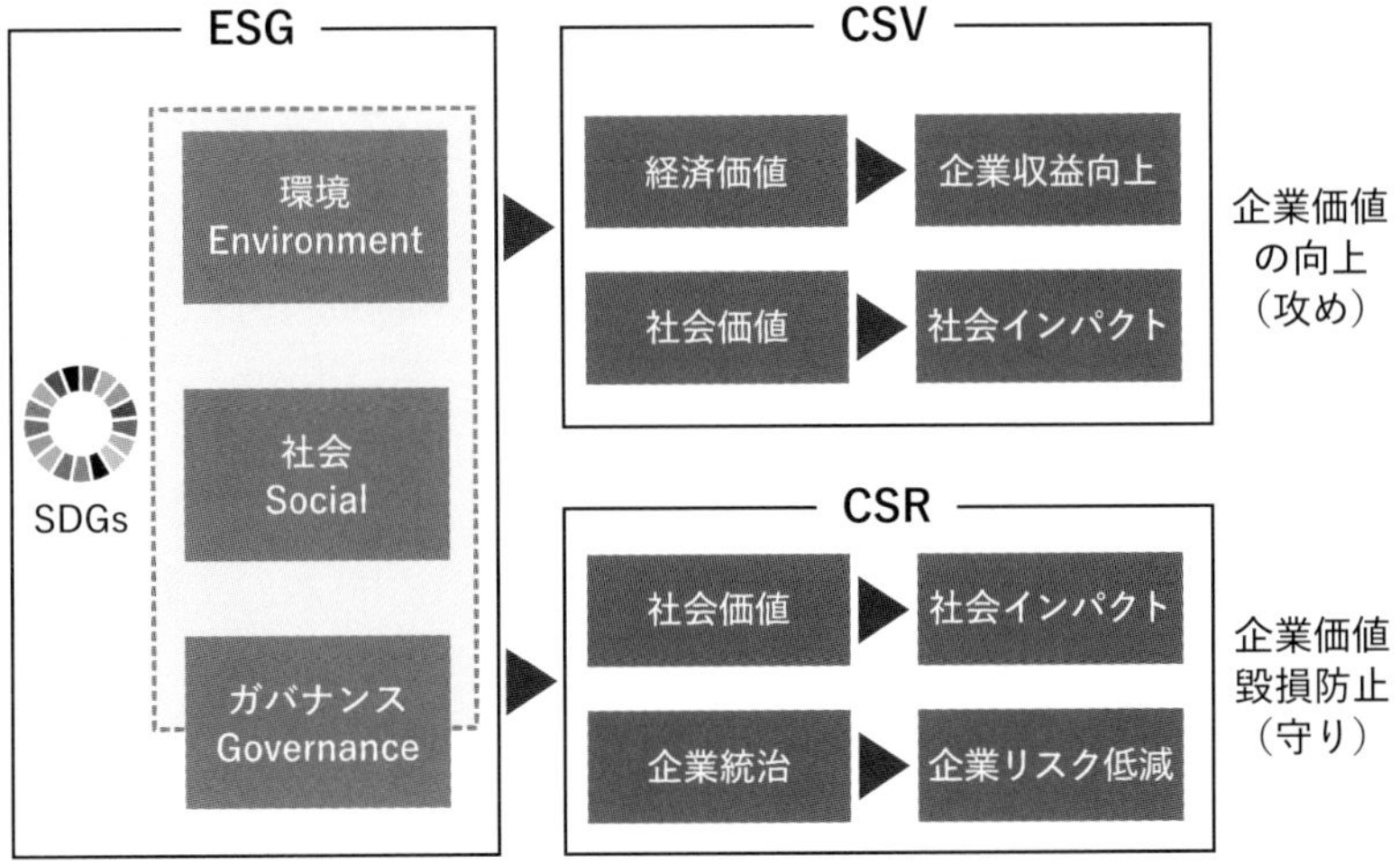

出典：著者作成

CSRはCSVのような経済価値は伴いませんが、意思決定さえすればすぐに実行できるという利点があります。反対に、CSVは経済価値を生み出すものではありますが、そもそも構築する難易度が高く、一朝一夕にはいきません。新規事業ともなれば、いつ収益に繋がるかわからないというリスクもあります。そのため、CSR施策を実施しながら、CSVを構築していくという2段構えが理想と言えるのではないでしょうか。

意外と知られていない3種類のCSV

CSVには3つの種類があります（図表4－6参照）。マイケル・E・ポーター／マーク・R・クラマー「Harvard Business Review」（June 2011）では事例も交えて紹介されている考え方なのですが、意外と知られていないのが現状です。CSVが提唱

図表4-6　3種類のCSV

①製品と市場のCSV	社会課題を解決する商品/サービスの展開や貧困層・開発途上国に貢献するビジネスなどを提供すること。また企業の社会価値を定義し直すこと
②バリューチェーンのCSV	社会に負荷をかけているコストと自社にとっても高くついている共通コストを下げることで、自社の利益を向上させること
③ビジネス環境のCSV	自社に関連するビジネスの環境を整えたり、課題を解決することで生産性を上げたり、自社の利益を向上させること

出典：マイケル・E・ポーター/マーク・R・クラマー「共通価値の戦略」（Harvard Business Review June 2011）を元に著者作成

されてから十数年になりますが、ビジネスの世界でまだまだ市民権を得ていないのは、こうしたCSVへの理解不足によるところが大きいのではないかと思います。

まず一つめは、「製品と市場のCSV」です。社会課題を解決する商品／サービスの展開や貧困層・開発途上国に貢献するビジネスなどを提供することや企業の社会価値を定義し直すことを指します。

前半の「社会課題を解決する商品／サービスの展開や貧困層・開発途上国に貢献するビジネスなどを提供すること」はおそらく皆さんが共通認識としてお持ちのCSVではないでしょうか。

二つめは、「バリューチェーンのCSV」です。社会に負荷をかけているコストと自社にとっても高くついている共通コストを下げることで、自社の利益を向上させることを意味しています。トップラインを上げるのではなく、コストを下げることでもCSVが実現できるのです。

最後は、「ビジネス環境のCSV」です。自社に関連するビジネスの環境を整えたり、課題を解決することで生産性を上げたり、自社の利益を向上させることを指します。先義後利的な要素のあるＣＳＶですが、シナリオが間違っていなければ大きなインパクトをもたらすＣＳＶです。

これら3種類のＣＳＶを理解し、組み合わせてモデルを構築すると、よりインパクトのあるＣＳＶ経営を実現しやすくなります。そのため、まずは一つひとつのＣＳＶをもう少し掘り下げていきたいと思います。

製品と市場のCSV

「社会課題を解決する商品／サービスの展開や貧困層・開発途上国に貢献するビジネスなどを提供すること」については、皆さんがすでに共通認識をお持ちであろうということと、第2章で取り上げたＬＩＸＩＬやＷＡＳＳＨＡの事例で説明済みですので、ここでは後半部分の「企業の社会価値を定義し直すこと」について解説していきます。

昨今、メーカーがサービス業に業態を変えるというトレンドがあります。例えば、タイヤメーカーは、従来のタイヤの販売モデルからタイヤのサブスクリプションモデルに転換を進めています。実はこの動きの目的は、高価なタイヤを月額課金にして安く見せようというプロモーションではありません。

ジョブ理論に基づけば、顧客が必要としているものは、「質の高い円形型のゴム」ではなく、「安心安全な走行」であり、「快適さや低燃費」であるはずです。こうした顧客の求める価値を実現するためのパラダイムシフトの肝となるのがタイヤのサブスクリプションモデルなのです。サブスクリプションモデルでは、タイヤの所有権は顧客ではなくタイヤメーカーにあります。自社のタイヤですので、センサーを取り付けてデータを取得することが可能となり、センサーを通じて、走行距離やタイヤの摩耗状態などを把握し、メンテナンスや交換を促すことができるようになるのです。

タイヤの不良は死傷事故という社会課題にも繋がりますし、乗り心地の悪さや燃費悪化の要因ともなります。そのため、タイヤメーカーはタイヤの品質向上を目指し、またタイヤの性能をアピールしてきたわけですが、それだけでは安心安全な走行は実現できません。ドライバーや同乗者の命を守るためにサブスクリプションモデルに転換し、事故に繋がる可能性のあるタイヤ不良を解消しようとしているのです。

製品を製造し販売する従来モデルではなく、製品を活用し、顧客にサービスを提供するモデルをサービタイゼーションと呼びます。サービタイゼーションのモデルを構築する際に、製品サービスの社会価値、すなわち社会課題に対する価値提供を定義することができれば、「製品と市場のCSV」へと繋げることが可能となります。

タイヤメーカーの事例を従来モデルとサービタイゼーションモデルで比較してみます（図表4－7参照）。従来モデルでは、タイヤの性能向上を追求することが顧客の命を守ることや燃費の向上に貢献しているというストーリーでした。このモデルではプロダクトアウトの発想ですので、社会課題からアプローチできていないため、「SDGsのワッペン貼り」になってしまいます。これに対して、社会価値を再定義し、「ドライバーの命を守る」というマテリアリティを立て、そのために必要なのがサブスクリプションモデルであるという意思決定を行ったのであれば、アウトサイドインアプローチとなりますので、「製品と市場のCSV」となるわけです。

図表4-7　タイヤメーカーにおける従来モデルとサービタイゼーションモデルの比較

	製品/サービス	社会価値	アプローチ
従来モデル	高性能なタイヤ	12 つくる責任 つかう責任／3 すべての人に健康と福祉を	SDGsのワッペン貼り
サブスクリプションモデル	・タイヤのサブスク ・空気圧/摩耗状態などのデータ取得	ドライバーの命を守る 3 すべての人に健康と福祉を	アウトサイドイン製品と市場のCSV

サービタイゼーションの際に社会価値を再定義

出典：著者作成

あまり、変わらないのでは？　という疑問もあるかと思いますが、ＫＰＩを設定すると明確に違いが出てきます。従来モデルでは、タイヤの性能や販売本数などがメインのＫＰＩとなりますが、サブスクリプションモデルでは、ドライバーの命を守るという社会価値を掲げることになるため、タイヤのパンク率や自社のタイヤ装着車の死傷事故の数値などがメインＫＰＩとなるからです。

「製品と市場のＣＳＶ」における「社会価値の再定義」は経営の在り方のダイナミックな変化でありトランスフォーメーションです。パーパスを策定していない企業にとってはパーパスを策定することにも繋がる取り組みということができると思います。

バリューチェーンのCSV

バリューチェーンは、マイケル・Ｅ・ポーターが提

図表4-8　ポーターのバリューチェーン

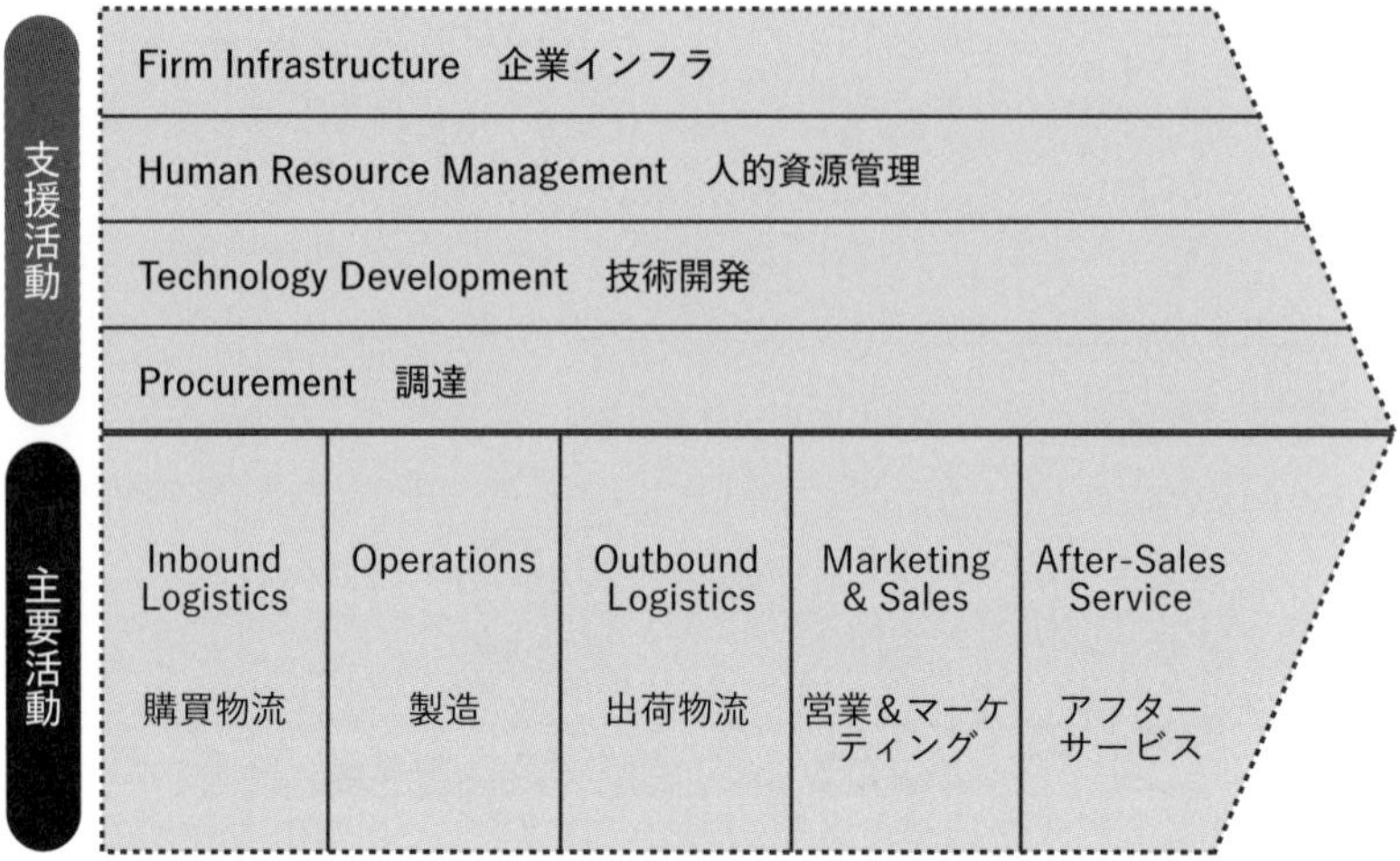

出典：マイケル・E・ポーター『競争優位の戦略』（ダイヤモンド社）

唱した概念で、日本語では「価値連鎖」と訳されており、企業における個々の活動がどのように連鎖し、価値創出に貢献しているかを可視化するツールとして活用されています（図表4－8参照）。

「バリューチェーンのCSV」は、環境や社会に負荷をかけていて（マイナスの影響を及ぼしている）、さらに自社にとっても高くついている部分（＝共通コスト）に着目し、改善を行うことを指しています。もっともわかりやすいのは水や紙などの資源の使用を抑制することです。環境負荷も自社のコストも下げることができ、社会価値を創出しながら、自社の事業利益を向上させることができるからです。

こうした共通コストは、バリューチェーンの各工程で発生している可能性があります。

出荷物流という活動に着目すると、トラックを利用した物流は温室効果ガスを大量に発生させ、渋滞や事故を引き起こすこともあり得ます。また、ト

図表4-9　モーダルシフトによる共通コストの削減

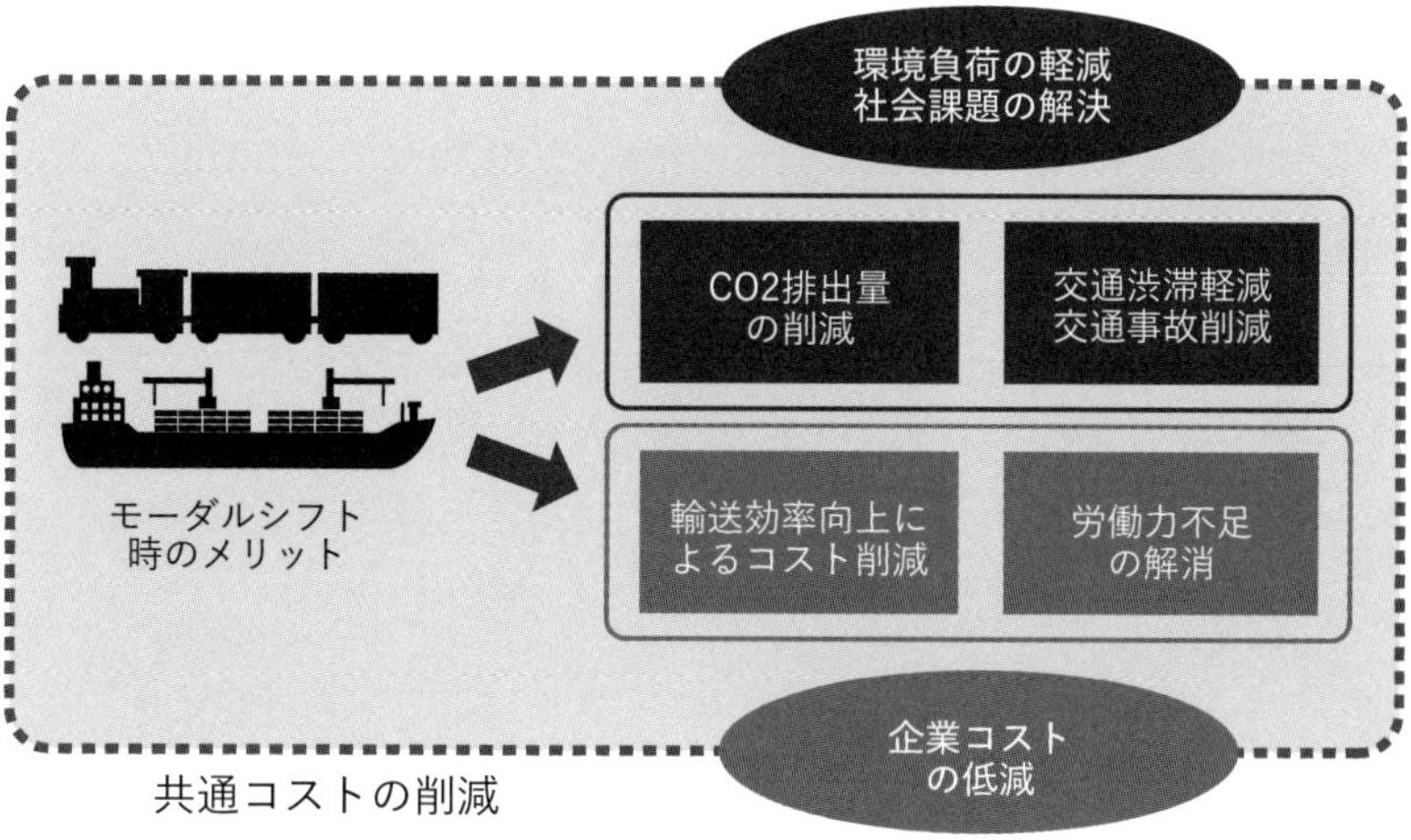

出典：マイケル・E・ポーター/マーク・R・クラマー「共通価値の戦略」(Harvard Business Review June 2011)を元に著者作成

ラックでの輸送コストが事業利益を圧迫しているようであれば、船や貨物列車に切り替えるモーダルシフトを実施すれば、「共通コスト」を下げ、「バリューチェーンのCSV」を実現することができます（図表4－9参照）。

また、電化製品や機械などを販売する際には、取り扱い説明動画を作ることで、これまで紙で提供していた取扱説明書を廃止することも可能となり、共通コストの削減に繋げることもできるのです。

「バリューチェーンのCSV」は、CSVの中ではもっとも取り組みやすく、事業単位や事業所単位でも取り組めるCSVです。他のCSVは構築に時間がかかるため、先行して「バリューチェーンのCSV」に関する取り組みから始めることも検討に値するのではないでしょうか。

図表4-10　自社を取り巻くステークホルダーとの関係性

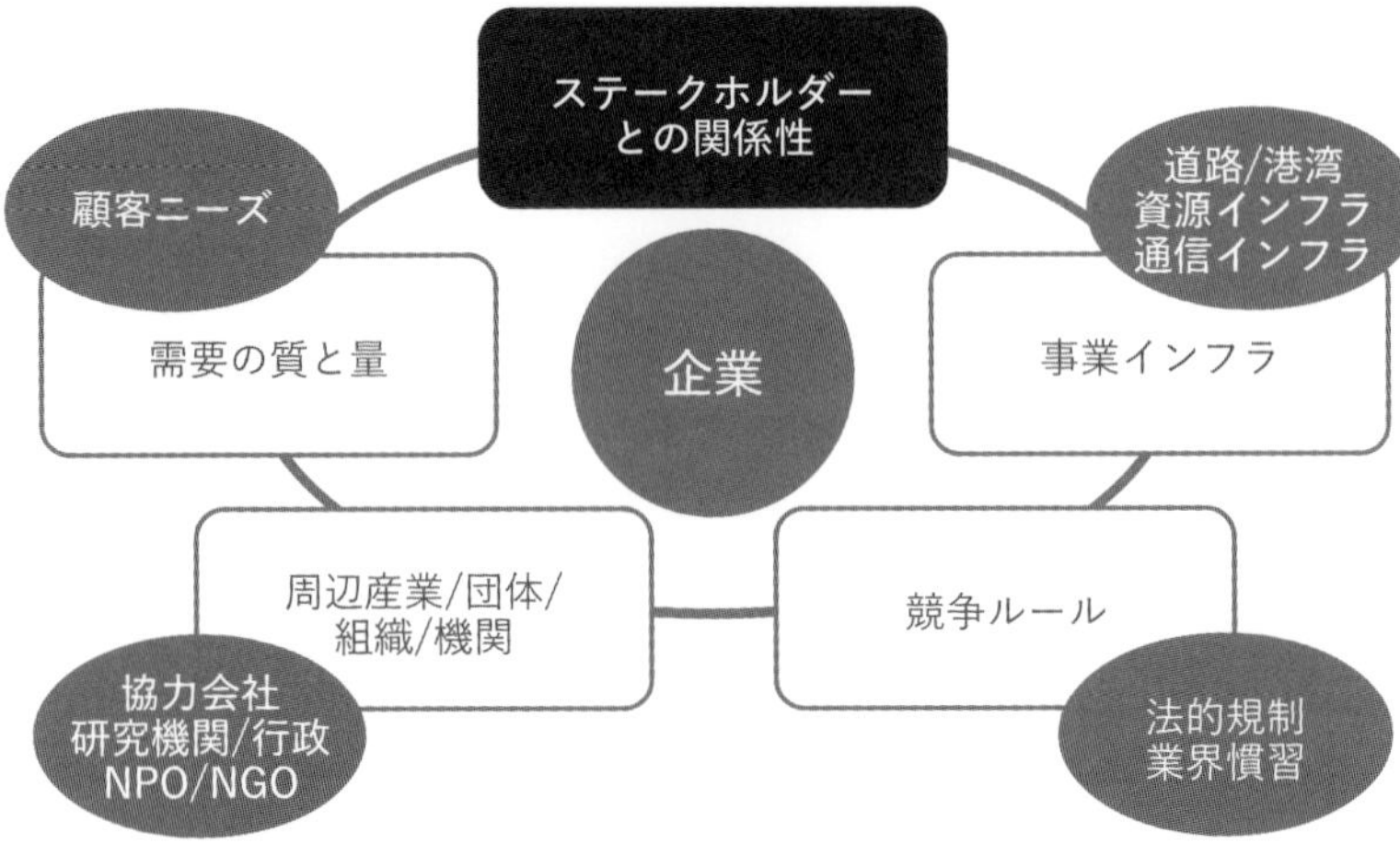

出典：マイケル・E・ポーター/マーク・R・クラマー「共通価値の戦略」(Harvard Business Review June 2011)を元に著者作成

ビジネス環境のCSV

「ビジネス環境のCSV」はクラスターのCSVとも言われます。すっかり感染症を想起させる言葉となったクラスターですが、そもそもは、集合体や集まりという概念です。企業活動に置き換えると、図表4-10のように自社を取り巻くステークホルダーなどの全体を指しています。

こうしたステークホルダーの課題は、自社の経営に悪影響を及ぼす可能性がありますが、反対に考えると、ステークホルダーの状態がよくなることで、自社のビジネスの効率が上がる可能性もあるわけです。

例えば、自社の工場を取り巻く道路環境や港湾設備などのインフラが整っていなければ、近隣産業や住民の課題となるだけではなく、自社の事業効率も上がりません。また、法的規制や業界慣習によって経済活動が制限されることもあり得ます。いちばん問題なのは社会課題と関係が深い顧客ニーズです。顧客ニーズが喚起できない状態が続けば、ビジネスは成り立ちません。こうしたステークホルダーが抱える課題を解決することで、自社の生産性を向上させる手法が「ビジネス環境のCSV」です。

営業研修でよく題材になる「アフリカで靴を売る話」があります。ある靴の営業担当者が、アフリカに着くなり、本社に電話をして「この国では靴は売れません。この国の人は靴を履いていないからです」と言ったそうです。ところが、別の靴の営業担当者は「すぐに靴をたくさん送ってください。この国の人はまだ靴を履いていないので、いくらでも売れそうです」と報告したそうです。

この例え話は、まさに「需要の質と量」をテーマとした「ビジネス環境のCSV」の話です。社会課題と関係が深い潜在ニーズを掘り起こすことで莫大な需要が見込めるというわけです。

糖尿病治療薬を扱っているノボ・ノルディスクファーマは、かつて、糖尿病は不治の病であると信じていた国の人々に対して糖尿病についての啓蒙活動を行いました。普通に考えれば、糖尿病が不治の病であると信じている国では、糖尿病の薬は売れないと判断して、早々に市場から撤退することもあり得ると思いますが、同社は、糖尿病は治療することもできるし、予防することもできる疾患であることを粘り強く訴える啓蒙活動を続けたことにより、人々の意識を変えることに成功し、糖尿病薬の潜在ニーズを開拓することができたのです。結果的にはブルーオーシャン（注59）の市場で圧倒的なアドバンテージを獲得し、現在でも高いシェアを保持しています。

（注59）ブルーオーシャン：未開拓で競争相手がいない市場。

こうしたノボ・ノルディスクファーマの活動は、糖尿病による疾患患者数や死亡者数を減らすという社会価値を創出すると同時に、大きな経済価値向上も実現している「ビジネス環境のＣＳＶ」のお手本のような事例と言うことができるでしょう。

伊藤園は、茶葉を仕入れている農家の経営を支援することで、良質な茶葉を安定的に調達することに成功しています。農業従事者の高齢化が進み、経営の継続が危ぶまれています。生産量が減ったり、廃業によって放棄された耕作地が増え、環境問題が発生したりすることもあります。こうした社会課題を解決しつつ、調達面での経済的メリットを獲得している同社もビジネス環境のＣＳＶを創出している企業と言えます。

「ビジネス環境のＣＳＶ」は、３つのＣＳＶの中ではいちばん難易度が高く、先義後利の要素が強いため、経営としての腹決めが必要ですが、ノボ・ノルディスクファーマの事例でもわかるように、シナリオが正しければ、極めて大きな経済価値をもたらすＣＳＶなのです。

工場周辺のインフラを整備する、足かせとなっている業界慣習を変えたり法規制を撤廃したりするように政府に働きかけるというのは、ハードルも高いし、手間もコストもかかるため、大企業寄りの施策かもしれませんが、周辺組織の課題を解決することや需要を喚起することは企業の規模によらない取り組みともなり得ます。この点についても、次節の「２　メンバーズのＣＳＶ経営」の中で具体的な事例をご紹介していければと思います。

経済産業省が提唱する「市場形成力」

経済産業省は「市場形成力」という概念について、以下のように定義しています。

〈「市場形成力」とは〉
経済産業省では、カーボンニュートラル等の社会課題解決を新しいビジネスの機会と捉え、ルールメイキングを活用し、新たな市場を形成する力を、「市場形成力」と定義しています。「市場形成力」は、以下3つの能力から構成されると考えています。

出典：経済産業省「市場形成力について」

図表4－11のアジェンダ構想力に記載されている「社会課題解決と事業の持続可能性を両立させる市場形成のストーリーを構想・設計する取組」とはCSVストーリーやCSVの形成力を指しています。また、ルール形成力の項目に記載されている「遠心力・求心力を発揮することで、多様なステークホルダー間のコンセンサスの形成を通じてルール（規制、規範、規格、その他基準・認証等。下記が具体例。）を策定し、かつ、他者が当該ルールに従わざるを得ない（又は従うことで得が生じる）環境を構築する取組」は、「ビジネス環境のCSV」の一つの手法と同義です。

「遠心力」とは、いわば発信力です。このような社会を目指したい、このような社会課題を解決したいと

図表4-11　市場形成力

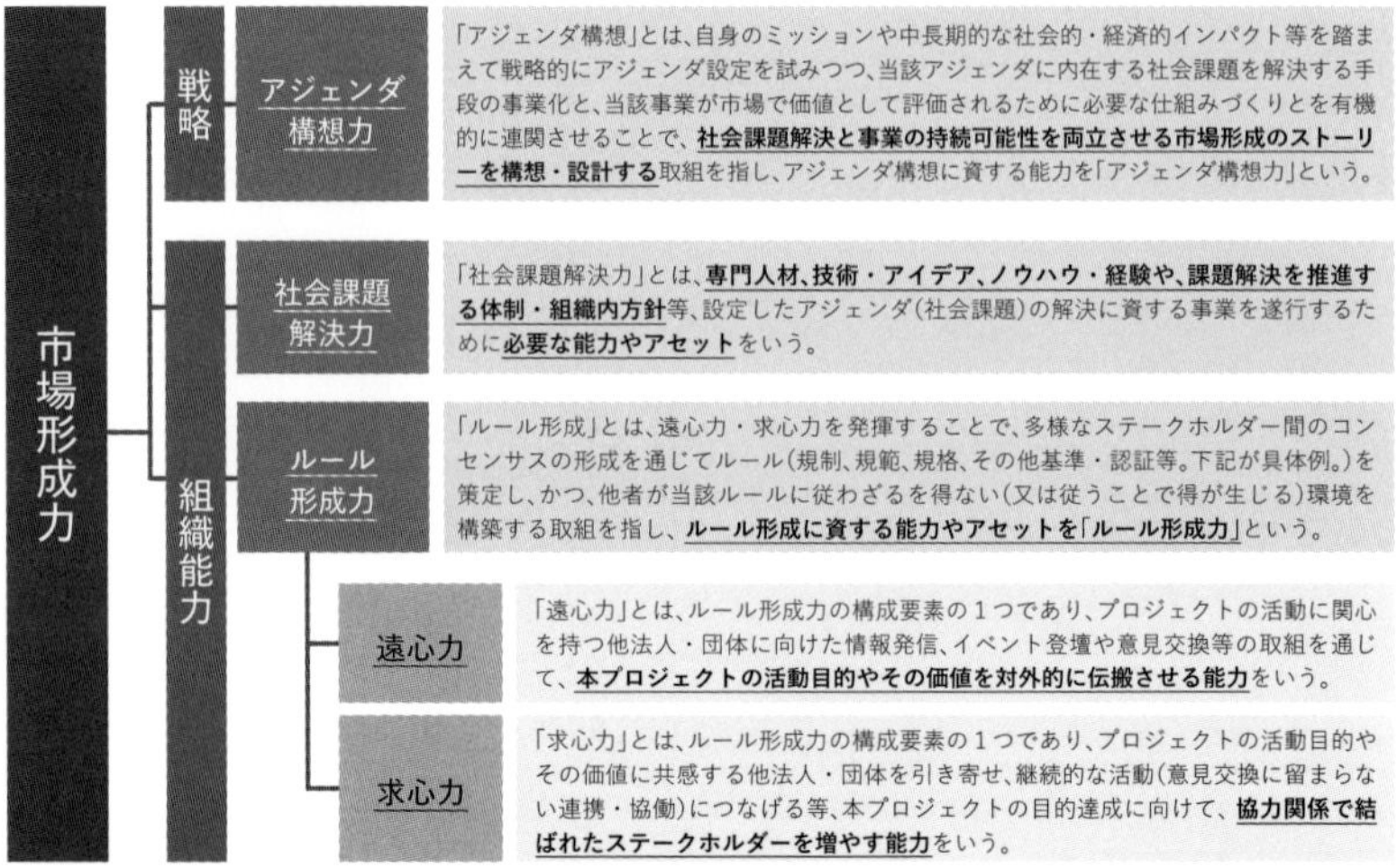

市場形成力
戦略
組織能力
アジェンダ構想力
「アジェンダ構想」とは、自身のミッションや中長期的な社会的・経済的インパクト等を踏まえて戦略的にアジェンダ設定を試みつつ、当該アジェンダに内在する社会課題を解決する手段の事業化と、当該事業が市場で価値として評価されるために必要な仕組みづくりとを有機的に連関させることで、社会課題解決と事業の持続可能性を両立させる市場形成のストーリーを構想・設計する取組を指し、アジェンダ構想に資する能力を「アジェンダ構想力」という。
社会課題解決力
「社会課題解決力」とは、専門人材、技術・アイデア、ノウハウ・経験や、課題解決を推進する体制・組織内方針等、設定したアジェンダ(社会課題)の解決に資する事業を遂行するために必要な能力やアセットをいう。
ルール形成力
「ルール形成」とは、遠心力・求心力を発揮することで、多様なステークホルダー間のコンセンサスの形成を通じてルール(規制、規範、規格、その他基準・認証等。下記が具体例。)を策定し、かつ、他者が当該ルールに従わざるを得ない(又は従うことで得が生じる)環境を構築する取組を指し、ルール形成に資する能力やアセットを「ルール形成力」という。
遠心力
「遠心力」とは、ルール形成力の構成要素の1つであり、プロジェクトの活動に関心を持つ他法人・団体に向けた情報発信、イベント登壇や意見交換等の取組を通じて、本プロジェクトの活動目的やその価値を対外的に伝搬させる能力をいう。
求心力
「求心力」とは、ルール形成力の構成要素の1つであり、プロジェクトの活動目的やその価値に共感する他法人・団体を引き寄せ、継続的な活動(意見交換に留まらない連携・協働)につなげる等、本プロジェクトの目的達成に向けて、協力関係で結ばれたステークホルダーを増やす能力をいう。

出典：経済産業省「市場形成力について」

いった意思を表明することを意味しています。積極的には発信しない企業もありますが、そうした姿勢は謙虚と見られるというよりも、単に相手に伝わらないということにしかならないと考えた方がよいでしょう。

「求心力」とは、パートナーシップ構築力です。自社の取り組みに賛同する組織や個人を増やすことによって、テーマとする社会課題を共に解決していきたいと考えるパートナーと結びつき、よりスケールのある市場を形成できるのです。

2022年3月に公開された資料では、主要成功パターンとしてダイキン、アップル、ユニリーバの事例が紹介されていますが、これは「ビジネス環境のCSV」を検討するにあたっては非常に参考になる事例だと言えます（図表4−12参照）。

図表4-12　市場形成の主要成功パターン

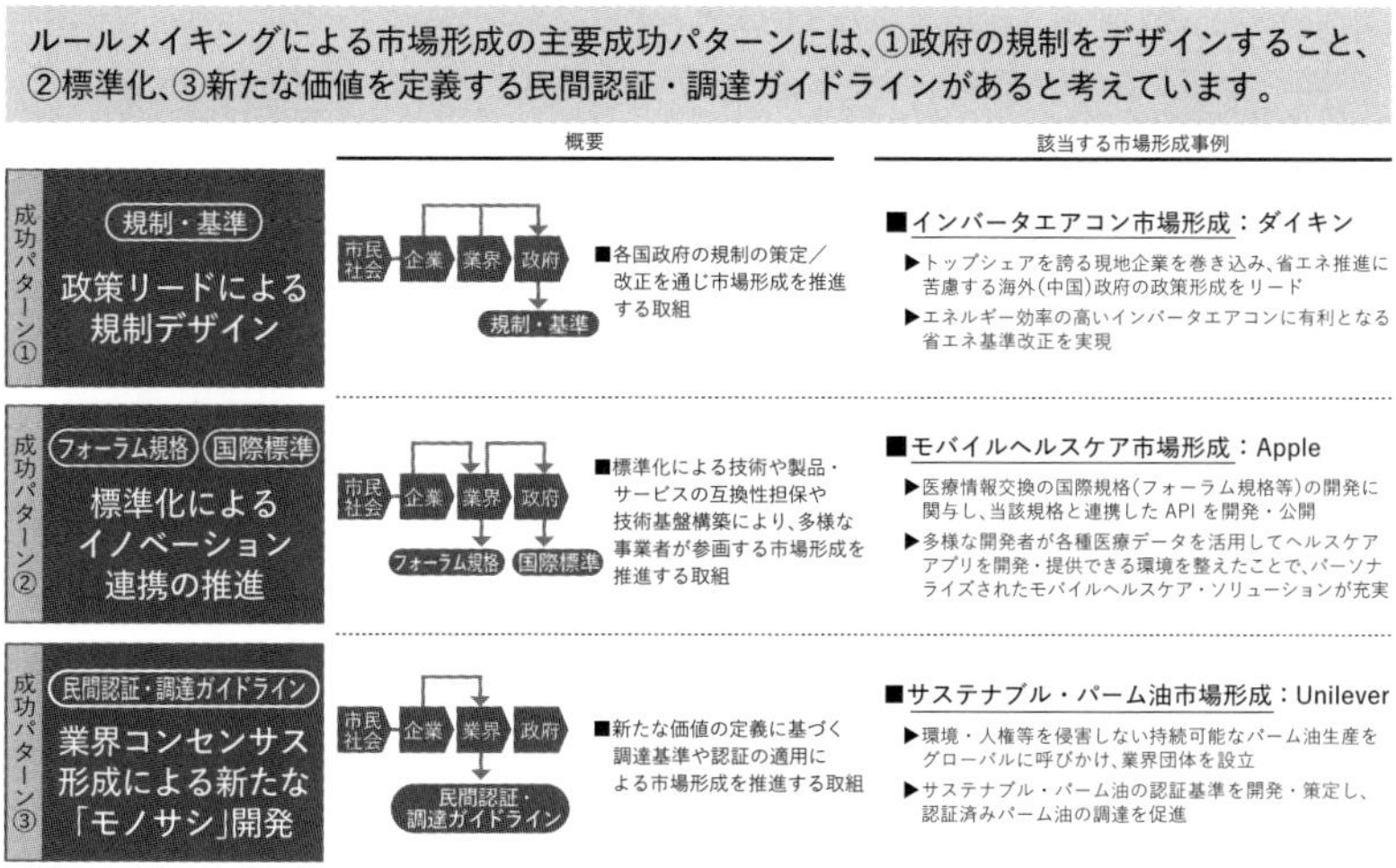

出典：経済産業省「市場形成力について」

CSVを考える際に留意したいこと

CSVを考える際には、いくつか留意しておきたいことがあります。

まずは、CSVを実現しようとするとコストがかかり、価格が上がってしまうという点です。特に環境に配慮した製品を作ろうとすると価格が上がる傾向にありますが、価格が上がってしまうと、いくら環境に配慮した製品だとしても顧客は購入を続けるとは限りません。

メンバーズでは、2015年から「気候変動と企業コミュニケーションに関する生活者意識調査（CSVサーベイ）」を実施していますが、調査結果の中に、環境に配慮した製品の価格と購買意向の関係性を示すデータがあります。2022年11月に発表された第8回調査（図表4－13参照）の結果を見ると、気候変動問題に配慮する商品の購買意向は70%

図表4-13　気候変動問題に配慮する商品の購買意向、過去半年間の購買実態

カテゴリ別でみると、ファッションは少し低いが、どれも60 %以上が購入したいと回答。
実購入は食料品は4 割を超えるものの、それ以外のカテゴリはまだ低い。

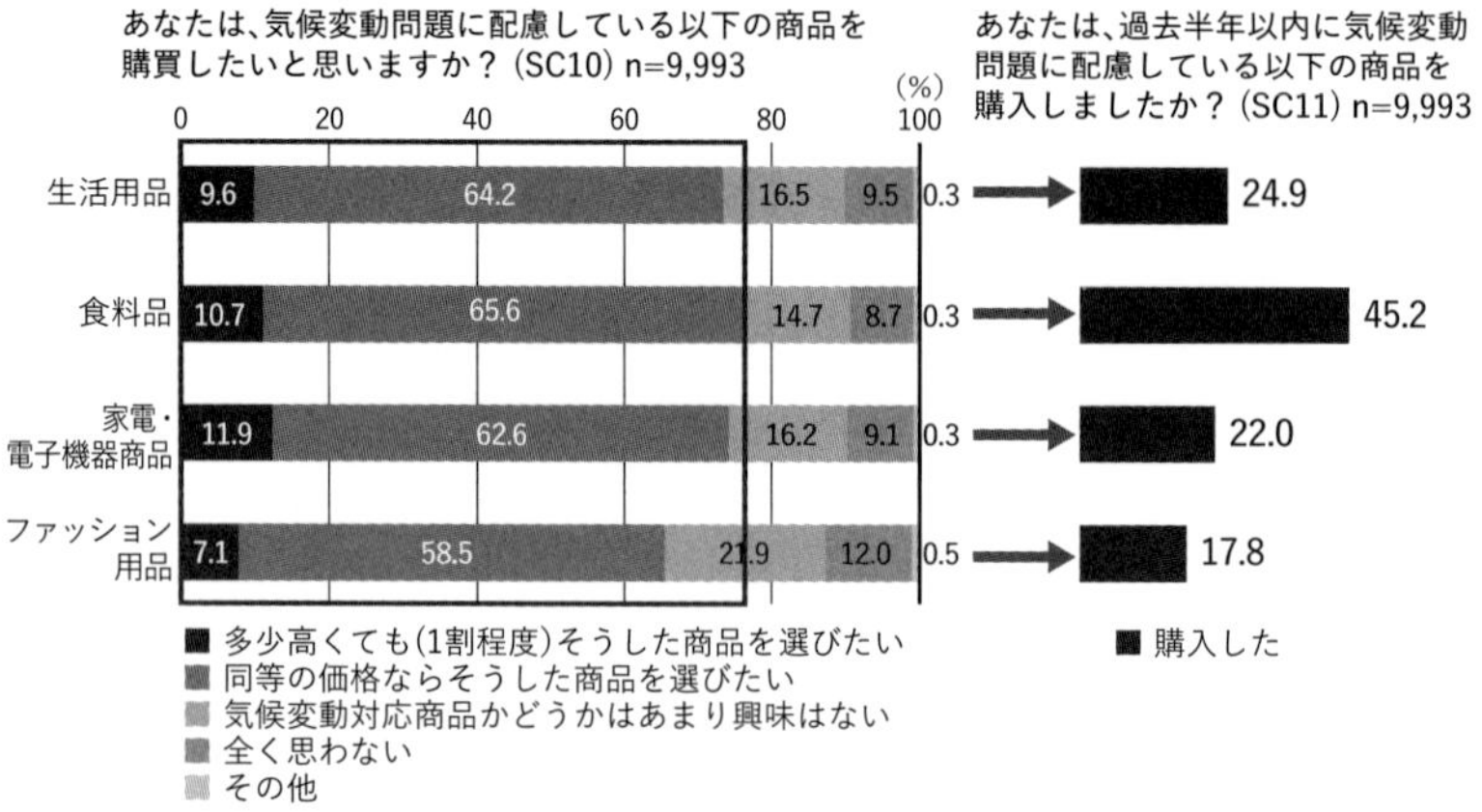

出典：メンバーズ「気候変動と企業コミュニケーションに関する生活者意識調査(CSVサーベイ2022年11月)」

を超えていますが、価格が1割程度高くなると10%程度となってしまいます。まだ消費者の意識がそこまで高くなっていないことは否めませんが、現状では同等の価格で提供できなければ、購入し続けてもらうのは難しいと言っても過言ではないでしょう。

次に、CSVがプロモーションのように見えることがあるという点です。CSVをあまり理解できていない方からは、CSVはCSRのプロモーションと何が違うのか？ と聞かれることがあります。CSVは構造上、見方によってはCSRのような社会に対する善行をビジネスに利用しているようにも捉えられます。

CSVとCSR+プロモーションの絶対的な違いは、パーパスとの接続の有無にあります。パーパスを掲げていなければ、プロモーションと見られても仕方ありません。掲げたパーパスを実現するためのCSVモデルであれば、プロモーションと揶揄され

図表4-14　CSVの時間軸

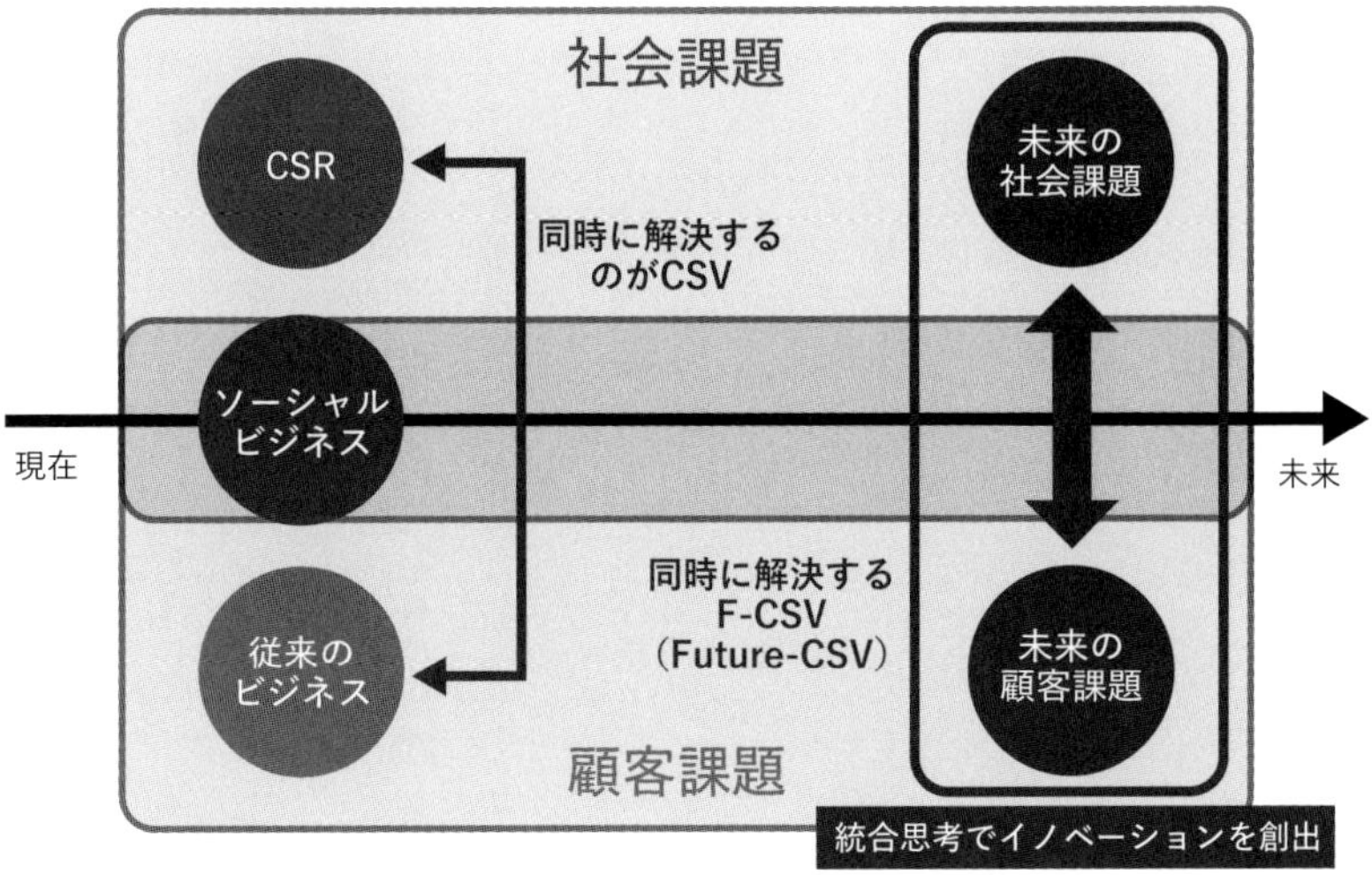

出典：著者作成

るようなことはないのです。

CSVを構築したいのであれば、まずはパーパスを発掘し、パーパスに沿った事業を創り上げることが重要です。「パーパスなきところにCSVなし」なのです。

さらには、SXという観点での違和感という点です。SXで求められるのは昆虫の羽化のように簡単には元に戻せない（変態）という意味合いでのトランスフォーメーションです。特に、「バリューチェーンのCSV」の場合、トランスフォーメーションとは言い切れない施策があるのは事実です。

3つのCSVは単独でもサステナビリティ経営に寄与するものですが、組み合わせることでより大きなインパクトをもたらします。「バリューチェーンのCSV」も他のCSVと組み合わせることで相乗効果を生み出し、SXの大きな要素となるのです。

最後が時間軸です。サステナビリティ経営では目指す未来を描くことが重要とお伝えしてきましたので、ＣＳＶ構築でも未来を想定することが必要となってきます。

企業の皆さんと一緒にＣＳＶ型の事業を作ろうとすると、最初の段階では、ほとんどが図表４－14の左寄りのモデルとなります。すでに世の中で実装されているようなテクノロジーをまったく考慮しないプランとなってしまうのです。

ＳＤＧｓが示す社会課題も２０３０年という未来を前提としているわけですし、これからサービス構築をしていくのであれば、本来は、未来の課題を扱う図表４－14の右寄りを志向すべきだと思います。私はこの2つの時間軸の異なるＣＳＶを区別するために、「未来の社会課題」と「未来の顧客課題」を統合したＣＳＶを「F-CSV（Future-CSV）」と呼んでいます。

2　メンバーズのCSV経営

本節では、CSV経営の事例として、実際に私が携わってきたメンバーズのCSV経営について、解説していきたいと思います。

メンバーズは1995年創業のデジタルマーケティング事業を営む企業です。創業から20年弱の間、大手企業のWebサイト構築や運用支援に取り組み、名証セントレックス市場に上場こそしましたが、競合企業との差別化に苦戦、またリソース獲得というネックを抱えたままの状況が続き、思うような成長を遂げられていませんでした。

転機が訪れたのは、2014年でした。この年に新たなミッション、ビジョン、コアバリューを策定し、CSV経営にシフトしたことで、そこから7年～8年という期間で大きな飛躍を遂げたのです。

メンバーズにこうした大きな飛躍をもたらしたCSV経営への取り組みについて、私が在籍していた2014年1月から2018年6月までを中心に詳しくご説明していきたいと思います。

図表4-15　メンバーズの会社概要

社名	株式会社メンバーズ（東証プライム2130）
本社	東京都中央区晴海1丁目8番10号 晴海アイランド トリトンスクエアオフィスタワー X 37階
拠点	仙台/北九州/神戸/札幌/神田/五反田/鯖江/大阪/福岡
設立	1995年6月26日
資本金	1,057百万円（2023年3月末時点）
代表者	代表取締役 兼 会長執行役員　剣持 忠 代表取締役 兼 社長執行役員　髙野 明彦
社員数	2,838名（2023年9月末時点）
平均年齢	29.9歳（2023年3月末時点）
売上	17,662百万円（2023年3月期実績）〔IFRS〕
業務内容	デジタルビジネス運用支援事業
グループカンパニー	メンバーズメディカルマーケティングカンパニー /ポップインサイトカンパニーメンバーズデータアドベンチャーカンパニー /メンバーズユーエックスワンカンパニー /メンバーズルーツカンパニー /メンバーズイーシーグロウカンパニー /メンバーズグッドコミュニケーションズカンパニー /メンバーズディーエックスコンパスカンパニー /サースプラスカンパニー /デブオプスリードカンパニー /メンバーズエーアイリーチカンパニー /メンバーズエックスアールブースターカンパニー /クオリティアプローチカンパニー /ビジネスイーカンパニー /脱炭素DXカンパニー /ウェブスリーカンパニー /メンバーズクロスアプリケーションズカンパニー /メンバーズパーソナルリンクカンパニー /メンバーズラピッドスケールカンパニー /株式会社メンバーズエナジー

出典：メンバーズ公開情報から著者作成

図表4-16　メンバーズの売上と従業員数の推移

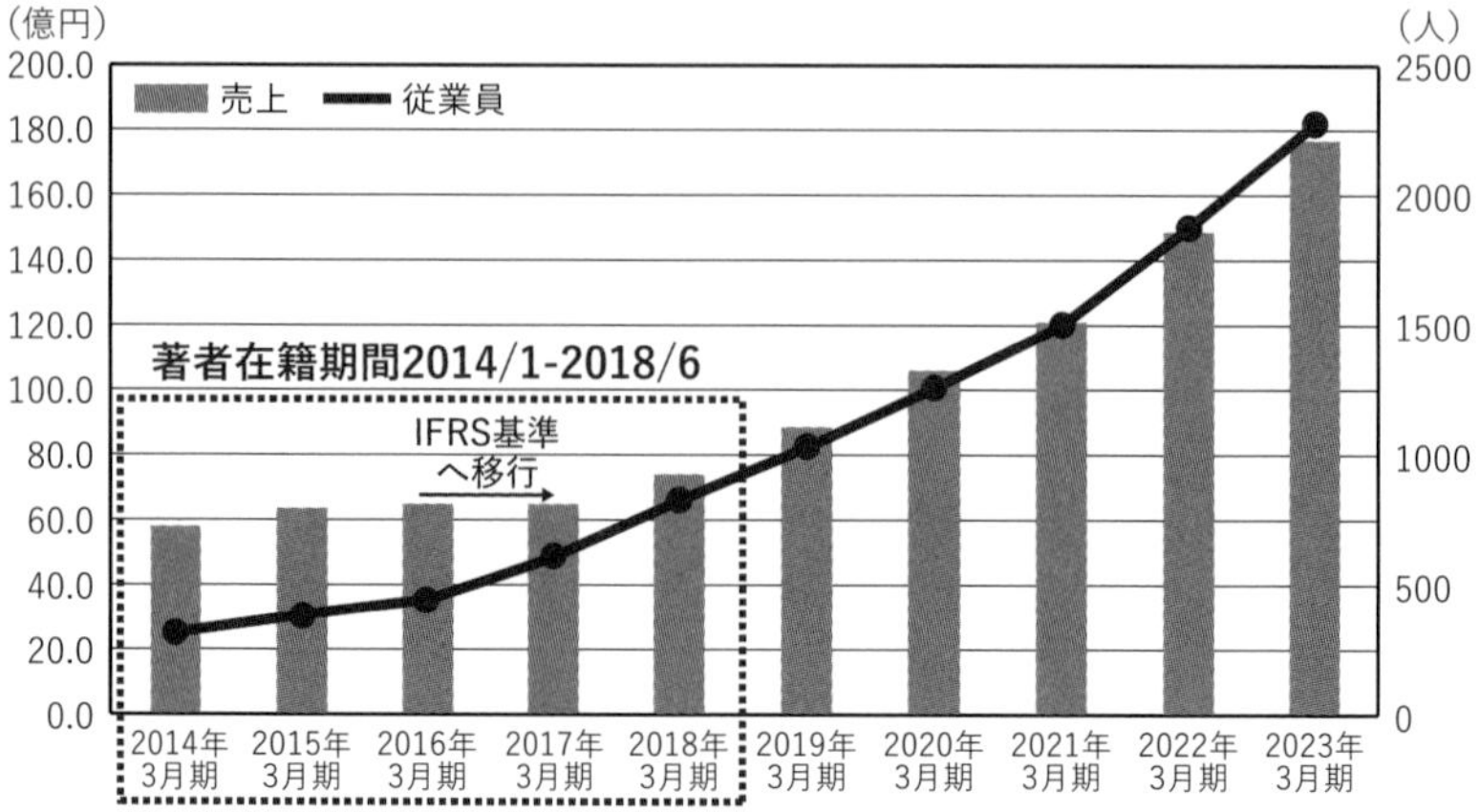

出典：メンバーズ決算資料などを元に著者作成

「VISION2020」という6年の中長期計画の策定

２０１４年1月に私が入社した直後、「VISION2020」というそれまでの中期経営計画をローリングした6年間のプラン作りが始まりました。部長以上のメンバーと経営企画部門のメンバーが招集され、マーケティングのパラダイムシフトを背景とした経営理念の見直しも含めて検討がされました。私も入社直後ながら、人事部門の責任者として会議に参加していました。

メンバーズのそれまでの経営理念は、以下のような「消費者起点の豊かな社会の創造」でした。社会を創るというところからはパーパスの要素も見て取れますが、「消費者にとって便利で楽しい社会」という表現からは、社会課題ではなく、顧客課題に向いたニュアンスを感じます。

〈経営理念〉
1．消費者起点の豊かな社会の創造に貢献する
マーケティング・テクノロジーの活用を通して消費者にとって便利で楽しい社会の創造に貢献する
2．ベンチャー・スピリットを発揮する
自立的、主体的に、新しい分野に果敢に挑戦し続ける
3．個人の成長を通して価値を生み出す
成長を願う個人をあらゆる機会に支援し、社会に提供する新しい価値の創造に努める

〈ビジョン〉
メンバーズは、インターネット社会において双方向のマーケティング・テクノロジーにより消費者と企業とのベスト・マッチングを実現するナビゲーターとしての役割を果たし、消費者起点の社会の創造に貢献する。

出典：メンバーズ「2014年3月期 1H 決算説明資料」

当時のメンバーズが考えた「マーケティングのパラダイムシフト」とは、SNSの急速な普及により、インターネット広告依存のマーケティングをオウンドメディアとSNSを活用したマーケティングに転換するという劇的な変化のことでした。

メンバーズは、日本でのFacebook黎明期に全社員にアカウントを作って活用することを推奨し、蓄積したノウハウを書籍にするなど、SNS活用に強みを持っていました。そうした背景もあり、「ソーシャルメディア時代をリードするネットビジネスパートナー」を目指し、「MEMBERSHIPでマーケティングを変え、心豊かな社会を創る」という新たなミッション、ビジョンを策定したのです。

「VISION2020」では明文化されてはいませんが、「MEMBERSHIPでマーケティングを変え、心豊かな社会を創る」というミッションには、CSVやコトラーの「マーケティング3・0」の概念が内包されていました。当時の社内資料である「Road to 2020」には、「解決したい社会の本質的な課題」について以下のよ

図表4-17　メンバーズのミッション（VISION2020）

【ミッション】

"MEMBERSHIP"でマーケティングを変え、心豊かな社会を創る

【新ミッションの背景】

ソーシャルメディアの登場により、ここ数年でマーケティングのあり方に変化が生じてきました。創業以来、メンバーズは"消費者起点の豊かな社会の創造に貢献する"をミッションとして企業のマーケティング支援を行ってまいりました。ソーシャルメディアが台頭してきたことで、企業のマーケティング活動においては、従来の広告メディアを中心とした取り組みからWebサイトやアプリを中核に自社コンテンツを発信し、生活者との継続的な関係を構築するオウンドメディア中心のコミュニケーションにシフトしています。その中でメンバーズは、ネットビジネスパートナーとして、企業Webサイトの構築・運用をはじめ、ソーシャルメディア活用等のデジタルマーケティング支援を通じ、企業と人々のエンゲージメントを最も創出する企業となり、心豊かな社会の創造を目指してまいります。

※"MEMBERSHIP"とは自発的貢献意欲を持って何らかの組織活動に参加すること

出典：メンバーズ「VISION2020」

図表4-18　メンバーズのビジョン（VISION2020）

【VISION2020】

ネットビジネスパートナーとして、企業と人々のエンゲージメントを最も多く創出する

VISION2020目標／EMCで顧客に提供するビジネス成果	年間100億ソーシャルエンゲージメント※
EMC事業規模／CSV事例創出	EMCサービス導入顧客企業数50社
体制強化／Web専門人材の採用・育成	社員数1,000名
事業成果／超会社の実践成果	売上150億円　営業利益率10%

※ソーシャルエンゲージメント：ソーシャルメディアにおける投稿に対するリアクション（いいね！、コメント、シェア、リツイートなど）

出典：メンバーズ「VISION2020」

うに記載されています。メガトレンドによる未来予測を前提に、あるべき未来を創造する思いが綴られています。

消費至上主義経済モデルから持続可能経済モデルへの転換を促し世界の人々に心の豊かさ、幸せを広げて未来の社会をより良くする。そのためにマーケティングの概念を〝社会をより良くするもの〟へ転換を促す。企業のマーケティング活動を支援すること、そしてそれを通して人々の善なる想いを広めて行くことで世界が持続可能な経済モデルに転換することを促す。

企業と人々の〝Membership〟を広げ100年後300年後の世界のより良い未来を創る。

出典：メンバーズ「Road to 2020」(社内資料)

その後、2020年5月に発表された「VISION2030」では、「心豊かな社会を創る」というミッションについて、「日常の生活や購買行動を通してできるだけ未来により良いことをする人や企業を増やしていきたい」といったより具体的なCSVの在り方が記述されています(図表4-19、4-20参照)。

ひと言で言えば、「エシカル消費」という言葉になってしまうのですが、メンバーズでは、消費行動を「企業への投票」と位置付けており、単にエシカルな消費を促すだけではなく、企業の理念や価値観に共感した上でエシカルな商品やサービスの選択を行うことのできる社会を目指してきました。

人々の消費行動が変われば、企業も変わらざるを得ません。気候変動や地域創生に取り組む企業に購買と

図表4-19　メンバーズグループ新ミッション（VISION2030）

"MEMBERSHIP"で、心豊かな社会を創る

現在の物質的・経済的豊かさを追求する消費至上主義、資本主義的な経済の概念が変わらなければ、日本の未来、そして地球の未来はない。地球環境問題、エネルギー問題、貧困問題などのさまざまな社会的な課題を解決できる持続可能な経済モデルを実現しなければならない。そのためには購買行動、経済活動においても損得勘定ばかりで物事を判断するのではなく、より良い未来にするために何が善いことで何が善くないことなのかを軸に判断する人や企業が増えていく必要がある。難しい社会貢献ではなくとも、日々の行動を少しずつ変え、日常の生活や購買行動を通してできるだけ未来により良いことをする人を増やしていきたい。人々や企業が自己の利益の追求のみではなく、将来への希望や社会への参加意識を持ち、持続可能なより良い未来のために共に協力しあう心豊かな社会を実現したい。

出典：メンバーズ「VISION2030」

図表4-20　VISION2030・目標値

VISION2030

日本中のクリエイターの力で、
気候変動・人口減少を中心とした社会課題解決へ
貢献し、持続可能社会への変革をリードする

VISION2030達成に向けた目標値

ソーシャルクリエイター(※1)**10万人**
ソーシャルエンゲージメント(※2)**総量100億**
社員数1万人
営業利益100億円

※1 デザイン思考を持ち、ビジネスの推進や制度設計、アウトプットを通じて社会課題の解決を図ろうとするクリエイター（職人）志向性の高い人材のこと
※2 社会課題解決施策としてメンバーズグループが手がけたコンテンツ・プロダクト・サービスに対する接触回数

出典：メンバーズ「VISION2030」

図表4-21　2020年に向けたメンバーズのロードマップ

	テーマ	2015-2016	2017-2018	2019-2020
結果指標	売上（営業利益率）	75億（6%）	100億（8%）	150億（10%）
	EMC社数※	40社	45社	50社
	社員数	500名	700名	1000名
業務推進指標	技能スキルの向上 (1人1ヶ月当たり研修時間)	4H	6H	8H
	体制の拡大	プロデューサー 70名	プロデューサー 110名	プロデューサー 150名
		地方率34% 直応募率35%	地方率46% 直応募率45%	プロパー率66% 地方率60% 直応募率50%
		離職率10%	離職率7%	離職率5%
	変革リーダーシップ （ビジネスアイデアコンテスト参加率）	20%	20%	20%
	価値観の共有 (ES調査:ミッション共感率)	50%	70%	90%

出典：メンバーズ「Road to 2020」（社内資料）
※EMC：エンゲージメントマーケティングセンターの略。デジタルマーケティング運用専任マーケティームチーム。

いう「票」が集まるようになれば、他の企業も同様に社会課題に取り組むようになり、「心豊かな社会」に近づきます。それが、メンバーズが新たなミッションで目指す社会価値創造のストーリーなのです。

野心的なKPIを設定し、ビジネスプランに落とし込む

「VISION2020」では、売上150億、営業利益率10%という目標が掲げられていますが、直近の決算時の売上約58億、営業利益率4・5%という実績を考えると、極めて野心的な目標であり、実現するためには、営業面と採用面でのイノベーション創出が必須でした。

当時のデジタルマーケティング業界は、顧客ニーズは比較的潤沢であり、人材の目処さえつけば、売上3倍はまだ見通せる状況でしたが、最大のネックは人材の確保にありました。直近の決算時の従業員数は、331名であり、離職率は13%前後だったと

図表4-22　VISION2020達成に向けた戦略マップ

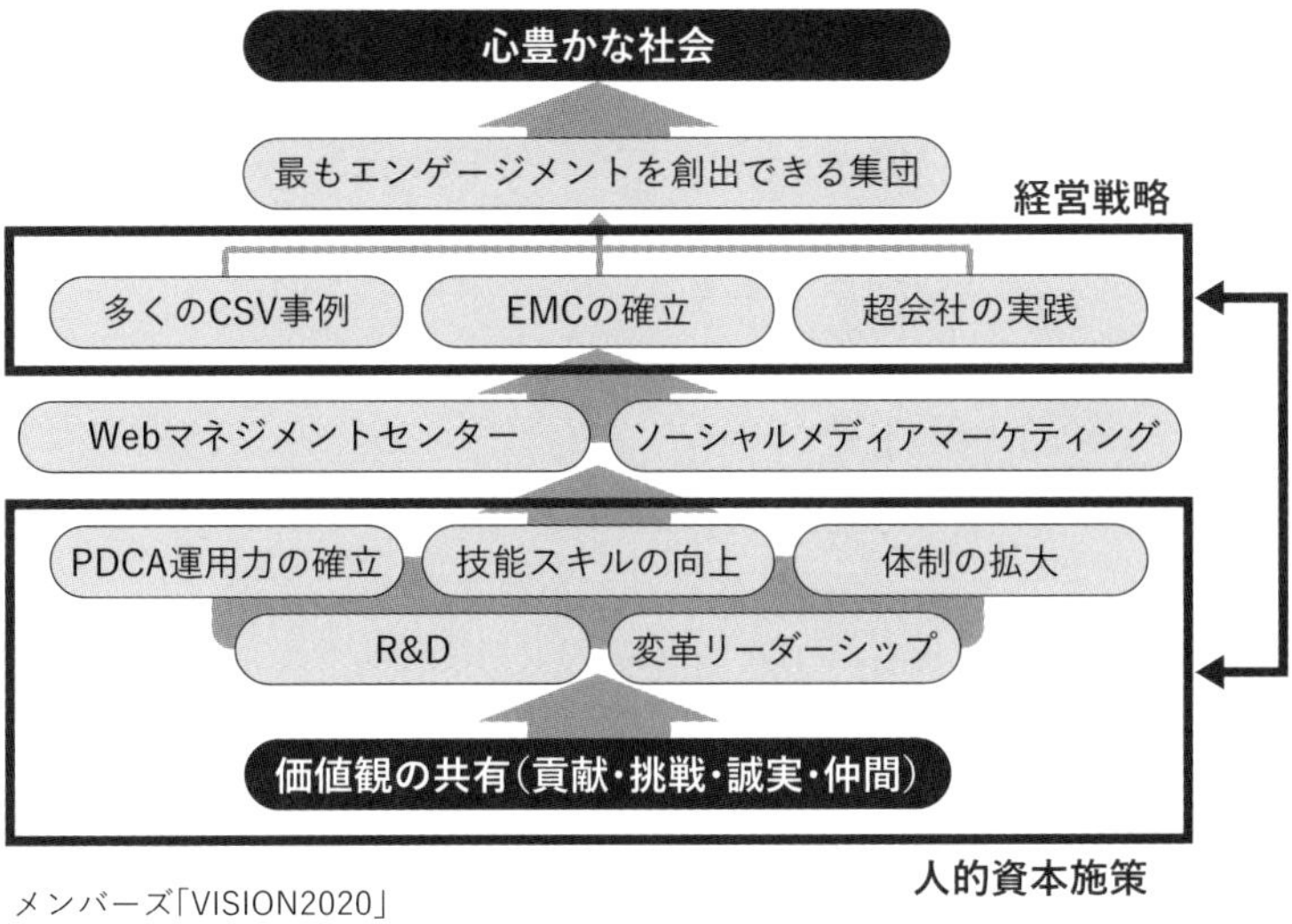

出典：メンバーズ「VISION2020」

記憶しています。結局、全社としては、図表4－21のようなKPIとロードマップを策定し、プランがスタートしました。

「Road to 2020」の指標では、収支計画とそれを実現するための事業ポートフォリオ、必要な社員数が設定されています。また、「プロデューサー」というキーポジションの人数やエリアごとの人数、変革タイプの人材の比率など、目指す未来の人材ポートフォリオが明確化されているのも大きな特徴です。「VISION2020」では、このような経営戦略にしっかりと紐づいた人事戦略構築がなされており、2014年当時から人的資本経営を行っていたということがよくわかります（図表4－22参照）。

こうしたビジネスプランやKPIを立てると、すべての指標を達成しないといけないという半ば強迫観念に駆られることもあるかと思いますが、語弊を恐れずに言えば、達成自体が目的ではないという側面もあります。

中長期的なスパンでＫＰＩを立てても、外部環境の変化や内部の新たな課題なども発生するため、計画は随時見直しをかけていく必要があります。実際にメンバーズでも毎年のように状況に合わせて計画の修正や見直しをかけながら、プランを追いかけていく状況でしたし、すべての指標についてやり切ったというわけではありませんでした。

大切なのは、野心的なビジネスプランを立てて、バックキャスト思考によるイノベーションを創出することです。そして、プランに対するギャップを日々確認し、フォアキャスト思考も織り交ぜながら改善を重ねていくのです。

その結果、スタート時点から見れば、パーパスに大きく近づくことができており、業績も大きく向上するという成果が得られるのです。

計画的な人材リソース獲得を実現した「CSV採用」

私は、人事部門の責任者として、６年で６６９名の増員を実現する戦略を立案、実行する立場にありましたが、採用面では新卒採用への大幅なシフトと若手社員の早期育成という方向性を打ち出しました。

２０１４年4月の新卒採用人数は30名、どちらかというと中途採用にウエイトを置いた採用を行っていましたが、当時の人材市場の状況や社内の選考工数を考えると中途採用をスケールさせるのは得策ではないと判断し、新卒採用シフトに舵を切ったのです。翌年の２０１５年4月には２０１４年比で2倍の60名、

図表4-23　新卒学生向け説明会のコンテンツ構成（120分）

項目	時間	具体的な内容
自己紹介	5分	自身がベンチャー出身であることを中心に
会社概要	5分	設立や上場会社であること、社員数の推移など
募集要項/採用実績	5分	新卒採用数の推移、採用目標数、全国統一給与
経営理念/CSV	**45分**	**経営理念の中身を伝えるために、CSVについての詳細な説明、CSV事例を話す。社会貢献意欲が高い学生は、株式会社の営利主義一色の説明会にうんざりし始めており、事業利益を上げながら社会課題を解決できるCSVのモデルが新たな選択肢となる**
求める人物像	**10分**	**理念に心底共感し、行動が変わるレベルの学生しか採用しないという方針を伝えることで、より興味関心がわく**
業務内容/主要顧客	5分	Web制作会社であること。理念を共に実現できるナショナルクライアントに限定して取引していること
福利厚生/制度	5分	社員の幸せを実現する制度や取り組みがあること
質疑応答	10分	通常の質疑応答
CSVワークショップ	**30分**	**CSV事例を題材にCSVモデルを考えるワークショップ**

出典：著者作成

2016年、2017年についてはそれぞれ1・5倍の90名、135名を目標としました。

とはいえ、新卒採用が容易なわけではありません。限られた予算とメンバーで大規模な採用を効率的に行う必要がありました。ここで効果的だったのは、CSVを絡めたミッション／ビジョン採用（以下：CSV採用）でした。「VISION2020」で掲げた新たなミッションを訴求する新卒採用向けのシナリオのベースはすでに出来上がっていたので、私はこのベースシナリオをさらにミッション寄りにし、「CSV採用シナリオ」へと進化させました。

当時、開催していた新卒向けの会社説明会のコンテンツ（図表4－23参照）では、会社説明や事業説明にはわずかな時間しか充てずに、ほとんどの時間をミッション・ビジョン及びCSVについての説明やワークショップに使っていました。

ミレニアル世代（1981年から1997年の間

に生まれた人）は、２０１１年の東日本大震災を目の当たりにしており、社会貢献意欲が高い傾向があるといわれています。彼らの中には就職活動においても企業の社会貢献度を重要視する人がいますが、そうした人々は企業への訪問を重ねるごとに営利主義な株式会社よりもＮＰＯのような非営利団体に入った方がいいのではと思うようになっていってしまいます。

メンバーズの会社説明会では、ＣＳＶというモデルを活用すれば株式会社であっても社会貢献度の高い事業展開ができることをじっくりとインプットしていくため、社会貢献意欲の高い学生は株式会社に新たな可能性を見いだし、就職活動を続けていくことができるようになるのです。

当時の日本の企業で社会課題の解決やＣＳＶを全面的に打ち出している企業はほとんどありませんでした。私の知る限りでは、キリンホールディングスにＣＳＶ事業本部があったくらいではないかと思います。株式会社に可能性を感じた社会貢献意欲の高い学生たちは、他の企業を回ってはみたもののＣＳＶを志向している企業とは出会えず、再び、メンバーズに戻ってくるということも少なくはありませんでした。

これまで見てきたように、ＣＳＶは経営者やビジネスマンにとっても難しい概念です。就職前の段階でＣＳＶをきちんと理解できる学生は極めて優秀だと考えていいと思います。会社説明会においてＣＳＶを啓蒙する「ＣＳＶ採用」を粘り強く実践してきたことが、優秀かつミッション共感度の高い学生を多く採用できたという成果に繋がったのです。デジタル業界において、安定的なリソースの確保は最大の強みとなります。早期育成という次なるハードルはあるものの、翌年の4月に入社する新卒が10月には戦力として計算でき、計画的な受注に繋げられるからです。

難易度の高い高専採用も「CSV採用」で攻略

野心的な採用目標を掲げたため、大学生と専門学校生だけでは採用目標達成が厳しくなり、別の採用チャネルを模索する必要がありました。真っ先に候補に挙がったのは、出身者が活躍していた国立高等専門学校（注60）（以下：高専）でした。高専採用は倍率が極めて高く、さらに競合企業の多くが国内の超大手企業や全国の高専近隣の地元有力企業であるというハードルの高さから、それまでは本格的には着手してこなかったのです。

取り組んでみると、意外なことに、就職担当の教授のアポイントがかなりの確率で取れました。各高専のウェブサイトを調べると、連絡先が記載されていたので、電話、メールで順番にアポイントを取って手分けしながら全国の高専を回れるだけ回りました。ダメ元で、4年生（就職活動対象学年）向けにインターネット業界説明会と会社紹介の時間を取ってほしいとお願いしたところ、こちらもかなりの高確率で実施をご承諾いただくことができました。中にはホームルームの時間を2枠まとめて任せていただいた高専もあり、結果的に本格着手1年で、新規5高専から十数名の採用に成功したのです。

倍率の高さや競合企業を聞き、採用は難しいというバイアスがあったという背景もありますが、成功の裏にはいくつかの明確な勝因があったと考えています。

最大の要因は、初任給の設定です。高専は1962年に第1期校が開校して以来、60年以上の長い歴史があり、大企業は毎年多くの高専生を採用し続けてきています。ところが、高専卒業生は20歳で入社するた

（注60）国立高等専門学校：実践的・創造的技術者を養成することを目的として1962年より順次設置された高等教育機関。全国に国公私立合わせて57校あり、全体で約6万人の学生が学んでいる。

め、当初から短大卒と同様の位置付けであり、初任給も4大卒と差があったのです。

初任給を上げてしまうと、高専出身社員すべての給与を上げないと整合性がとれなくなるため、高専採用を続けてきた大企業はそんなに簡単に初任給をアップできないというジレンマを抱えていましたが、この初任給問題は、定年時まで影響するケースも多く、同じ企業で働き続けた場合、生涯年収に大きな差が出る大問題でもありました。そのため高専生本人だけでなく、高専の教授や全国の高専を束ねる独立行政法人国立高等専門学校機構にとっても悩みの種だったのです。

メンバーズでは、高専生は優秀であると評価していたため、初任給を4大卒と同等としたことで、高専生からの共感を得ることができました。まだ高専生採用の歴史が浅く柔軟に対応できる状況であったことが功を奏したのです。

もう一つの要因はやはり「CSV採用」です。高専生向けの合同説明会に参加する企業は、技術や製品について熱く語るのが一般的で、ミッションやビジョンを熱く語る企業はほぼありませんでした。そこで私は高専生にもCSVやメンバーズのミッション、ビジョンをメインとした説明会を展開したのです。勿論、相手はエンジニアですので、ミッション、ビジョンとテクノロジーの接続もトークに交えました。

この説明会はかなりの手応えがありました。高専の情報工学科は1学年40名、半分は進学するため、ターゲットは20名前後なのですが、説明会後のアンケートでは4～5名が興味ありと答えてくれていました。結果的には、私自身が初年度に開拓した新規の3高専からは合計8名を採用することができました。出来過ぎという感じもしますが、「CSV採用」の賜物だと思える成果とも言えます。

その後、インターンや高専プロコンへの協賛、OB講話など、高専採用のノウハウを積み上げ、大手有名

図表4-24　国立高専生 就職先上位10社

順	2018年	2019年	2020年
1	東海旅客鉄道（80）	東海旅客鉄道（78）	旭化成（64）
2	花王（65）	旭化成（70）	ENEOS（60）
3	旭化成（60）	花王（59）	東海旅客鉄道（59）
4	ダイキン工業（57）	JXTGエネルギー（50）	花王（57）
5	三菱電機ビルテクノサービス（49）	**メンバーズ（49）**	**メンバーズ（55）**
6	中部電力（48） 関西電力（48） JXTGエネルギー（48）	関西電力（47）	出光興産（52）
7		キヤノン（45）	関西電力（43）
8		ダイキン工業（44）	キヤノン（42）
9	**メンバーズ（45）** 東京瓦斯（45）	出光興産（43）	大阪ガス（38） 国土交通省（38）
10		日東電工（42）	

資料提供：独立行政法人国立高等専門学校機構
※2020年の国土交通省は各地方整備局を含む数値
※企業単体の集計（企業グループでの合算なし）、本科・専攻科合算

企業がひしめく国立高専生の就職先上位10位（注61）で２０１８年には9位にランクインし、２０１９年と２０２０年には5位となりました（図表４－24参照）。独立行政法人国立高等専門学校機構が公開している「主な就職先（令和3年度本科卒業者）」の20社の中の一角をメンバーズが占めているというのも驚くべきことです。10年足らずの間に高専採用においてこれほど実績を向上させた企業は他には存在していないのではないでしょうか。

地方創生を視野に入れた 地方拠点、地方採用戦略

メンバーズは２０１４年の時点では、東京本社に加えて仙台に拠点を置いていました。仙台は東日本大震災の復興支援を目的に開設した拠点でしたが、軌道に乗ってきたため、体制を強化し、本格的なニアショア拠点として稼働していたのです。

国内にニアショア拠点を持つ開発会社、制作会社

（注61）国立高専生の就職先上位10社：国立高専機構から提供されたデータによる上位10社のランキング。日経産業新聞に掲載されている「国立高専生 就職先ランキング」は、企業グループでの取り纏めなどの独自調査を加味して発表しているため、本データとの若干の差異がある。

はそれなりに存在しますが、リソース補完に加えてコスト削減という目的があるのが一般的で、多くの企業が首都圏よりも低い給与水準を設定していました。少し高めのオフショアという考え方で、業務的にも上流工程の仕事よりも下流工程の仕事がメインとなっていることが一般的だったと思います。

しかし、メンバーズの地方拠点への考え方は少し違っていました。2015年から首都圏と地方の給与体系を統一し、同一給与としたのです。また、地方拠点に切り出す業務についても、首都圏の大手クライアントの業務を上流工程も含めて切り出しています。当時から拠点間をテレビ会議システムで常時接続し、顧客先の常駐チーム、東京本社チーム、地方拠点チームが一体となって案件をこなしていく体制を整えていました。

人口減少という問題は、日本の地方ではほぼ全国的に発生しています。要因は様々ですが、就労層減少の要因は、地方では仕事が少ないということに尽きると思います。仕事があったとしても給与水準は低く、業務レベルも高くないということも少なくありません。これでは、地方で働いていては、収入は少ない上に、スキルアップを図ることも困難であり、結果として給与を上げるのが難しくなるという負のスパイラルにはまってしまいます。

地方で働きながら、首都圏の大手クライアントのチャレンジングな案件に携わり、スキルを磨いていくことができるのは、社員の将来の可能性を広げる機会となります。加えて、徒歩15分程度で通勤し、首都圏と同じ収入を得ることができるということも大きなメリットだったのではないかと思います。

こうしたメンバーズの地方拠点への考え方は地方の課題に対する解決策となり得るものであったため、地方自治体や教育機関からも大変評価をいただき、拠点開設に際しては、採用活動をはじめとして様々な支援やご協力をいただくことができたのです。

２０１５年には北九州市の小倉に２００名規模の拠点を開設し、採用チームを立ち上げて九州エリアでの採用を加速させました。２０１８年には福井県の鯖江市、兵庫県の神戸市、２０１９年には福岡県の福岡市、北海道の札幌市と地方拠点を展開し、地方比率を向上させていったのです。

スローガンは、「学び続ける人を増やす」

２０１４年後半には社員の育成を目的として、スキル向上委員会を立ち上げました。当時盛んに行われていたエンジニアやクリエイター向けの勉強会やイベントの会場としてメンバーズのラウンジを無償で提供し、定期的に社内で勉強会やイベントが行われるような仕組みを作り上げたのです。社員は、定時後に移動をしなくても勉強会やイベントに参加できるようになったわけです。

地方拠点をテレビ会議システムで繋ぎ、可能な限り、地方からも勉強会に参加できるように環境を整えました。現在は、ｚｏｏｍなどで全国の勉強会やセミナーに気軽にアクセスできるようになりましたが、当時、地方ではこうした勉強会やイベントはあまり行われておらず、首都圏のイベントに参加できるメリットは大きかったと思います。

この仕組みを発展させて、翌年の２０１５年8月には、社内大学〝Members University〟を開校しました。社員に身に付けてほしい専門スキルを定め、社内外から講師を招いて、初年度には20弱の講座を作り、運用しました。２０１７年からは名称をCCDLab.（Co-Creation Digital Lab.）と改めて、オープン講座として社外にも開放し、世界中のクリエイターと共創する学びのプラットフォームを目指したのです。

デジタル業界は進化のスピードが速く、1年経つと身に付けたスキルが陳腐化することも珍しくはありません。そのため、社員には学びを継続してもらう必要があったのです。こうして「学び続ける人を増やす」というスローガンが生まれ、社員が学び続ける仕組み作りがスタートしたのです。

新卒採用へのシフトを行うと、毎年4月時点の全社員に占める新卒比率が高くなります。２０１５年４月は、合計約４００名の社員に占める新卒は60名、２０１６年４月には、合計５００名強の社員に対して95名という比率となることが予測できました。育成を現場だけに委ねてしまうと日常業務に支障が出るだけではなく、既存の社員の不満にも繋がります。事実、当時私は廊下で社員とすれ違うたびに、「こんなに新卒を採用するのは納得できない」「現場の状況を理解していないのでは」とかなりのクレームを受けていました。

そのため、大規模な新卒採用は、早期育成なくしては成功しないと考えたのです。とにかく人数比率が高いので、早期に案件稼働ができなければ赤字もかさみます。私は7月には半人前ながらも案件稼働開始、10月には全員が一人前のクリエイターとして１００%案件稼働するという目標を立てて、育成プランを検討しました。

新卒入社者の育成は10月1日の内定式から開始します。入社式までの半年間の課題として、自分自身の自己紹介サイトの制作、タイピング速度の向上、メンバーズのクライアントの企業研究、業界や競合の研究などを課していました。さらに２０１７年からは新卒の育成に特化したチームが立ち上がり、より体系的なカリキュラムを策定し、早期育成のノウハウを固めていったのです。

現場の負荷を下げるために、当初は新卒の分散入社も実施しました。特に大規模採用初年度の２０１５年、２０１６年は現場の不安感は極めて高い状況でしたので、4月に入社を集中させないように早期入社の

図表4-25　メンバーズの新卒入社社員の分散入社

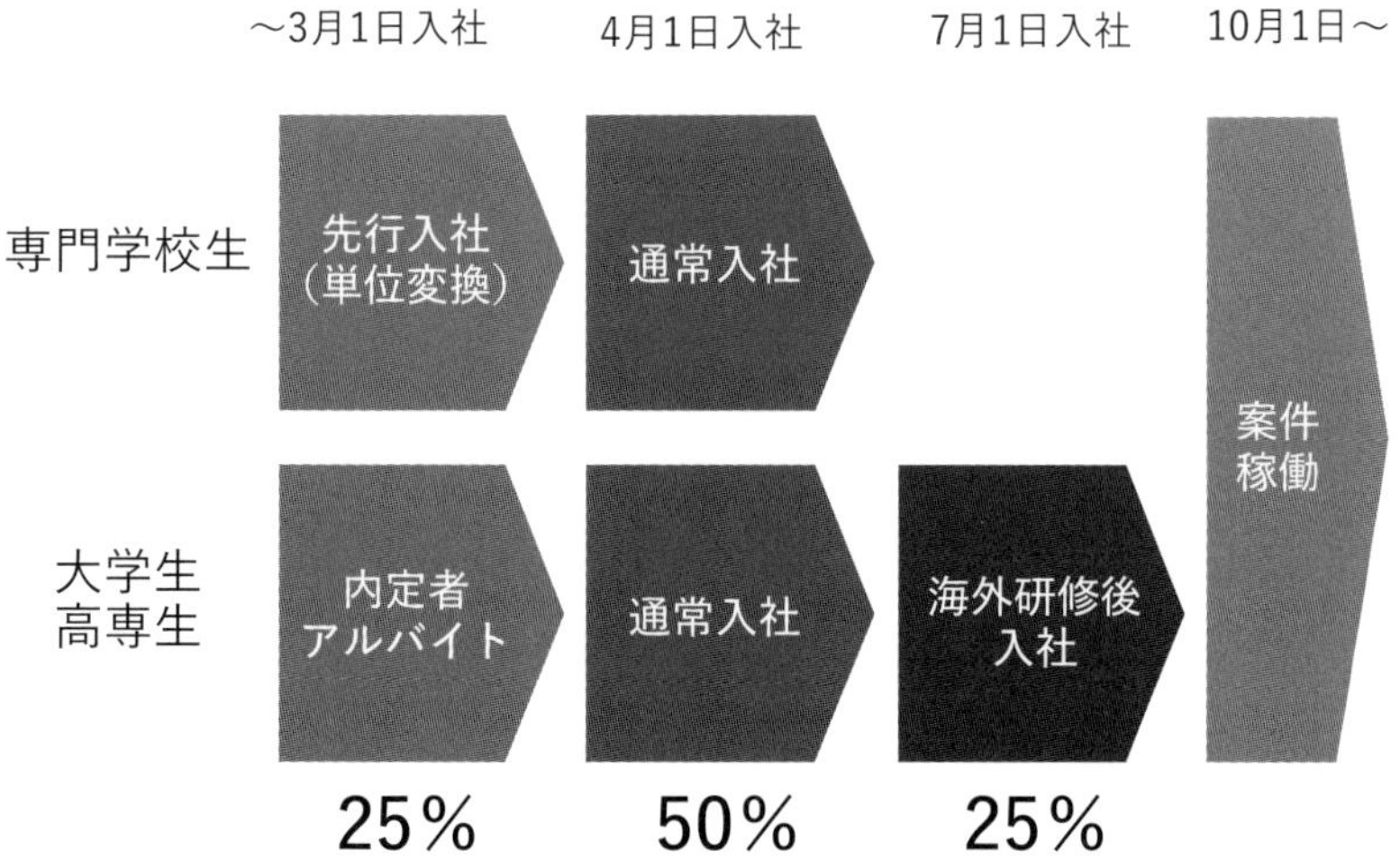

出典：著者作成

促進と3カ月の海外留学実施による7月入社の仕組みを取り入れ、入社時期を分散する取り組みを実施しました（図表4－25参照）。

採用と育成は一体として考えるのが重要です。これを怠ると現場に余計な負荷をかけると同時に、入社者の負担も増し、早期離職に繋がる可能性もあります。人事部門だけで独断的に進めるのではなく、現場と協調しながら仕組みを作り上げていったことにより、図表4－26のような大規模採用を成功させることができたのだと思います。

残業半減、給与20％アップを3年で実現

デジタル業界は非常に残業の多い業界でした。市場は伸びているので仕事は豊富にあるにもかかわらず、それなりのスキルが要求されるため、常に人材が不足しています。特にメンバーズのようなクライ

図表4-26　メンバーズの新卒採用数の推移

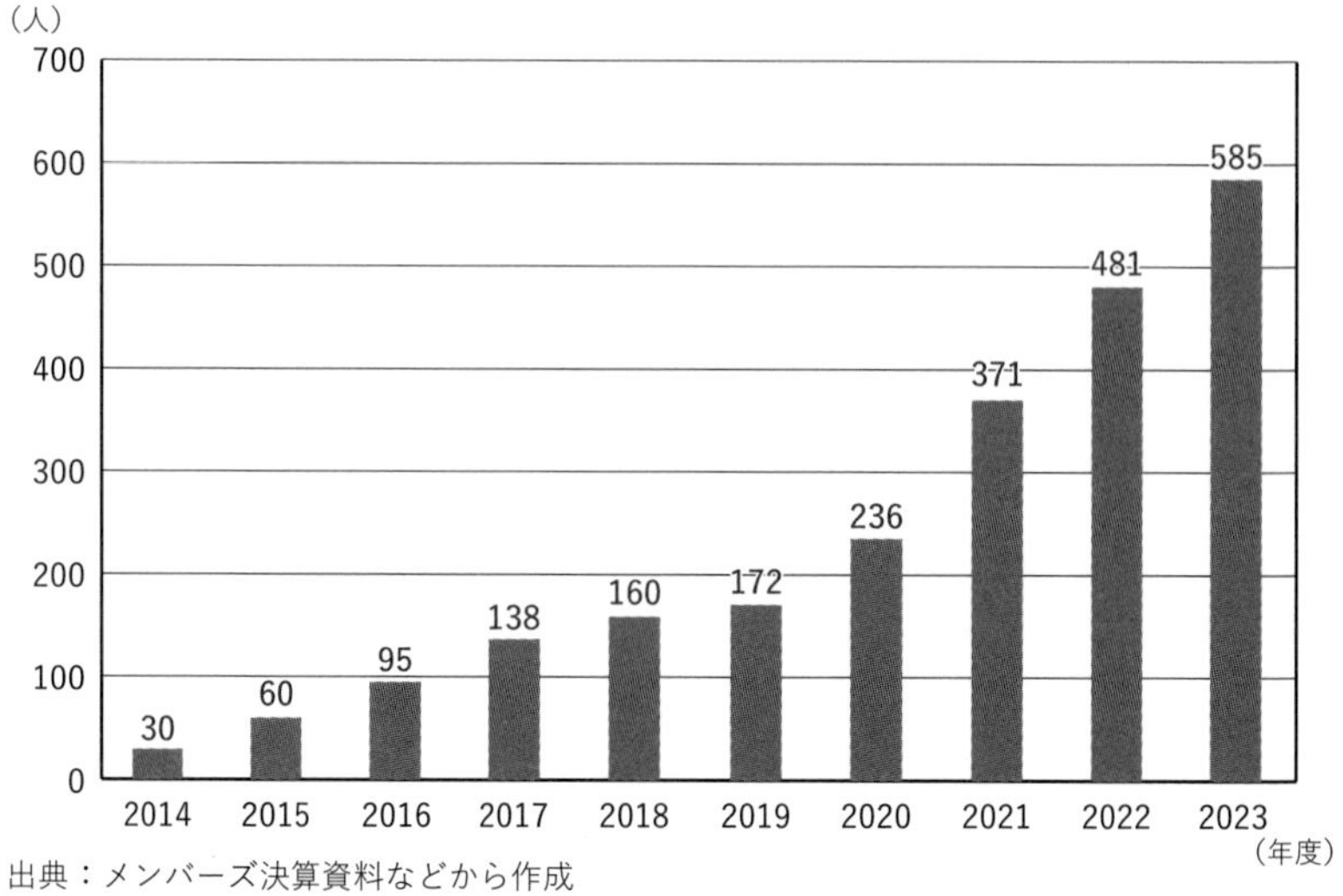

出典：メンバーズ決算資料などから作成

アントワーク中心の企業では納期に追われることも多く、設立当初は寝袋が当たり前の環境だったと聞いています。加えて、そうしたハードワークの割には給与水準が低いのです。私が入社した当時のメンバーズはそこまでではありませんでしたが、それでも２０１５年の月平均残業時間は30時間程度ありました。

こうしたクリエイターの課題を解決すべく、２０１５年10月から翌年3月にかけて、社内横断的なプロジェクトチーム「みんなのキャリアと働き方改革3か年プロジェクト」を立ち上げ、「今後のキャリアと働き方を、どのようにしていきたいか」について検討を行いました。

まずは社員へのアンケートを実施しました。「年収はいくらぐらい欲しいのか」「賞与と固定給のどちらの比率を上げたいか」など、かなりダイレクトに聞いたのですが、社員の皆さんは真剣に回答してくれました。未来の話をするわけですので、プロ

図表4-27　みんなのキャリアと働き方改革3カ年プロジェクトのKPI

	2015年度	2016年度	2017年度	2018年度	目標
年収アップ率	-	-	-	27.5%	20%以上
残業時間	28.1時間	21.9時間	17.4時間	14.9時間	15時間以内
女性管理職比率	14.9%	18.9%	30.0%	30.8%	30%以上
女性社員の友人への入社推奨度	41.7%	49.7%	42.4%	60.9%	60%以上
男性社員の両立支援制度利用率	-	30.8%	47.8%	55.4%	50%以上
売上	6,469百万	6,479百万	7,403百万	8,857百万	-
営業利益	448百万	658百万	667百万	968百万	-

出典：メンバーズ SGA＋100から作成（https://sga100.members.co.jp/list/005/）

ジェクトチームのメンバーには管理職以上は入れずに各事業部から若手を招集しました。

プロジェクトを通して「長期的に安心して働ける職場や環境を作る」「処遇は業界の中で最もよくしていく」といった方針を確認し、「年収2割アップ」「残業5割削減」「女性管理職比率向上」「男性の育児休業促進」といった3年間の主要目標を定めました。さらに、こうした目標を実現するために人事制度の改定も実施したのです。

「年収2割アップ」と「残業5割削減」は一見相反する目標で、同時に達成することは不可能に思えます。実際、この目標を掲げた際には社内外から多くの疑問の声が寄せられましたが、3年後にはすべての目標を達成してしまったのです（図表4－27参照）。

この2つの相反する目標の同時達成のキーになったのは「生産性の向上」でした。まさに野心的な目標からのバックキャスト思考が生み出したイノベーションと言ってもよいと思います。

ジェンダー平等に向けた取り組み

メンバーズではメンバーズカウンセリングという独自のエンゲージメント調査を年に2回実施していますが、私が入社した当初、お子さんをお持ちの女性社員のエンゲージメントスコアが著しく低い時期がありました。

そもそもハードワークなデジタル業界ですので、育児や介護との両立は容易ではありません。特に育児の負担の大きい女性社員は、職場内で走り回るほど、日々お子さんのお迎え時間との勝負を繰り広げていました。この当時、すでにいくつかの支援制度はありましたが、十分ではなかったのです。

私は、育児中の女性社員のインタビューを行い、制度が十分に機能していないことを思い知り、本当に求められることを細いことも含めて順々に制度化してきました。以下は、現在、メンバーズのウェブサイトで公開されている制度や施策ですが、これらには私の在籍時代に運用を開始したものが多く含まれています。

「女性社員の長期的なキャリア形成の支援強化」「ワークライフバランスの実現」「多様なワークスタイルの確立」をテーマとし、以下のような環境整備や取り組みを行いました

- 在宅勤務制度の拡充（産休からの復帰時に利用可能な「一部在宅勤務制度」、育児・介護期間中の病気やけがなどの緊急時に利用可能な「スポット在宅勤務制度」等）

・ベビーシッター利用・延長保育などの経費サポート制度
・看護休暇制度（小学校就学前の子供がいる社員は、有給休暇とは別に子供1人の場合、看護休暇を年間最大5日間、2人以上の場合10日間まで有給で取得可能）
・女性社員のリーダー（管理職候補）への積極的な登用
・時短勤務中の管理職社員が参加できるよう、管理職向け会議の実施開始時間を8：30から10：00に変更
・託児所付きリーダー研修、社員総会を実施
・ロールモデルとなる女性社員・管理職の働き方について社内外へ情報発信
・育児中の社員を中心に、情報交換・交流を目的とした座談会実施
・半期に1度、「Womembers賞」表彰を実施（「女性社員の長期的なキャリア形成の支援強化」「ワークライフバランスの実現」「多様なワークスタイルの確立」などにおいて模範となる取り組みを表彰）
・時間単位有給休暇制度の導入（1時間単位での有給休暇利用が可能）
・育児中の社員による両立支援制度（育児休業、時短・在宅勤務）の利用を推奨する評価制度の導入（両立支援制度利用者の所属部署全員に対し加点評価。男性管理職が対象の場合は利用必須とし、イクボスを推奨。）

出典：メンバーズ SGA＋100（https://sga100.members.co.jp/list/005/）

図表4-28　メンバーズが取り組んできた「3種類のCSV」

製品と市場のCSV	**社会価値の再定義による市場やサービスの拡張** ■ミッションの変更 →“MEMBERSHIP”で、心豊かな社会を創る ■VISION2030の変更 →日本中のクリエイターの力で、気候変動・人口減少を中心とした社会課題解決へ貢献し、持続可能社会への変革をリードする
バリューチェーンのCSV	**新卒の早期育成スキームを構築し、大規模新卒入社に対応** ■業務の標準化と育成スキームへの落とし込み →受け入れ側の負担削減、離職の防止 →入社時期の分散（事前入社/海外留学による3ヶ月後入社）
ビジネス環境（クラスター）のCSV	**ミッション/ビジョン採用とクラスターの支援/強化** ■ミッション/ビジョン採用（CSV採用） →CSVを学生に伝えることがSDGsの普及に繋がる →興味関心を持った学生がメンバーズに応募 ■「デジタルクリエイター」「地域社会」「高専」など →残業半減かつ年収20%アップ/女性管理職比率30.8% →給与テーブルの全国統一化/コア業務の地方分業化 →高専卒の初任給を大卒と同等に

出典：著者作成

これらの制度の成果は、図表4-27の「女性社員の友人への入社推奨度」の数値が物語っている通りです。当時は育児をしていなかった社員も「将来、メンバーズでならば子供が生まれても安心して働ける」と感じてもらえたのだと思います。

メンバーズが取り組んできた「3種類のCSV」

以上、メンバーズの大きな飛躍を実現した取り組みをご紹介してきました。これら取り組みを3種類のCSVの観点で整理してみたのが、図表4-28です。

最初に着手したミッションとビジョンの変更は「製品と市場のCSV」と位置付けられます。パーパスの要素を持つミッション、ビジョンを掲げたことで、社会価値と経済価値を両立する新しいモデルを構築するに至りました。パーパスがなければ、C

SVは成り立ちません。2014年に確立したパーパスの要素を持ったミッション、ビジョンがメンバーズの飛躍のきっかけとなったのです。

次に着手したのは、「ビジネス環境のCSV」です。メンバーズでは、自社を取り巻く様々なステークホルダーの課題を解決する施策をとってきました。採用シーンにおいては社会貢献意欲の高い学生にCSVの啓蒙を行い、やりがいのある仕事に就くことができる可能性を広げました。また高専卒業生の初任給を大卒と同等としたことで初任給問題に悩む高専関係者の課題解決の一助となりました。さらに地方拠点の仕事の在り方や給与水準を首都圏と同等としたことで、地域の課題解決にも貢献をしてきました。これらの取り組みは結果的にメンバーズの採用に大きなポジティブインパクトを与えています。

社内については、ハードワークにもかかわらず給与水準が低いクリエイターや育児の負担が重い女性社員の処遇改善や労働時間の短縮、ライフサイクルに寄り添った制度の構築を行い、エンゲージメントを向上することに成功しました。

こうしたステークホルダーの課題を解決することがメンバーズの業績や企業価値向上へと確実に繋がっており、極めてわかりやすい「ビジネス環境のCSV」となっているのです。

最後に着手したのが、新卒社員の早期育成です。これを私は「バリューチェーンのCSV」だと捉えています。ポーターのバリューチェーンはメーカーをベースにしたモデルとなっていますが、「原材料」「調達物流」「操業」といった部分を「採用」「育成」「稼働」に置き換えるとサービス業でも十分に活用できます。

大規模採用した新卒社員の育成を現場に丸投げすると、現場の社員の大きな負荷となり、生産性の低下や離職に繋がることになりますし、最悪の場合は心身の健康が損なわれる恐れもあります。このように考えると、新卒の早期育成を人事部門主導で責任をもって行うということは、従業員の健康を守りつつ、生産性の向上を実現することとなります。まさに「育成」というプロセスを改善する「バリューチェーンのCSV」と位置付けることができるのです。

このようにメンバーズは、3種類のCSVすべてを効果的に結び付けた究極のCSVモデルを構築することで大きな飛躍を遂げてきました。また、当時はあまり意識していませんでしたが、人的資本経営へのシフトも内包したSXが実現されているのです。

私は、こうしたモデルの構築を可能にしたのは、統合思考を核とした「デザイン思考」だと考えています。社会価値と経済価値を同時に創出する、残業削減と給与アップを同時に実現する、といった一見相反するトレードオフをトレードオンにするためにはイノベーションの創出が欠かせないからです。

論理的な思考プロセスだけではイノベーションは創出できません。不確定要素が大きく、制約条件も多いトレードオフを解決できるのは「デザイン思考」なのです。

第5章では、メンバーズのようなCSVモデルを創出することのできる「デザイン思考」を活用したイノベーション創出のためのメソッドについて説明していきたいと思います。

第5章

「デザイン思考」によるイノベーションで創出するCSV経営モデル

〜「社会課題」と「顧客課題」を統合して解決する発想法と「価値創造プロセス」〜

1　デザイン思考による「社会課題」と「顧客課題」の新結合

本節では、ＣＳＶ経営モデルを創出するメソッドをご紹介します。ＣＳＶに必要なのは、「社会価値」と「経済価値」の両立です。つまり、「社会課題」と「顧客課題」を同時に解決するモデルを構築する必要があるわけです。

「社会課題」は、そもそも儲からないために置き去りにされてきた課題です。「社会課題」の解決だけでは事業利益に繋がるわけがありません。そのため、「社会課題」と「顧客課題」を統合し、イノベーションを創出するのです。

これまで事業利益のみを目的に経営を行ってきた我われにとって、この統合はそんなに容易なことではありません。そのため、統合を実現するための新たな考え方やフレームワークが必要となるのです。

「イノベーション」とはそもそも何か

「イノベーション」という言葉は日本人には意味が掴みづらい言葉です。よく混同されるのが「技術の進歩」ですが、「イノベーション」と「技術の進歩」はまるで異なる概念です。

例えば、デジタルカメラの画素数が徐々に上がっていったのは「技術の進歩」によるものです。ユーザーは画素数を性能の目安としたため、各社が競って画素数を向上させようと開発投資をし続けました。ひと言で言えば、提供する企業にとってもユーザーにとっても価値が明確なわけです。

これに対して、携帯電話にカメラを搭載したスマートフォンは「イノベーション」を創出したと言えます。スマートフォンが普及したことにより、人々はカメラを毎日持ち歩き、日常のシーンを撮影するという行動変容が起こったからです。カメラは、それまで記念日などの非日常を記録する独立した機械でした。スマートフォンの登場により、カメラは日常を記録し、それを瞬時に他人と共有するツールとなったのです。

我われがスマートフォンを最初に目にしたときに、このような行動変容を想定していませんでした。それまで使っていたガラケーが技術的に進歩し、タッチパネルでスクロールができる新しいタイプの携帯電話と捉えていたのではないでしょうか。

イノベーションの本質はここにあります。ユーザーの行動変容を誘発するものでありながら、実際に使い始めるまでユーザーはその価値に気が付かないという「価値が可視化されていない側面」があるのです。つまり、技術の進歩のように研究開発をして性能を向上させていくものではなく、ユーザーさえ気が付いていない新たな価値を創出するということです。ですので、通常の思考プロセスではイノベーションを創出することなどできないのです。

ヨーゼフ・シュンペーターは、「イノベーションとは生産要素（資源）の新結合である」と述べています。何か新たに生み出すことではなく、既存の要素の掛け合わせということです。

現在のキャリーバッグの元であるトランクは１８５４年にルイ・ヴィトンが創ったものです。このときは勿論、キャスターはついていません。その118年後の1972年にキャスターつきのスーツケース、つまり現在のキャリーバッグが発売されたのです。違う言い方をすれば、118年の間、誰も気が付かなかったソリューションということです。イノベーションというのは思い付くかどうかが勝負なのです。

ピーター・ドラッカーは、「イノベーションとはパフォーマンスの次元が変わること（＝消費者が受け取る価値の次元が変わること）」と述べています。まさに行動変容をもたらすということだと思います。

イノベーションを創出するために必要な「統合思考」と「転換思考」

イノベーション創出の原点は、「バイアスの破壊」です。我われの頭の中を知らず知らずのうちに支配している「思い込み」を壊してみることが必要なのです。例えば、「旅行の際はホテルか旅館に宿泊するものだ」というのは我われの前提でしたが、この前提を壊して考えられたのがAirbnbです。

とはいえ、「バイアス」は無意識な思い込みですので、意識的に破壊しようとしてもうまくいきません。そこで「バイアス」を破壊することができる「仕組み」を活用するのです。

ブレストの生みの親であるアレックス・オズボーンはたくさんのアイデアを出すための手法を「転用」「応用」「変更」「拡大」「縮小」「代用」「置換」「逆転」「結合」の9つに整理しました。いわゆる「オズボーンのチェックリスト」です。

「オズボーンのチェックリスト」を紹介すると、古いフレームワークであるとか、日本には合わないのではというお話もいただくので、ここでは日本で自らのイノベーション創出メソッドを体系化されているお2人

■図表5-1 太刀川英輔氏が提唱した「変異」の9パターン

変量	極端な量を想像してみよう	椅子の幅を広げればベンチ、小さくすれば自転車のサドル、柔らかくすればソファとなる
擬態	欲しい状況を真似てみよう	人型ロボット、ノート型パソコン、迷彩柄（葉っぱ型の洋服）、手紙に擬えたeメール
消失	標準装備を減らしてみよう	羽根のない扇風機、共鳴胴を持たないサイレントギター、キャッシュレス、ペーパーレス
増殖	常識よりも増やしてみよう	色鉛筆、ポテトチップス、輪ゴム、踏み台を増やした梯子、ショッピングモール、集合住宅、布
移動	新しい場所を探してみよう	歯ブラシ、腕時計、キッザニア、電子レンジ（軍用レーダーのマイクロ波の転用）、医療インターン
交換	違う物に入れ替えてみよう	電池、ボールペンの芯、DVD、電球、記憶装置（フロッピー→HD→SSD）、貨幣、切手
分離	別々の要素に分けてみよう	袋、容器、壁、ゴミの分別、上水道と下水道、王冠、レトルトパック、ジッパー
逆転	真逆の状況を考えてみよう	リバーシブル、エレベーター、エスカレーター、ホワイトボード、潜水艦、スローフード
融合	意外な物と組み合わせよう	水陸両用車、多機能ナイフ、カメラ付き携帯電話、電気こたつ、シュークリーム、ダイナマイト

出典：太刀川英輔『進化思考』増補改訂版（海士の風社）より筆者作成

の手法をご紹介したいと思います。

日本を代表するクリエイターの1人であるソーシャルデザインファームNOSIGNER代表の太刀川英輔氏は、40億年にわたり変異と適応を繰り返してきた生物や自然を学ぶことで、創造性の本質を見いだし、体系化した著書『進化思考』増補改訂版（海士の風社）の中で、「変異」の9パターンと事例を紹介しています（図表5－1参照）。

また、任天堂で、全世界で1億台を売り上げた「Wii」の企画担当として、初期のコンセプトワークから関わった「わかる事務所」の玉樹真一郎氏は、著者『コンセプトのつくりかた』（ダイヤモンド社）の中で、勇者のための「ズラす」9つの質問集を紹介しています。

これはコンセプトワークのためのテクニック集であり、この手法を使うことで、ブレストを行う際に付箋の数を増やしていくためのものです。アイデアをたくさん出すことで、イノベーション創出の可能性を高めていくわけです。

勇者のための「ズラす」9つの質問集

質問例①　逆に言うと、どうなる？　さらに突き詰めていくと、どうなる？
質問例②　悪いことを「絶対に避けられないこと、それが真実だ」と仮定すると、どうなる？
質問例③　立場をズラしたら、どうなる？（友達なら？　奥さんなら？　同僚なら？　行為を行う側／行われる側なら？）
質問例④　関係のない物事を、無理矢理つなげるとどうなる？
質問例⑤　悪いことについて「自分も悪いことをしている」と仮定すると、どうなる？
質問例⑥　本音としては、どう？／建前としては、どう？
質問例⑦　2つの悪いことを掛け合わせる（または、同時に引き起こす）と、どうなる？
質問例⑧　時期をズラしたら、どうなる？（来年なら？　去年なら？　朝と夜では同じ？　死ぬ直前でも同じ？）
質問例⑨　ドラマ・小説・映画・アニメ・音楽に例えるなら、どうなる？

出典：玉樹真一郎『コンセプトのつくりかた』（ダイヤモンド社）

共通していることは、3つの手法に掲げられている手法のほとんどが「転換」と「結合」という概念で整理できる点です。増やしたり、減らしたり、大きくしたり、小さくしたりという量や大きさの転換、入れ替える、変えてみる、真逆にするといったもの、そしてズラすことも「転換」と捉えられます。

また、結合や融合、無理に繋げる、掛け合わせるなどは、「統合」という概念で捉えることができます。

私は、コンサルティングの現場でイノベーションを扱う際は、オズボーンのチェックリストの9つを覚えて使いこなすことは数が多すぎて難しいため、「転換」と「統合」とで大きく2つに分けて説明するようにしていますが、見ていただいた通り、「転換」は応用範囲が広く幾つものアプローチが想定できると考えています。

この「転換」と「統合」という2つの考え方は、松本勝氏が著書『破壊的イノベーションの起こし方』（東洋経済新報社）の中で、「デザイン思考を実践するには欠かせない思考プロセス」として大別したものです。とてもシンプルでわかりやすい整理の仕方だと思います。

逆説を統合して、イノベーション創出のためのコンセプトを創る

USBフラッシュメモリやマイナスイオンドライヤーなど、数々のイノベーティブなサービスのコンセプトを作った濱口秀司氏は、自身のブログや電子書籍『SHIFT:イノベーションの作法』（ダイヤモンド社）の中で、「バイアスを構造化（可視化）した上でパターンを壊し、強制発想する」手法を紹介しています。

サービスコンセプトを2軸のマトリクスで可視化し、2軸両方を真逆にした新たなコンセプトを創出するのです。このメソッドになぞらえて、食品トレー問題を考えてみます。

モチーフにするのは、愛知県にあるお菓子メーカーの丸繁製菓が開発した食べれる食器「e-tray」です(写真)。図表5－2で縦軸には「食べられるもの」「食べられないもの」、横軸には「捨てるもの」「捨てないもの」という2軸で整理してみましょう。

従来の「①発泡スチロール製の食品トレー」は、「食べられないもの」であり、「捨てるもの」ですので、マトリクスの左下の象限に位置付けられます。

これを「食べられるもの」に変えて上にシフトとすると、左上の象限の「②食べても大丈夫だけど美味しくないため捨てられるトレー」となります。イメージとしては、安売りスーパーのお刺し身の下に敷かれている「つま」のような感じです。

次は、「捨てないもの」に変えて右にシフトすると、「③リサイクルトレー」となります。最近は、スーパーの店頭などで、トレーを回収するボックスをよく見かけるようになったようにここまでは、普通に考えつくようなアイデアのレベルです。

最後に、縦軸と横軸の両方をひっくり返してみます。「食べられるもの」かつ「捨てないもの」なので、それなりに美味しいものにしないといけません。すると、「④美味しい食品トレー」という斬新なコンセプトが生まれてきました。このコンセプトを実現するサービスが「e-tray」です。お菓子メーカーの持つ強みを活かして、最中でできた美味しい食品トレーを作り上げたのです。

「e-tray」の事例をもう1段深掘りしてみましょう。左右の「捨てる」「捨てない」というのは、ゴミを出さないという社会課題に向き合った軸となっています。上下の「食べられる」「食べられない」は、より美

図表5-2　食品トレーの「バイアスを見える化して破壊する」手法

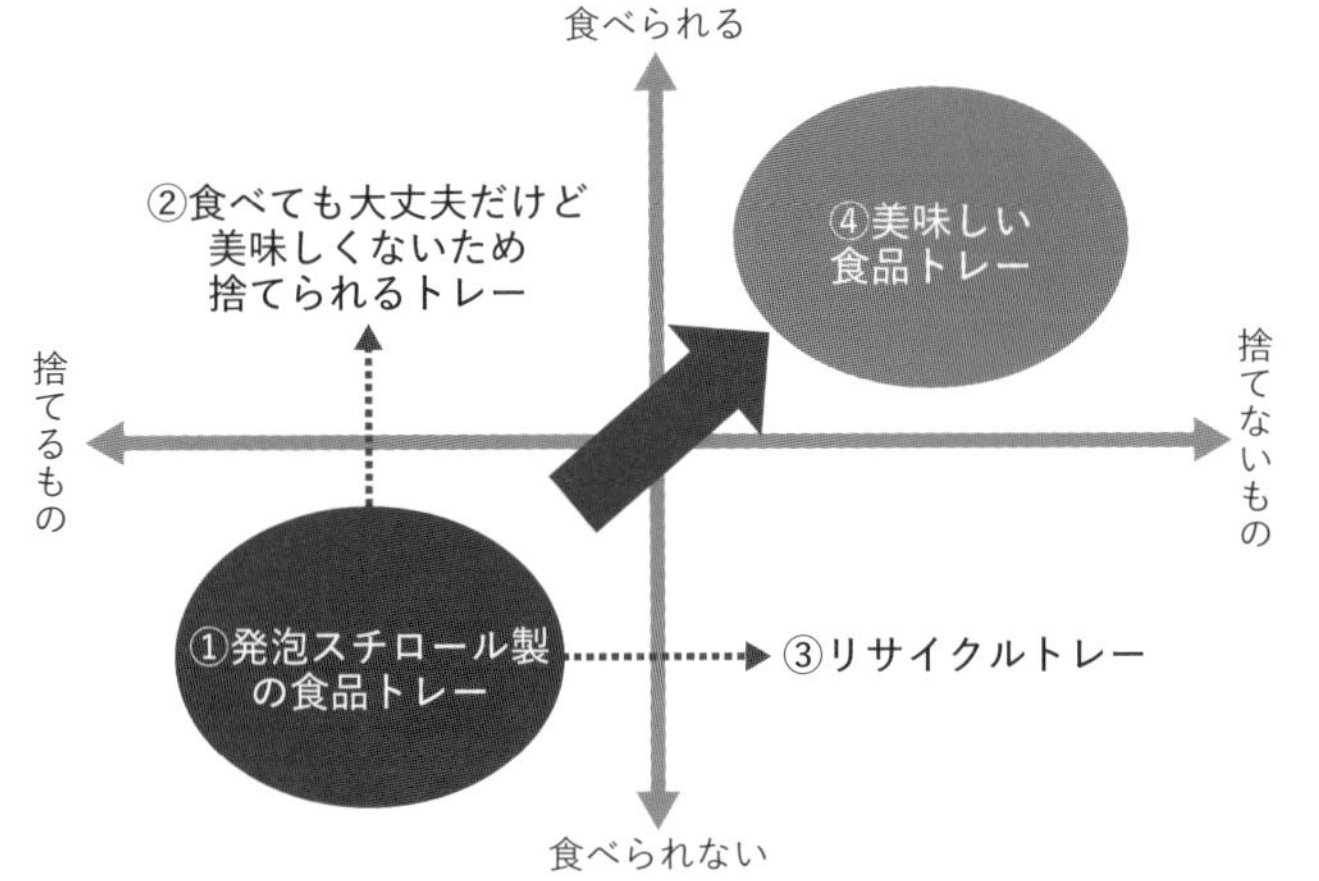

出典：著者作成

写真提供：丸繁製菓

図表5-3 「逆説の構造」

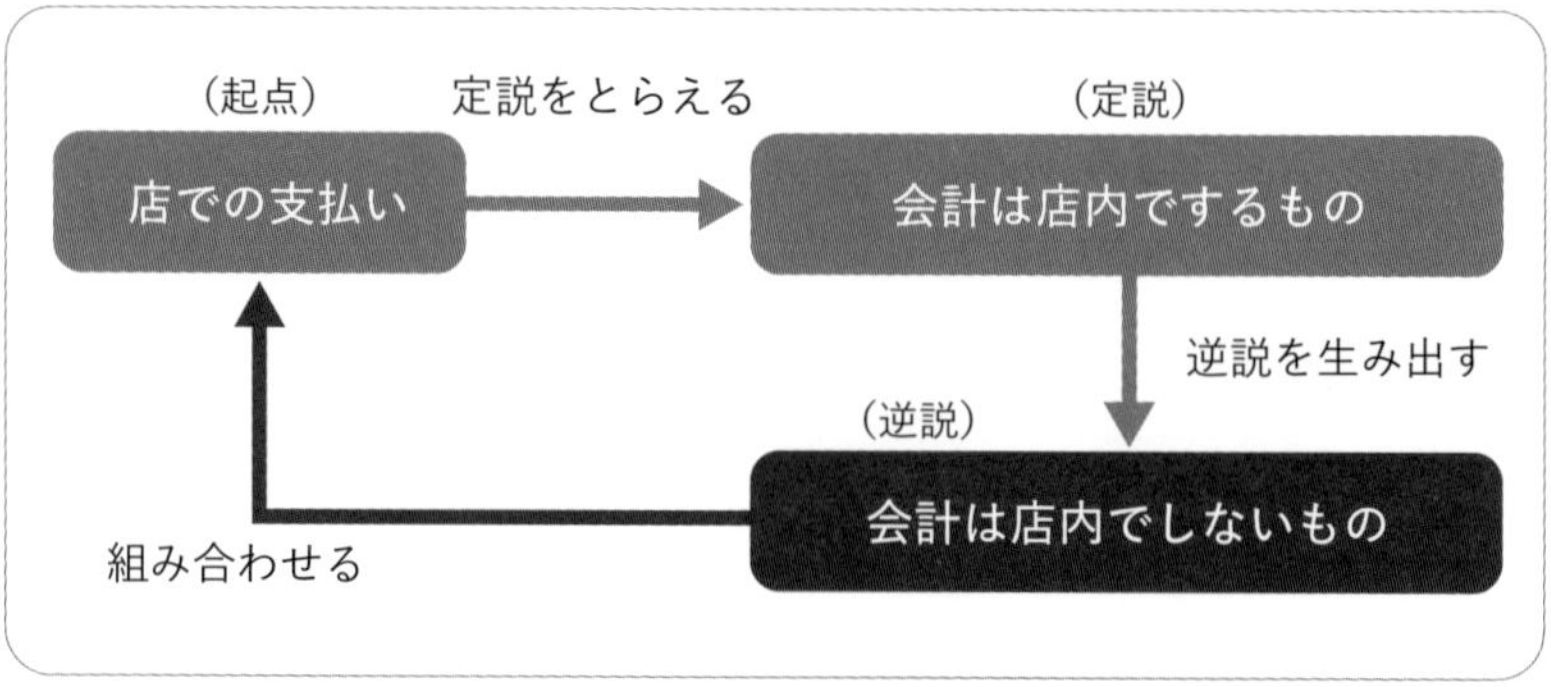

出典：近藤哲朗『ビジネスモデル2.0図鑑』（KADOKAWA）より著者作成

味しいものをという顧客課題に関する軸となっています。つまり、この事例では「バイアスを見える化して破壊する」過程の中で、「社会課題」と「顧客課題」の統合も行っていたのです。

サーキュラーエコノミーの観点から同社は注目を浴び、多くのメディアで取り上げられています。また、食品メーカーや飲料メーカーとの協業も進み、大きな経済価値にも繋がっているのです。まさに社会価値と経済価値を同時に創出しているCSVの事例と言うことができます。

このように2軸を転換し、「バイアスを見える化して破壊する」方法は、イノベーティブなコンセプトを生み出すメソッドです。

図解総研の近藤哲朗氏は、著書『ビジネスモデル2・0図鑑』（KADOKAWA）の中で、優れたビジネスモデルに共通する条件として「逆説の構造」を挙げています。この手法も定説をひっくり返す「バイアスの破壊」です。例えば、「Amazon Go」や「GO Pay」といった店内での決済なしで購買や利用を完結できるサービスのコンセプトには、図表5-3のような「逆説の構造」が含まれているのです。1つの「逆説」でもインパクトのあるコンセプトを生み出すことができるわけですから、2軸を転換

図表5-4 「遠い知」が新規事業のシーズとなる仕掛け

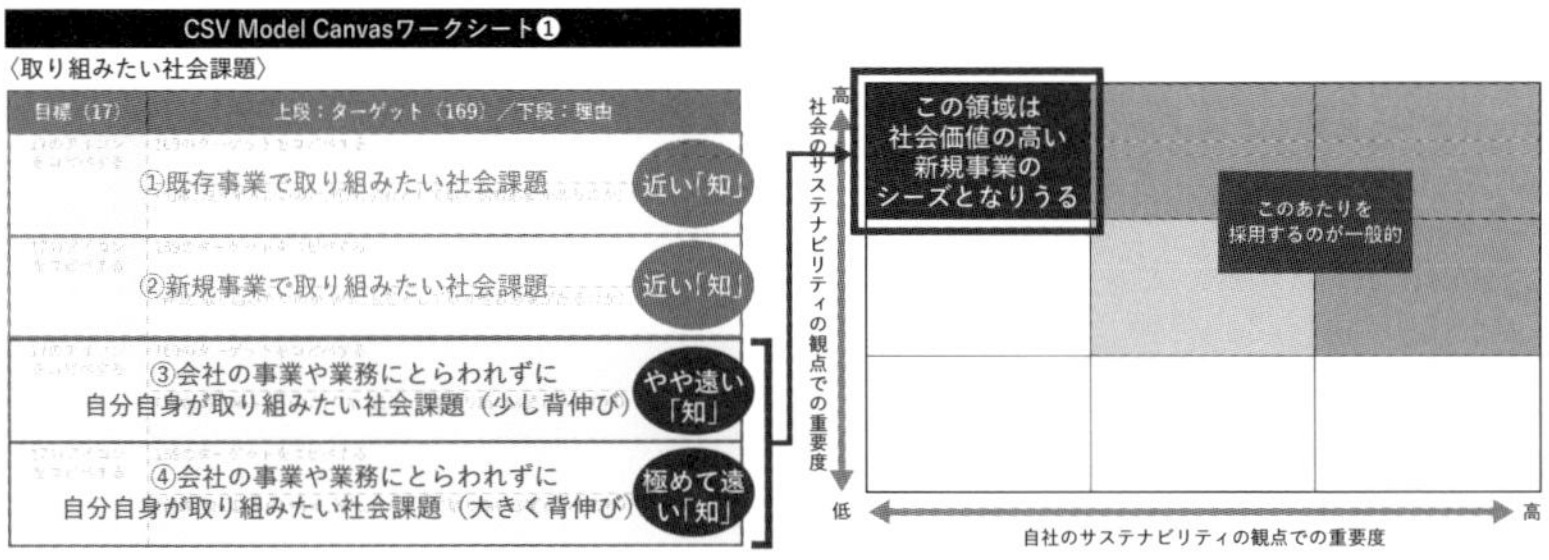

出典：著者作成（左は図表3-2、右は図表3-7参照）

する「e-tray」を開発したような手法は最強の「逆説」であると言えるでしょう。

シュンペーターの新結合による統合モデル

シュンペーターの提唱した「新結合」とは、これまで組み合わせたことのない生産要素（資源）を組み合わせることで新しい価値を創造することでした。人々の持つ「知」も生産要素であるため、「新結合」は「既存の知と知の結合」と捉えることができます。

「既存の知と知の結合」では、「近い知」を掛け合わせるよりも一見関連性が見いだせない「遠い知」を掛け合わせる方がイノベーティブな発想が生まれやすいといわれています。「近い知」であればすでに掛け合わせが済んでいるケースも多いからです。

第3章でご紹介したマテリアリティを特定するために使うCSV Model Canvasワークシート（図表5－4左）は、実はこの「遠い知（社会課題）」を導き出すための仕掛けです。導き出された「遠い知（社会課題）」は、図表5－4右の左上のボックスにプロットされ、社会価値の高い新規事業のシーズとなります。

これらのフレームワークを使うことで、「遠い知（社会課題）」と既存事業を掛け合わせて、新たなコンセプトの事業を作ることもできますし、「遠い知（社会課題）」と自社のリソースや事業の提供価値などを掛け合わせて新規事業を生み出すこともできるでしょう。バイアスを破壊するのではなく、「既存事業」というバイアスに惑わされないためのフレームワークと言うことができると思います。

メンバーズの統合モデル

この新結合による統合モデルの事例として、メンバーズの事業モデルをご紹介したいと思います。

メンバーズは、デジタルマーケティング事業を営んでいます。大手企業のウェブサイトやECサイトの構築や運用、SNSやインターネット広告の運用代行などが私の入社した2014年時点の主なサービスでした。

当時、日本におけるデジタルマーケティングは、インターネット広告を前提としていました。大手企業はテレビ広告や新聞といったマスメディアでの広告からターゲットを絞り込むことや成果が可視化できるインターネット広告にシフトしつつあるものの、媒体が変わっただけで、デザインや品質、価格の安さなどを訴求する広告合戦の構造に大きな変化は見られませんでした。

SNSの普及により、こうした広告合戦の状況に変化が起こり始めます。コンテンツマーケティングの登場です。人々の共感を得るような充実したコンテンツを発信することで、SNS上でのシェアを通じて広告とは異なった波及効果が期待できるマーケティングの在り方です。メンバーズはSNSに対して黎明期から

図表5-5　メンバーズの統合モデル

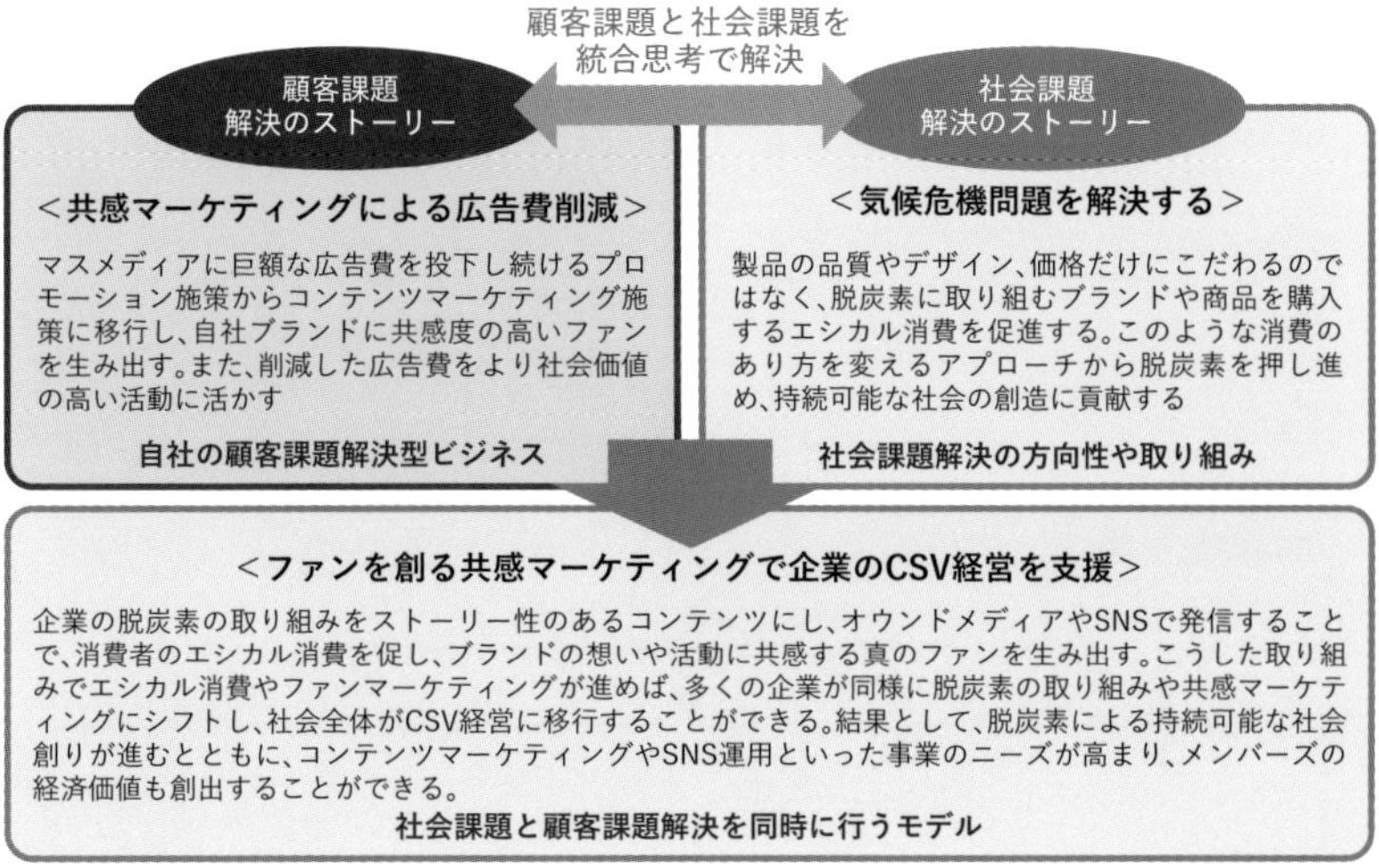
顧客課題と社会課題を
統合思考で解決
顧客課題
解決のストーリー
社会課題
解決のストーリー
＜共感マーケティングによる広告費削減＞
マスメディアに巨額な広告費を投下し続けるプロモーション施策からコンテンツマーケティング施策に移行し、自社ブランドに共感度の高いファンを生み出す。また、削減した広告費をより社会価値の高い活動に活かす
自社の顧客課題解決型ビジネス
＜気候危機問題を解決する＞
製品の品質やデザイン、価格だけにこだわるのではなく、脱炭素に取り組むブランドや商品を購入するエシカル消費を促進する。このような消費のあり方を変えるアプローチから脱炭素を押し進め、持続可能な社会の創造に貢献する
社会課題解決の方向性や取り組み
＜ファンを創る共感マーケティングで企業のCSV経営を支援＞
企業の脱炭素の取り組みをストーリー性のあるコンテンツにし、オウンドメディアやSNSで発信することで、消費者のエシカル消費を促し、ブランドの想いや活動に共感する真のファンを生み出す。こうした取り組みでエシカル消費やファンマーケティングが進めば、多くの企業が同様に脱炭素の取り組みや共感マーケティングにシフトし、社会全体がCSV経営に移行することができる。結果として、脱炭素による持続可能な社会創りが進むとともに、コンテンツマーケティングやSNS運用といった事業のニーズが高まり、メンバーズの経済価値も創出することができる。
社会課題と顧客課題解決を同時に行うモデル

出典：著者作成

着手をしていたこともあり、コンテンツマーケティングやCGM（コンシューマー・ジェネレイテッド・メディア）(注62)といったSNSと相性の良いウェブサイトの構築や運用に力を入れていたのです。

　こうした状況の中で登場した「遠い知」が「気候変動」や「人口減少」といった社会課題です。メンバーズの事業とは一見関係のないこの「遠い知」がメンバーズのCSV経営を実現せしめたのです。

　メンバーズが、顧客企業の脱炭素や人口減少などの社会課題への取り組みやその思いをコンテンツマーケティングのコンテンツとして取り入れたことは第4章で示した通りです。また、このモデルはコトラーの「マーケティング3・0」にインスパイアされているとご説明させていただきましたが、さらに言えば、「気候変動」や「人口減少」といった「遠い知（社会課題）」と既存事業であるコンテンツマーケティング＋SNSとの統合モデルでもあった

(注62) CGM：Consumer Generated Mediaの略称。ユーザーの参加により、コンテンツが形成されていくメディア。クチコミサイト、ナレッジコミュニティ、ソーシャルメディア、動画共有サービス、キュレーションサービス、ブログポータルなどが代表的なCGMである。

図表5-6　顧客課題解決のストーリーと社会課題解決のストーリーの統合

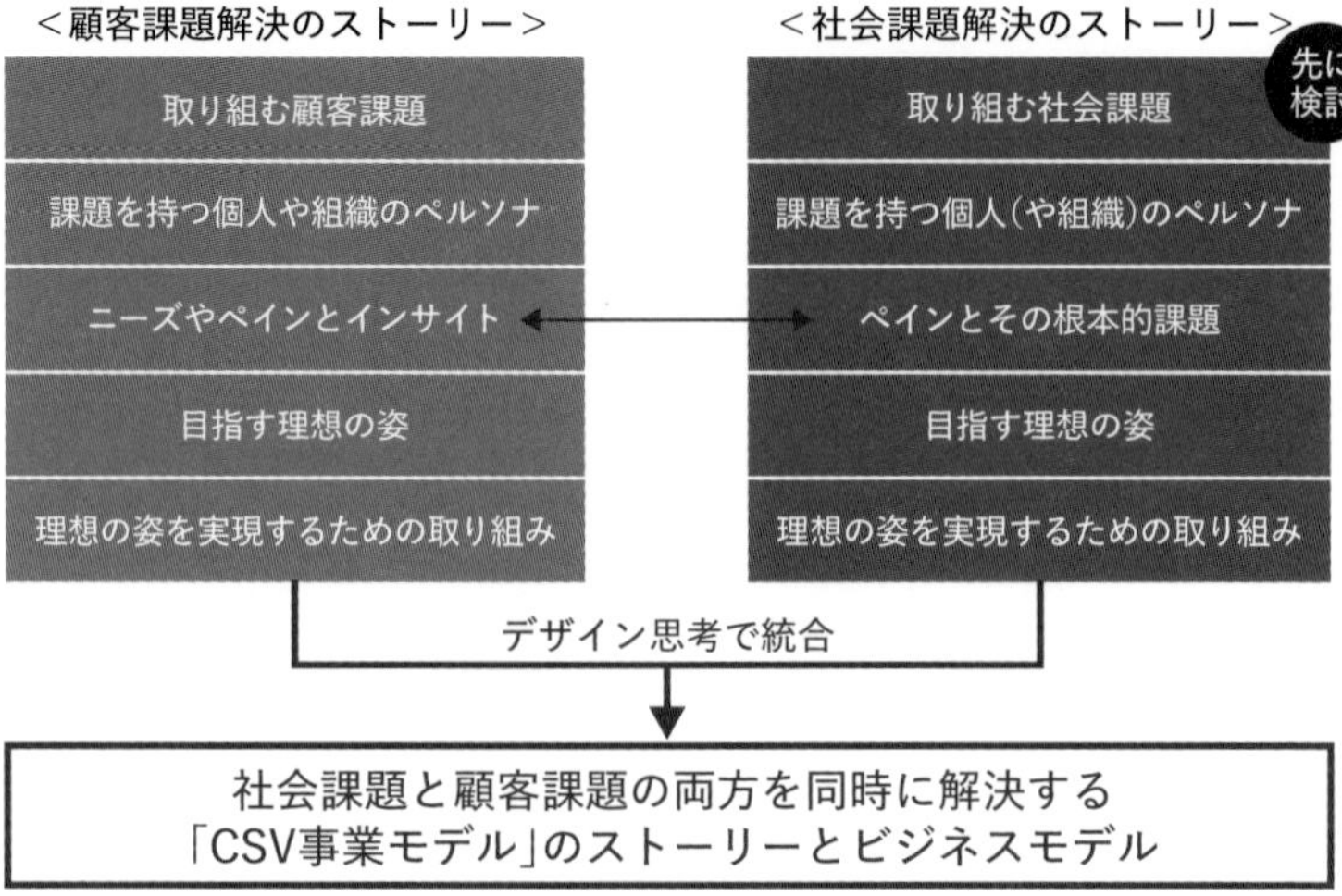

出典：著者作成

のです。このモデルを図式化すると図表5－5のようになります。

統合モデルの標準化とデザイン思考

メンバーズの統合モデルの思考プロセスを標準化したものが図表5－6です。社会課題の解決と顧客課題の解決を同時に考えるのではなく、個々にストーリーを検討してから統合するのです。この際、注意したいのは、アウトサイドインという考え方に則って、社会課題を先に検討する点です。どうしても顧客課題の検討（主に自社の既存事業）から入ってしまいがちですが、結果としては、かなり「近い知」である社会課題を「ワッペン貼り」することになってしまうのです。

顧客課題解決のストーリーと社会課題解決のストーリーの大きな違いは、社会課題で解決すべき問題はほとんどがペインであるのに対して、顧客課題

図表5-7 デザイン思考の5ステップとダブルダイヤモンド

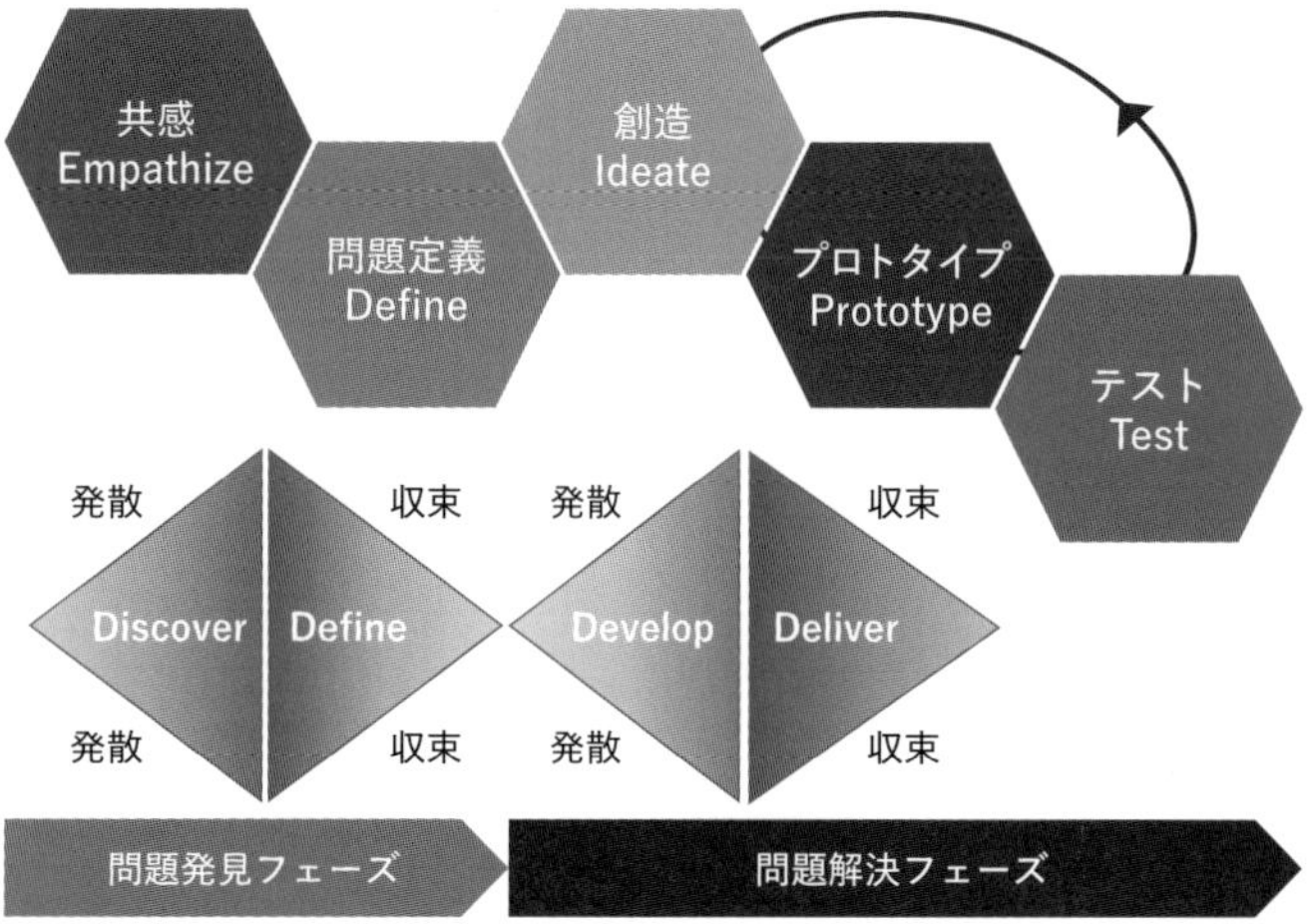

出典：スタンフォード大学d.school(デザイン思考研究所/アイリーニ・マネジメント・スクール訳)に著者がダブルダイヤモンドとフェーズの概念を加筆

で解決すべき問題はペインだけでなく利便性や快適性などのニーズも含まれる点です。どちらかといえば、後者の方が多いと言えるかもしれません。

また、ペルソナを描く際は、顧客課題の場合は、企業などの組織と個人との両方が想定されますが、社会課題を持つペルソナは原則的に個人です。気候危機や地域の人口減少などは、ペルソナが描きづらいと感じるかもしれませんが、気候の変化や人口減少はあくまで現象であり、それによって発生する問題が課題なわけです。例えば気候危機が要因と考えられる自然災害によって被害を受ける人々であるとか、人口減少によって財政が立ち行かなくなった地域に住む人々を社会課題のペルソナとして設定するとスムーズに検討が進められると思います。

2つのストーリーを統合してCSV事業を検討する際には、「デザイン思考」のアプローチが適しています。顧客課題についても社会課題についても野心的な理想の姿を描いてバックキャストをするわけですので、極めて不確定要素が多い検討プロセスとなります。こうした検討には、「ロジカルシンキング」は不向きです。また、統合には様々な組み合わせが想定されます。こうした組み合わせの可能性について仮説を立て、素早くプロトタイプを作り上げて検証するというプロセスを回すのは「デザイン思考」が得意とする領域なのです（図表5－7参照）。

「デザイン思考」の詳細については、すでに数多くの書籍が出版されていますので、本書では深掘りしませんが、CSV事業モデルの構築やSXの実現には必須の思考法であることはお伝えしておきたいと思います。

CSVを練り上げるためのフレームワーク「CSV Model Canvas」

CSV事業構築は一度実行すればよいというものではありません。そればかりか、そもそもそんなに簡単なメソッドではありませんので、最初のモデルを生み出すだけでもかなりの試行錯誤を繰り返すことが想定されます。図表5－8は、CSV構築文化が組織に浸透するまでのマイルストーンを表したものです。デジタル化からDXに至るまでのマイルストーンと似たような構造だと思っていただけるとわかりやすいと思います。

CSV1.0は、「SDGsのワッペン貼り」のフェーズです。既存事業とSDGsの紐づけを行っただけで、新たな社会価値は創出していない状態です。CSV2.0は、現状の既存事業の延長線上ではあります

図表5-8 CSV1.0からCSV4.0までのステップアップイメージ

フェーズ	CSV1.0	CSV2.0	CSV3.0	CSV4.0
取り組み内容	これまでの事業がどのような社会課題解決に貢献してきたか/貢献しているかを整理し、新しい施策は行わない	今後の新規事業や既存事業の拡大でどのような社会課題解決に貢献するか分析検討し現状の事業の延長線上で取り組む	既存の事業にとらわれず、どのような社会課題を解決したいかというパーパスを定め、新たな野心的な取り組みを始める	パーパスに基づき野心的な目標をたて、イノベーションを創出し続ける文化が定着し、大きな社会的インパクトを創出し続ける
経済価値	○	○	○	◎
社会価値	×△	△	○	◎
	STEP1（1年程度）		STEP2（2〜3年）	

出典：著者作成　※CSV1.0 〜 CSV4.0の定義は著者による

が、新たな社会価値創出に取り組み始めたフェーズです。多くの企業がCSV1・0かCSV2・0の状態にあります。

CSV3・0はパーパスを定め、アウトサイドインアプローチを行い、新たな社会価値を創出し始めた状態です。CSV3・0のためのノウハウが欠如しているため、このフェーズに進むことができる企業はごくわずかです。

CSV4・0はCSV3・0の取り組みが日常化して企業文化に定着した状態を指しています。ここまで来ればSXの優良事例となるでしょう。

CSVを創出し続けるためにはフレームワークが必要です。ここでは、私が実際の企業への伴走コンサルティングやビジネススクールの講義などを通じて整理した「CSV Model Canvas」をご紹介します（図表5－9参照）。

一番左の列には社会価値を創出するブロックを配

図表5-9　CSV Model Canvas

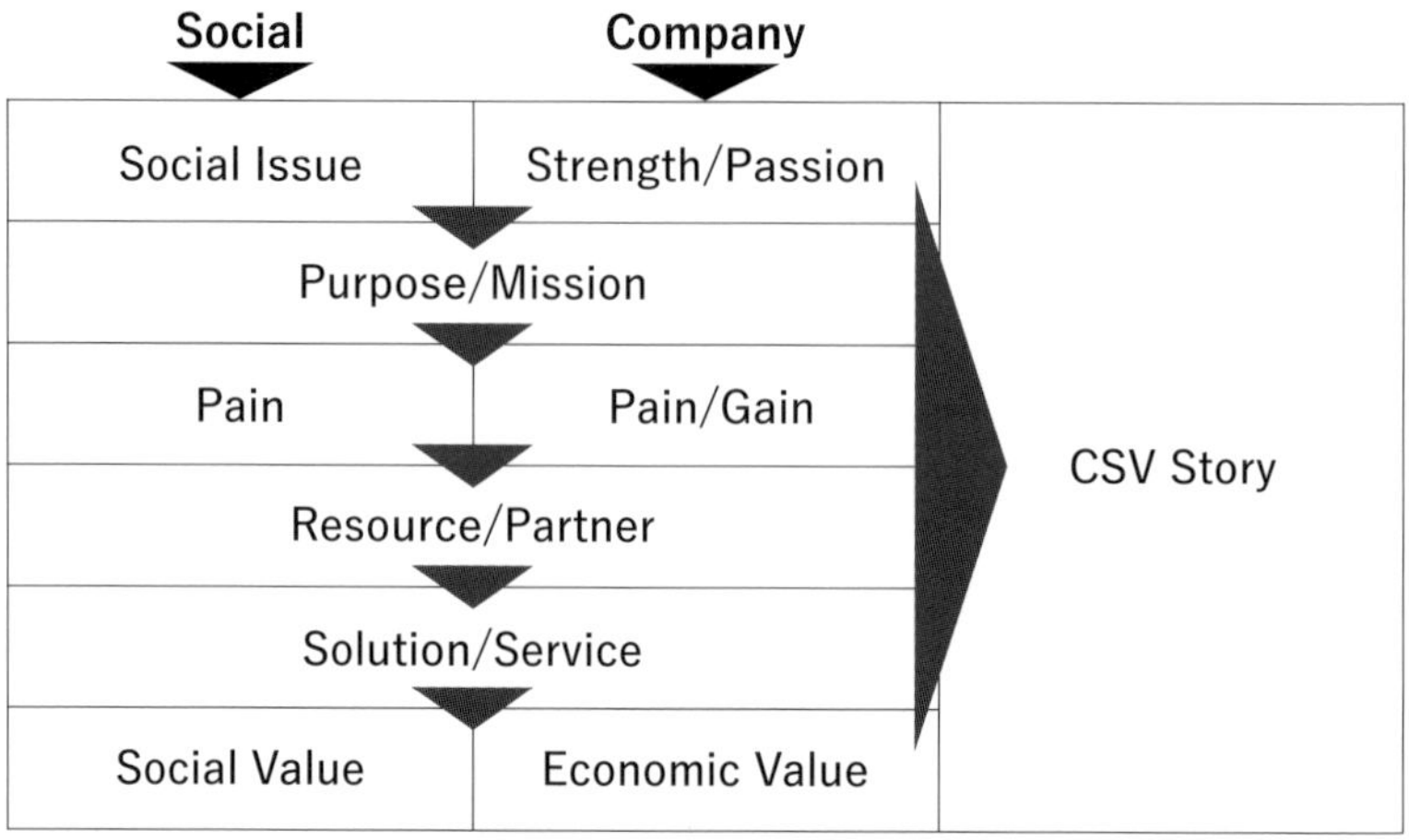

出典：合同会社持続可能「CSV Model Canvas」

置し、真ん中の列に経済価値を生み出すブロックを並べています。一番右の列は全体をストーリーとして表現する構成としています。

アウトサイドインアプローチで左上のブロックから検討をしていくとＣＳＶ型の事業構築が可能となります。このCanvasで最初の肝となるのは、「Purpose/Mission」です。信念を持ち、目指す理想の未来を見据えて、「Purpose/Mission」を作っていないと、このCanvasの一貫性が担保できなくなるからです。

また、中段にある「Resource/Partner」も大きなポイントです。野心的なパーパスを描けば描くほど、社内リソースだけでは実現できませんので、外部のパートナーとの協業が必須となります。サステナビリティ経営にシフトするためには、グローバルステークホルダーモデルに基づき、他のステークホルダーとの共創を前提とすべきなのです。

なお、一番下は「outcome」についての指標やＫＰＩを記載するブロックとなっています。ＣＳＶは社会

図表5-10　顧客とのパートナーシップを構築し社会課題にリーチする

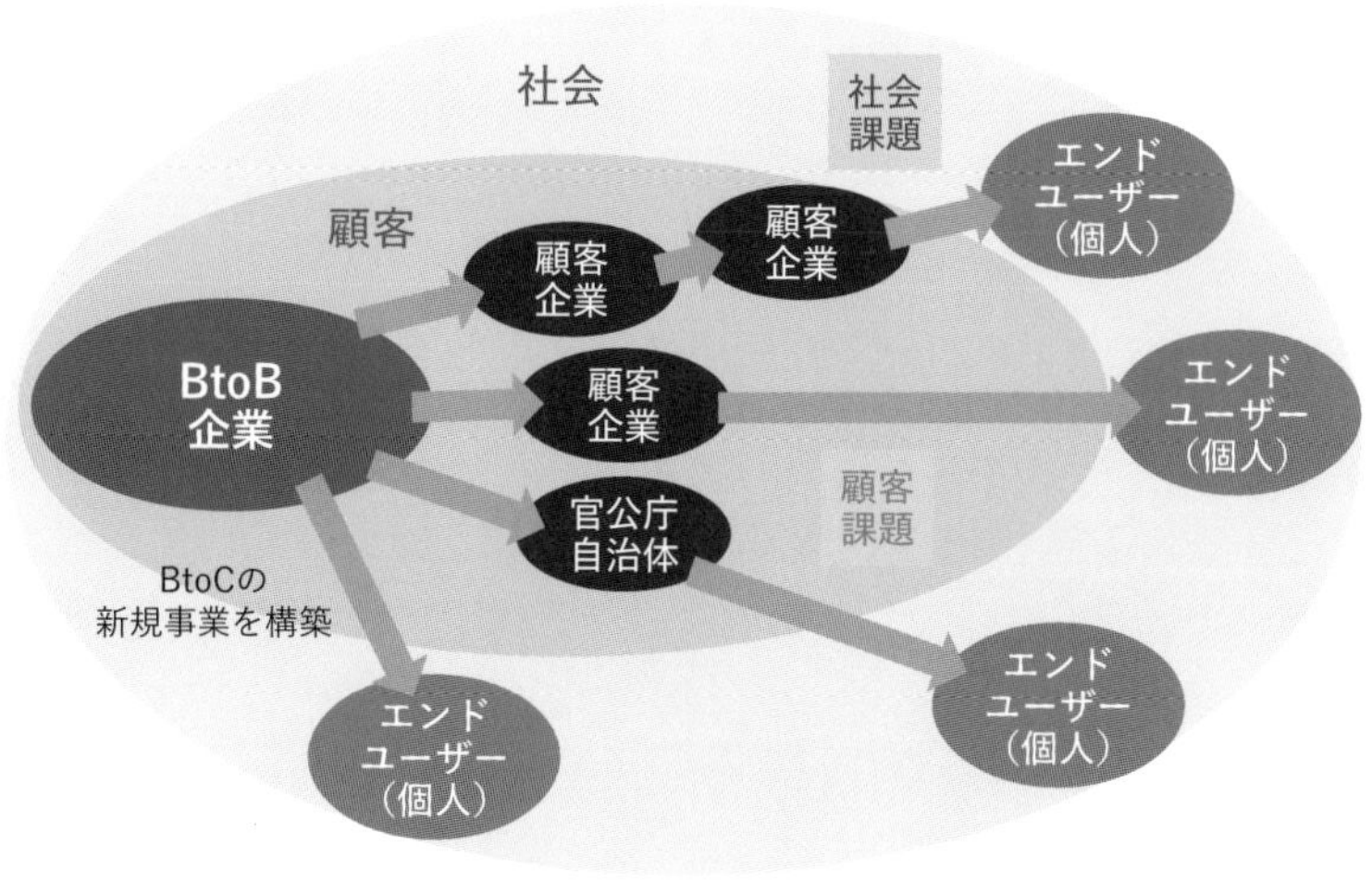

出典：著者作成

価値と経済価値の両方を創出するモデルですので、このブロックはきちんとCSVとなっているかの検証ブロックでもあるわけです。

もし、皆さんの企業が「CSVなんて、すでに実現していますよ」ということであれば、ぜひ、このCanvasに従って整理をしてみてください。全部のブロックがスッと埋まれば、立派なCSVモデルになっていると思います。反対に、うまくブロックが埋まらないということであれば、おそらくCSVとしての要件が足りていないと考えられます。

顧客とのパートナーシップを構築し、社会課題にリーチする

メンバーズのようなBtoB企業は、社会課題に向き合うことが難しいと感じてしまいがちですが、BtoC企業である「顧客」とのパートナーシップを構築することで、社会的インパクトを創出することができるのです（図表5－10参照）。

図表5-11　サステナビリティ経営のジレンマを乗り越える手法②

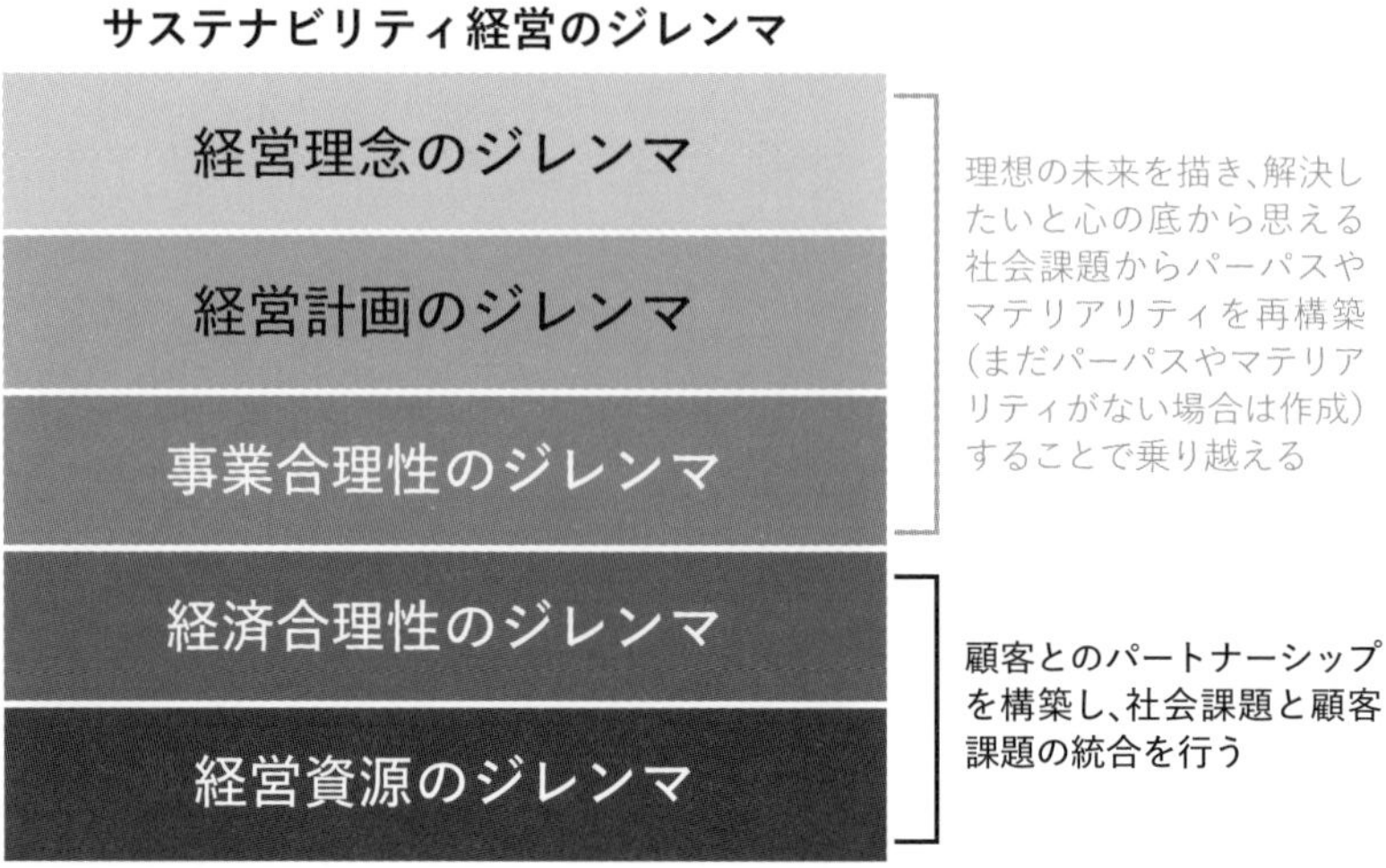
サステナビリティ経営のジレンマ
経営理念のジレンマ
経営計画のジレンマ
事業合理性のジレンマ
経済合理性のジレンマ
経営資源のジレンマ
理想の未来を描き、解決したいと心の底から思える社会課題からパーパスやマテリアリティを再構築（まだパーパスやマテリアリティがない場合は作成）することで乗り越える
顧客とのパートナーシップを構築し、社会課題と顧客課題の統合を行う

出典：著者作成

BtoB企業であるメンバーズは一般消費者に直接リーチする手段を持っていません。そのため、「消費のあり方の変革」という大きなテーマに挑戦する際には、顧客である大手ナショナルクライアントとのパートナーシップ構築を重視していたのです。言い換えると、自社だけでは賄いきれないリソースを、顧客という外部のリソースで補完する構造を創り上げたわけです。

BtoC型の新規事業を構築するとなると話は別ですが、図表5-10のようなBtoB企業なりのストーリーが構築できることを考えると、リソースが足りないからできない、当社には無理と初めから決めつけて一歩を踏み出さないというのは、大きな機会の損失でしかないことがおわかりいただけるのではないでしょうか。

さらに、顧客とパートナーシップを構築することで、経済合理性の問題も解決することができます。

繰り返しになりますが、社会課題は、対価を支払う人がいないという経済合理性の観点から取り残されてきた課題です。顧客を巻き込み、顧客課題を統合することで対価を得ることができるようになるため、ビジネスを通じた社会課題の解決が可能となるわけです。

ちなみに、BtoC型の企業は、すでに顧客という社会課題を持つパートナーが存在しているので、自然とこのようなモデルを創り上げることが可能であり、サステナビリティ経営にシフトするためのハードルは低いと言えると思います。

このように考えると、「サステナビリティ経営のジレンマ」の残る2つである「経済合理性のジレンマ」と「経営資源のジレンマ」は、顧客とのパートナーシップを構築し、社会課題と顧客課題の統合モデルを構築することで解決できるのです（図表5－11参照）。

2 「価値創造プロセス」でパーパスの実現と企業価値創造の道筋を示す

本節では、統合報告書には必ずと言ってよいくらい登場する「価値創造プロセス」を取り上げます。「価値創造プロセス」を見ると、その企業が、どのように「社会価値」「経済価値」を創出しようとしているのか、そしてどのように統合しようとしているのかがわかります。最近はデザインに凝ったものが増えており、表現の仕方は様々ですが、国際統合報告フレームワークで示されているオクトパスモデルと経済産業省が推進する価値協創ガイダンスに沿ったものがほとんどですので、それらが理解できれば、簡単に構造を読み解くことができます。

また、CSV経営を目指す場合に、「価値創造プロセス」においてはどのように表現すればよいかについても触れていければと思います。

私は、「価値創造プロセス」は上場企業に限らず、すべての企業が作るべきものと考えています。「価値創造プロセス」はパーパスの実現と企業価値創造の道筋を示すものだからです。

(注63) IIRC：International Integrated Reporting Council (国際統合報告評議会) の略称。投資家が利用可能な情報の改善、効率的に伝達するアプローチの確立等を目指して、2010年にイギリスで設立された規制当局、投資家、企業、基準設定主体、会計専門家及びNGOにより構成される国際的な連合組織。2021年にSASB、その後IFRS財団と統合された。

図表5-12 IIRCの価値創造プロセス（オクトパスモデル）

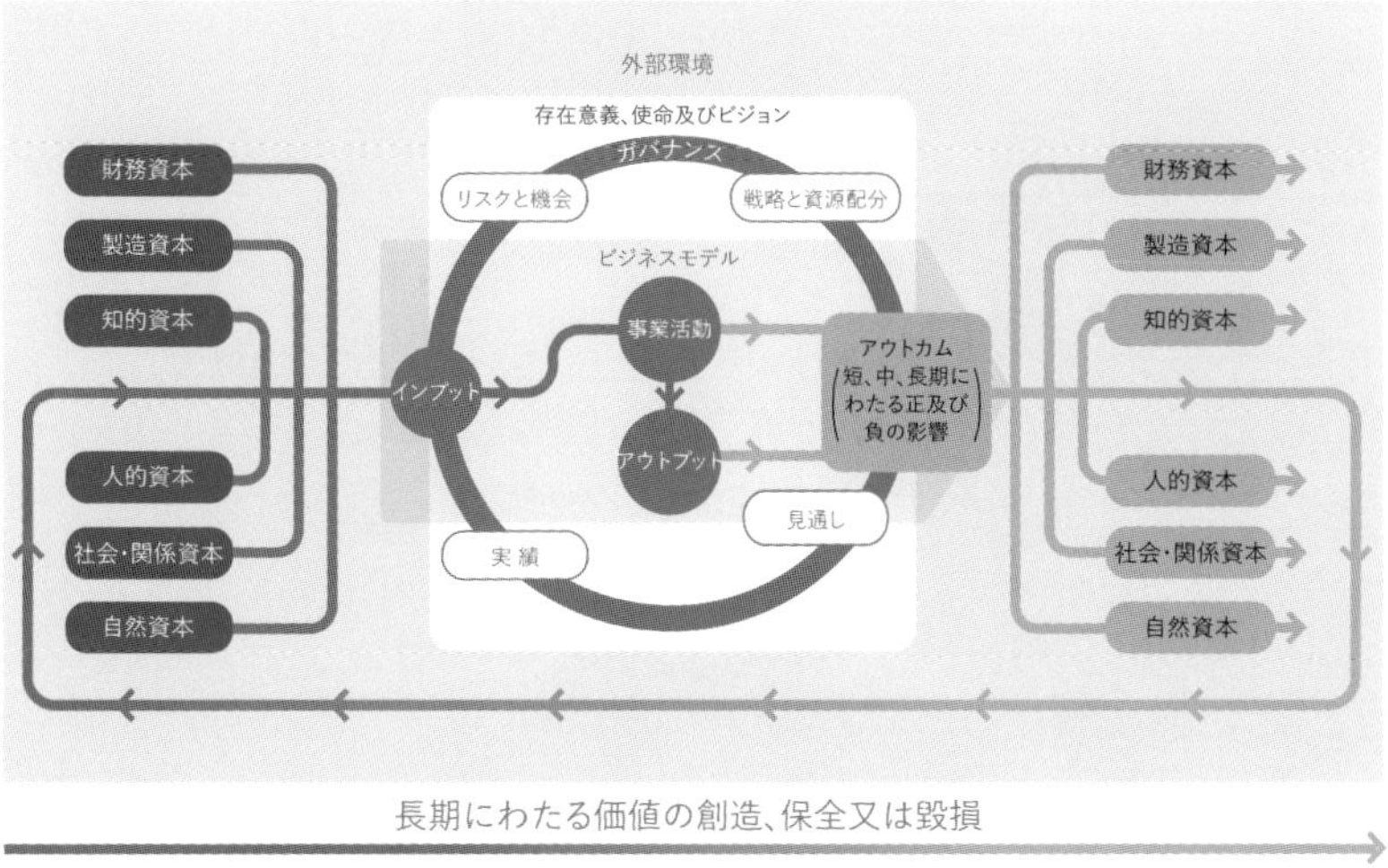

出典：IIRC「国際統合報告フレームワーク」

国際統合報告フレームワークで提示されている「価値創造プロセス」

「価値創造プロセス」は、IIRC（International Integrated Reporting Council）（注63）が、2013年に公表した「国際統合報告フレームワーク」に記載されているProcess through which value is created, preserved or eroded（通称：オクトパスモデル）が原型です。2021年の改訂で、パーパスやロジックモデルの概念が追加され、現在の形（図表5-12参照）となり、多くの企業がフレームワークとして活用しています。

このオクトパスモデルに、価値協創ガイダンス（注64）のフレームワークを加えたものが、昨今の日本企業の情報開示では一般的になってきているように思います。

「価値創造プロセス」は、統合報告書のサマリーで

（注64）価値協創ガイダンス：2017年5月に経済産業省が発表した「企業価値向上に向けて、企業経営者と投資家が対話を行い、経営戦略や非財務情報等の開示やそれらを評価する際の手引となるガイダンス」 2022年8月には、長期ビジョンの観点や人的資本への取り組みをより強調するための構成が加味された「価値協創ガイダンス2.0」に改訂された。

図表5-13　川井版価値創造プロセス

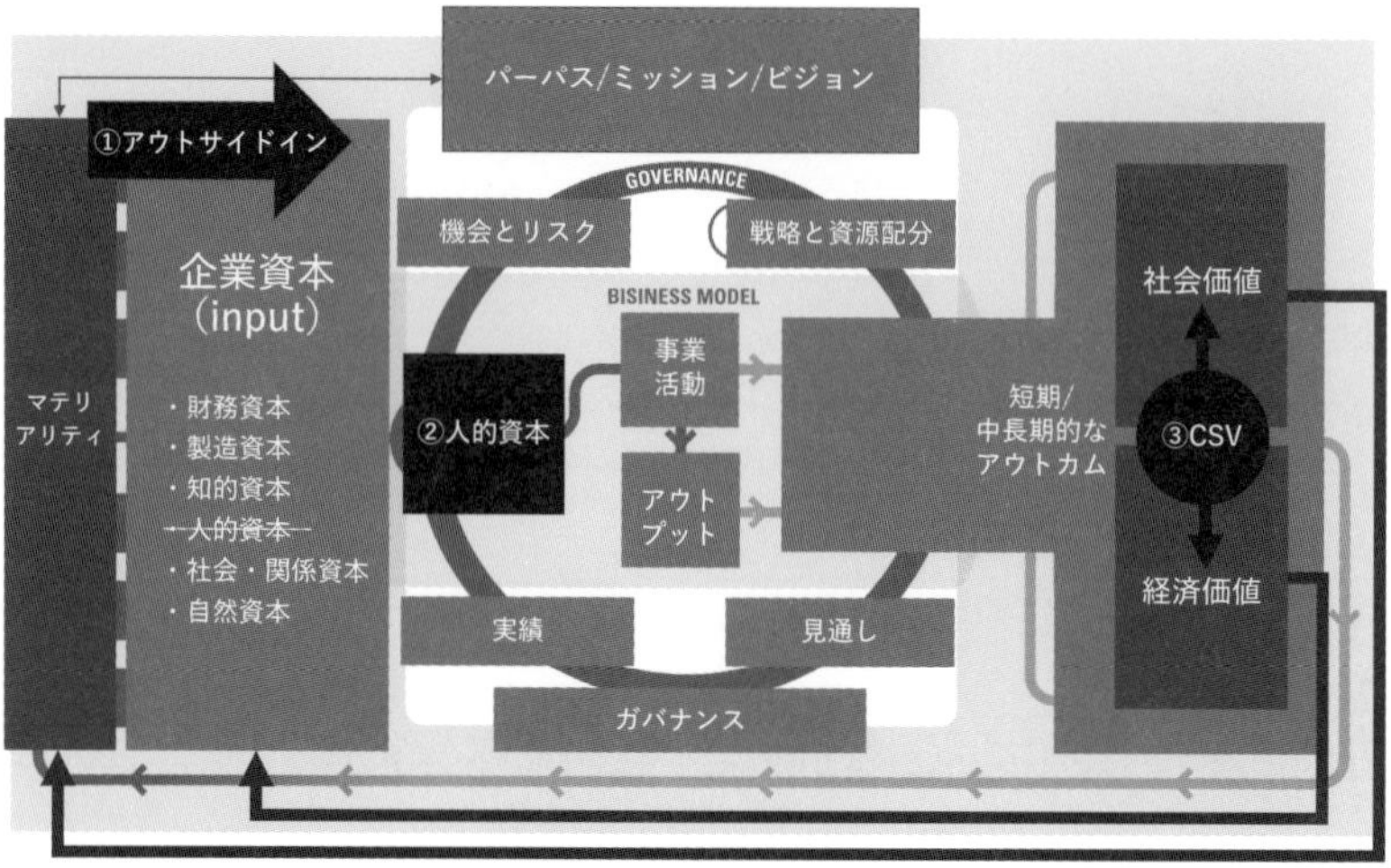

出典：IIRC「国際統合報告フレームワーク」から著者作成

あり、マップでもあるといえます。反対に言えば、統合報告書は、「価値創造プロセス」の説明書ということができます。

「価値創造プロセス」を図表5－14のように分解してみると「統合報告書」のコンテンツとなることがおわかりになるかと思います。このように考えると、統合報告書や価値創造プロセスを読み解く際のポイントがわかりやすくなったのではないでしょうか。

国際統合報告フレームワークのオクトパスモデルと価値協創ガイダンスのフレームワークを統合し、私なりに手を加えてみたのが、図表5－13です。大きなポイントが3点ほどあります。

アウトサイドインアプローチを示す「価値創造プロセス」

まずは、パーパスを細分化したマテリアリティを一番左に追加で配置する点です。ＣＳＶの基本はアウトサイドイン（図表5－13①）です。パーパス

図表5-14　価値創造プロセスは統合報告書の全体マップとなる

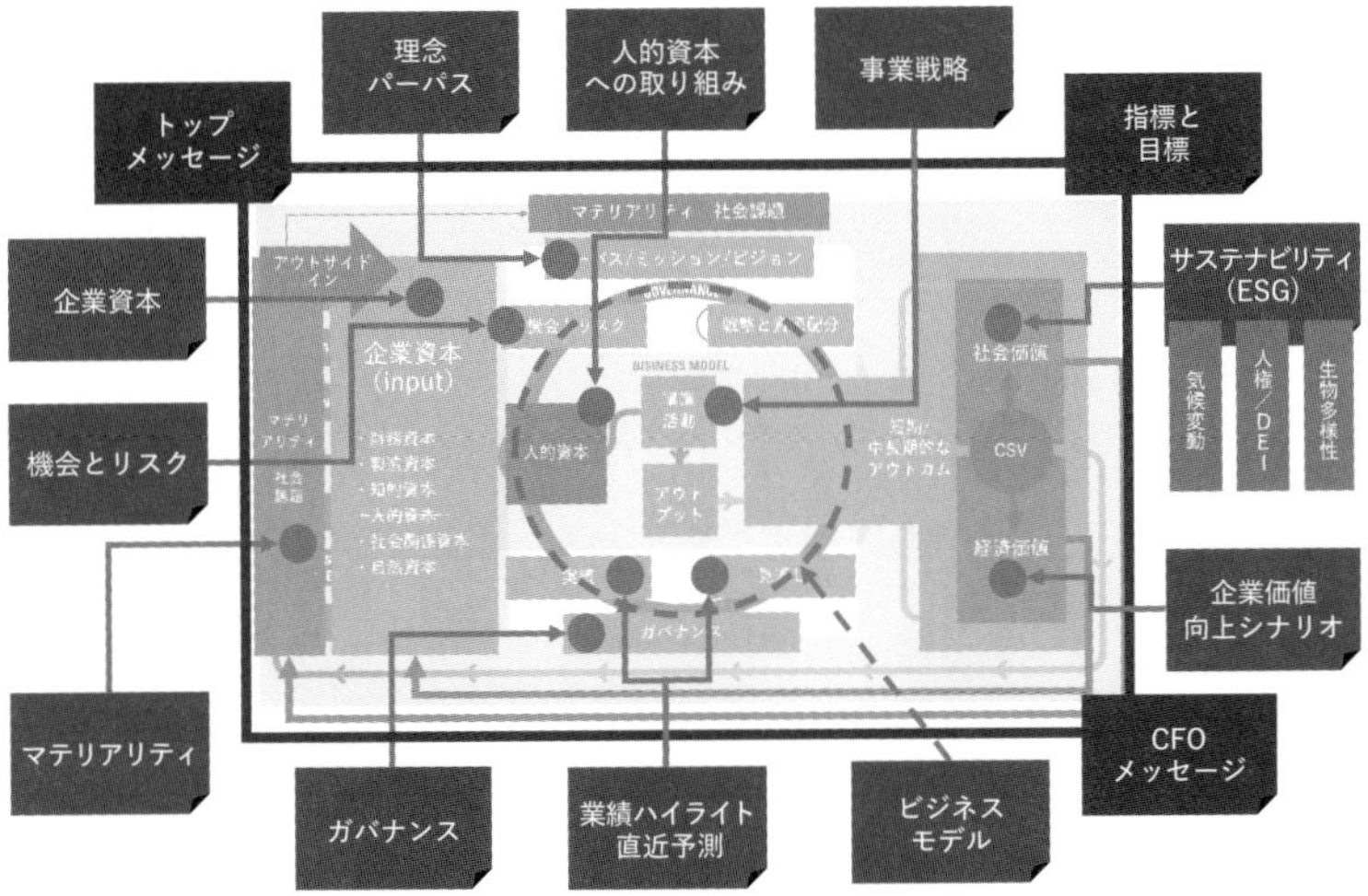

出典：IIRC「国際統合報告フレームワーク」から著者作成

と紐づいたマテリアリティがスタート地点にあるべきだと考えるからです。

　オクトパスモデルに何も手を加えずに価値創造プロセスを作成すると、企業資本（before）→企業資本（after）のみのモデルとなってしまうため、サステナビリティ経営とは懸け離れた自社の企業価値向上だけを目的としたモデルに見えてしまいます。マテリアリティやメガトレンドを一番左に配置するモデルを早い段階から取り入れている企業は多くあったので、オクトパスモデルだけをそのまま開示すると、社会価値創出に消極的な企業という印象を与えてしまうように思います。

　ただし、とってつけたようなマテリアリティではアウトサイドインにならないため、意味がありません。アウトサイドインアプローチをきちんと行うと、既存事業だけでは社会課題の解決が難しいため、普通に考えると、新規事業が必要となるはずです。「価値創造プロセス」の一番左にマテリアリティを

図表5-15　人材投資（OJT以外）の国際比較（GDP比）

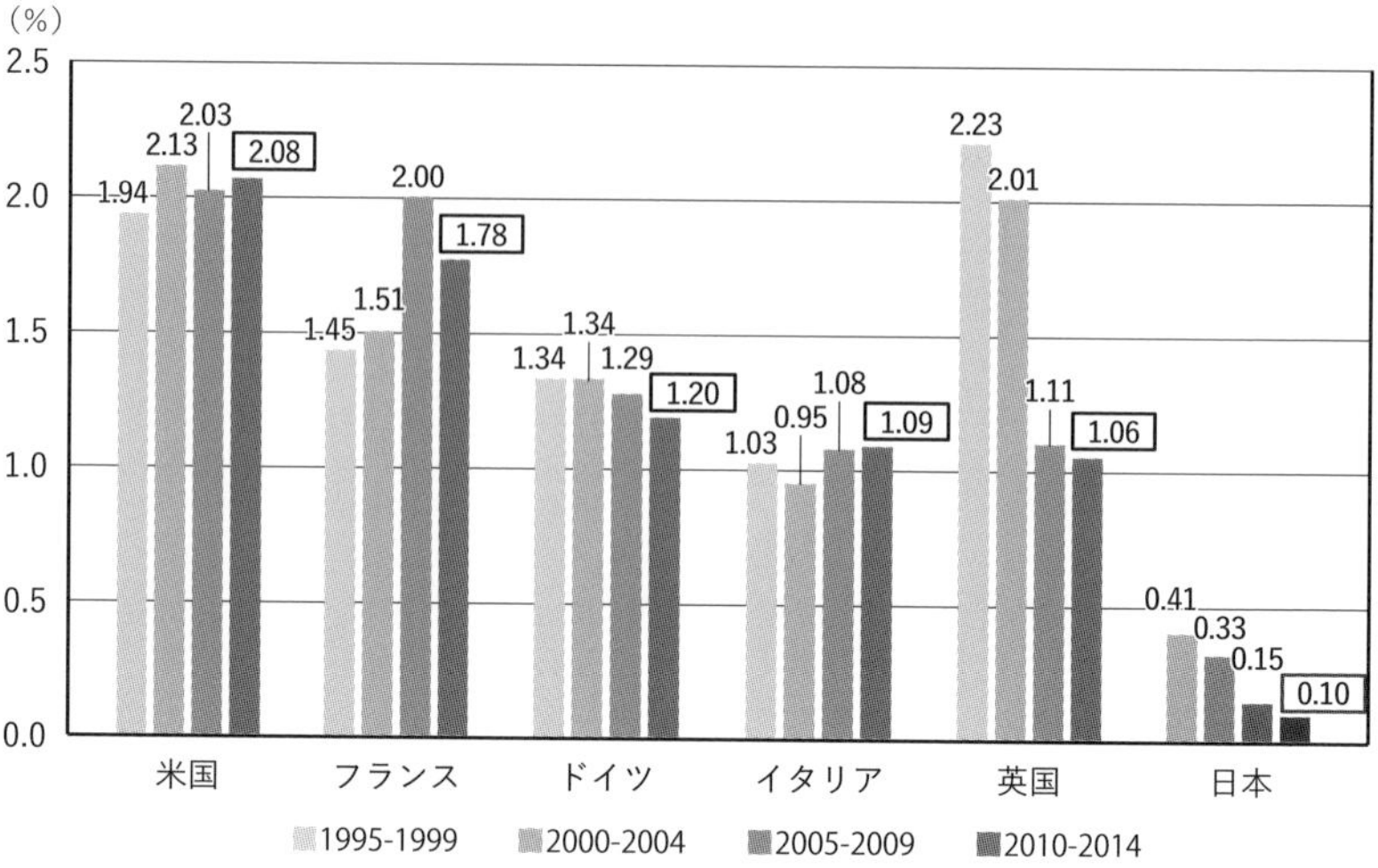

出典：経済産業政策局 産業人材課「人材について」

配置してアウトサイドインアプローチを表現している企業の皆さんは、本当にアウトサイドインで事業戦略を検討したのか、アウトカムについてのKPIを設定できているか、「SDGsウォッシュ」の誹りを受けないためにも、いま一度、ご確認いただければと思います。

「人的資本」を重視する経営方針を示す「価値創造プロセス」

2点目は、6つの企業資本（注65）の中から「人的資本」を切り出して、インプットの主役として位置付ける点です（図表5－13②）。

昨今、人的資本経営というキーワードがニュースや新聞を賑わせていますが、「人が財産」「人材がもっとも重要」と口では言いながら、日本企業は人材にさほど投資をしてこなかったように思います（図表5－15参照）。

（注65）6つの企業資本：IIRCが公表している国際統合フレームワークでは、企業資本を財務資本、製造資本、知的資本、人的資本、社会・関係資本、自然資本の6つに分類している。

私は、価値創造プロセスにもそうしたスタンスが如実に表れてしまっていると感じます。「財務資本」「製造資本」「知的資本」「人的資本」「社会・関係資本」「自然資本」の6つの企業資本を同列に並べて表記している価値創造プロセスがほとんどだからです。

オクトパスモデルに従っているということだとは思いますが、ちょっと考えれば、「人的資本」が他の企業資本と一線を画すものだと気が付くのではないでしょうか。特にトップメッセージで「人財が一番大切」「人財に大規模な投資」と言っているにもかかわらず、価値創造プロセスでは「人的資本」はあまり重視されていないような企業に対しては、トップの方針がサステナビリティ推進部門に伝わっていないのでは？と感じてしまいます。

「人財が大切」ということであれば、「人的資本」を6つの企業資本の中でも特別な資本と位置付けて、価値創造プロセスの中でも主軸として表現することが大切だと思います。少なくとも6つの資本を縦に並べて表記する際に、一番上に「人的資本」を記載するくらいの配慮が必要ではないでしょうか。

図表5－16のディップの価値創造プロセスでは、「フィロソフィーで結びつく人的資本」を事業活動のコアとして位置付けています。自社の「人財」に対する想いが伝わってくる表現方法だと思います。

SXやCSV経営実現への意思を示す「価値創造プロセス」

3点目は、一番右のアウトカムを「社会価値」「経済価値」に分けて表現する点です（図表5－13③）。これはまさにCSVの本質である「社会価値」と「経済価値」を同時に実現するという経営の意思であり、

私たちdipは夢とアイデアと情熱で社会を改善する存在となる

Labor force solution company-誰もが働く喜びと幸せを感じられる社会の実現-

事業活動 →P73

価値創造のしくみ

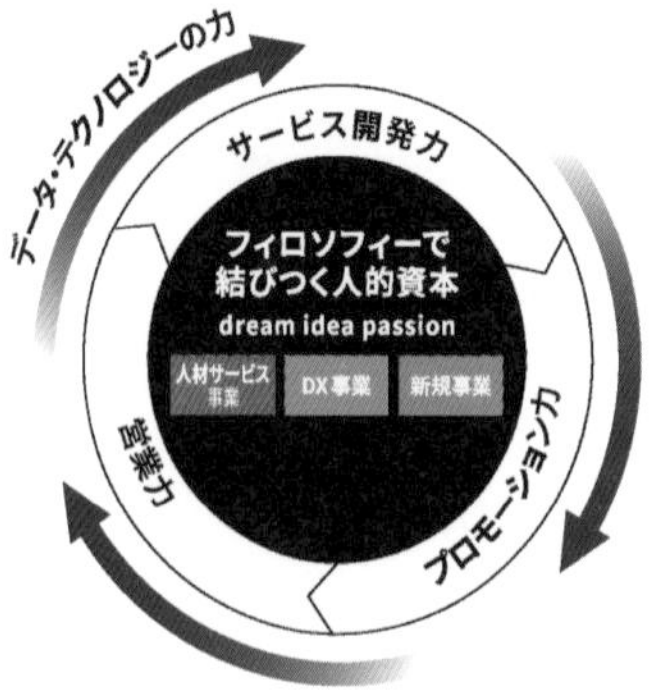

創出価値 →P79

社会価値

- 仕事と働き方やキャリアの選択肢を増やし、多様な人材の就業機会を増大
- 仕事で自らの力を発揮し、やりがいをもって幸福度高く働く就業者の増加

- 働く人のエンゲージメントやスキルアップによる人材力強化
- 企業の生産性向上による、就業者の処遇改善と働きがいの創出
- AI・DXによる業務の効率化、イノベーションの推進

- ジェンダー平等の推進、障がい者・シニアの雇用率の増加
- 人権侵害を受けている労働者の減少

- 気候危機の抑制、再生可能エネルギー割合の拡大
- 気候危機により災害を受けた人々の就業機会損失の低減

経済価値

（2027年2月期）

売上高　780億円〜850億円
営業利益　200億円〜250億円
ROE 30%

dip WAY
（行動規範）

ファウンダーズスピリット
（行動哲学）

図表5-16　ディップの価値創造プロセス

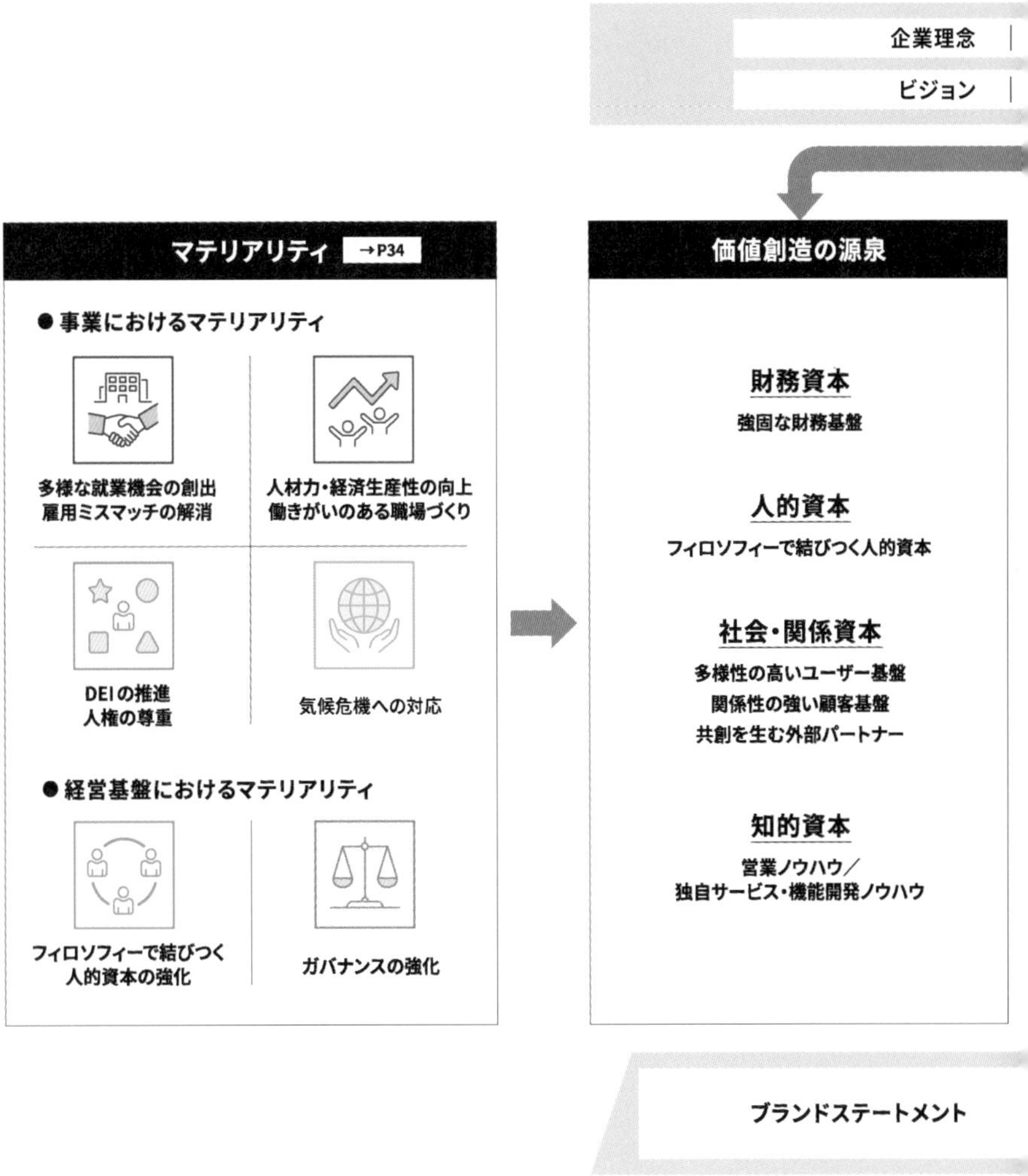

出典：ディップ「統合報告書2023」

「社会のサステナビリティ」と「企業のサステナビリティ」を同期化するというSXのあり方を表現したものになるからです。

重要なのは、アウトカムが結果指標の「羅列」にならないようにすることです。「社会価値」と「経済価値」を同時に実現するということは、「財務」と「非財務」を統合するということでもあります。アウトカムは統合されるべきなのです。

本来の趣旨からいえば、統合報告書は、「財務情報」と「非財務情報」を統合した報告書を指しますが、現時点では、難易度が高いので、統合する意思を示すことが大切です。「価値創造プロセス」はそうした経営の意思を示すものであるべきだと思うのです。

TISインテックグループが示している「価値創造プロセス」（図表5－17参照）では、「経済価値」と「社会価値」を統合するCSVモデルを志向し、全体を「社会への価値提供」と表現しています。また「社会価値」は株主・投資家、お客様、ビジネスパートナー、従業員、地域社会というすべてのステークホルダーに向けたものとなっています。つまり、「顧客課題」だけでなく「社会課題」にも向き合い、「事業活動を通じた社会課題の解決」を目指すモデルとなっているのです。

キリンホールディングスが示している「価値創造モデル」（図表5－18参照）では、「財務目標」と「非財務目標」を統合することで、「経済（的）価値」と「社会（的）価値」を同時に創出するCSV経営を目指していることがわかりやすく表現されています。まさに経営の意思が示されている価値創造プロセスではないでしょうか。

財務と非財務の統合とＰＢＲ

昨今、日本の上場企業の「ＰＢＲ1倍割れ問題」が議論されることが増えてきました。中央経済社の発行する月刊雑誌「企業会計」の２０２３年8月号でも「ＰＢＲ1倍割れ問題」が大きく特集されています。

ＰＢＲとはPrice Book-value Ratio の略で「株価純資産倍率」と訳され、株価を1株あたりの純資産で割った値であり、単位は「倍」で示されます。ＰＢＲが高いほど株価は割高、低いほど割安と判断されますが、純資産とは、会社が解散したときに株主に返還される資産と同義ですので、ＰＢＲが1倍ということは、会社の解散価値と株価が同じということになるため、「ＰＢＲ1倍割れ問題」が議論されるわけです。東京証券取引所は、２０２３年3月に、プライム市場及びスタンダード市場に上場する企業に対し、資本コストや市場での評価を意識した経営の実現を要請する通知文を出しました。その中で、特にＰＢＲが長期にわたり1倍を下回る企業に対しては、1倍を下回る要因の分析と改善のための具体策の開示を求めたのです。

ＰＢＲはサステナビリティやＥＳＧと強い関連性があります。私はファイナンスの専門家ではないので、あまり細かいところまでは踏み込みませんが、サステナビリティ経営に携わる方には知っておいていただきたいＰＢＲとサステナビリティやＥＳＧとの関連性についてのポイントだけは示しておきたいと思います。

ＰＢＲは、株価を1株あたりの純資産で割った値ですが、分母分子に1株あたりの純利益であるＥＰＳ

持続可能な社会の実現と持続的な企業価値向上の両立を目指します。

(ミッション)ムーバーとして、未来の景色に鮮やかな彩りを P.2

先進技術・ノウハウを駆使しビジネスの革新と市場創造を実現する P.34

の経営戦略・施策

(2021-2023)

Mover 2023 P.40

の事業活動

やIT関連業務を
最適サポート

オファリング
サービス
P.63

BPM
P.64

金融IT
P.65

産業IT
P.66

広域IT
ソリューション
P.67

システム
インテグレーション
サービス

先端技術の
研究と提供

支える基盤

Social
ステークホルダー
エンゲージメントの
持続的向上
P.93

Governance
社会からの信頼を
高めるガバナンスの
継続的な追求
P.69

知的財産 P.103　研究開発 P.104

信頼・期待に
伴う成長機会の
獲得

ステークホルダー
エンゲージメントを通じた
価値交換性の向上

デジタル技術を
駆使した
社会課題の解決

社会への提供価値

ITで、社会の願い叶えよう。

経済価値 (2023年3月期)

売上高	5,084億円
営業利益	623億円
ROE	18.8%

社会価値

株主・投資家
- 持続的な株主価値の向上と株主還元
- 透明性の高い情報開示
- 建設的な対話の推進

お客様
- 最適なサービス提供
- ITの新たな利用形態の企画・提案
- ビジョンや戦略の実現をリード/サポート

ビジネスパ ートナー
- 新たな付加価値の共創
- 公正・透明・自由な競争、適正な取引
- 責任ある調達

従業員
- 成長と自己実現を果たせる機会の提供
- 安全で働きやすい環境の提供
- ダイバーシティ推進

地域社会
- 安心・安全な暮らしの実現
- 拠点地域における地域住民との積極的交流
- 環境負荷の低減

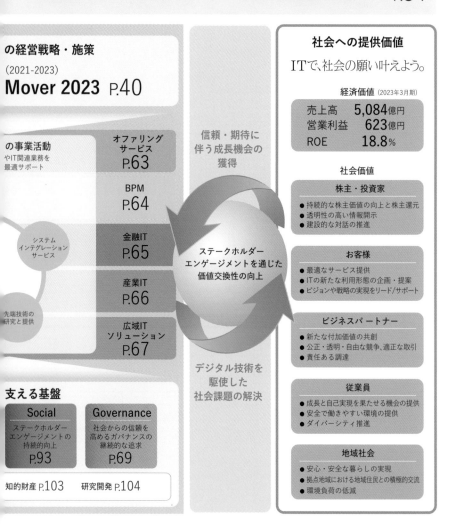

図表5-17 TISインテックグループの価値創造プロセス

出典：TISインテックグループ「統合報告書2023」

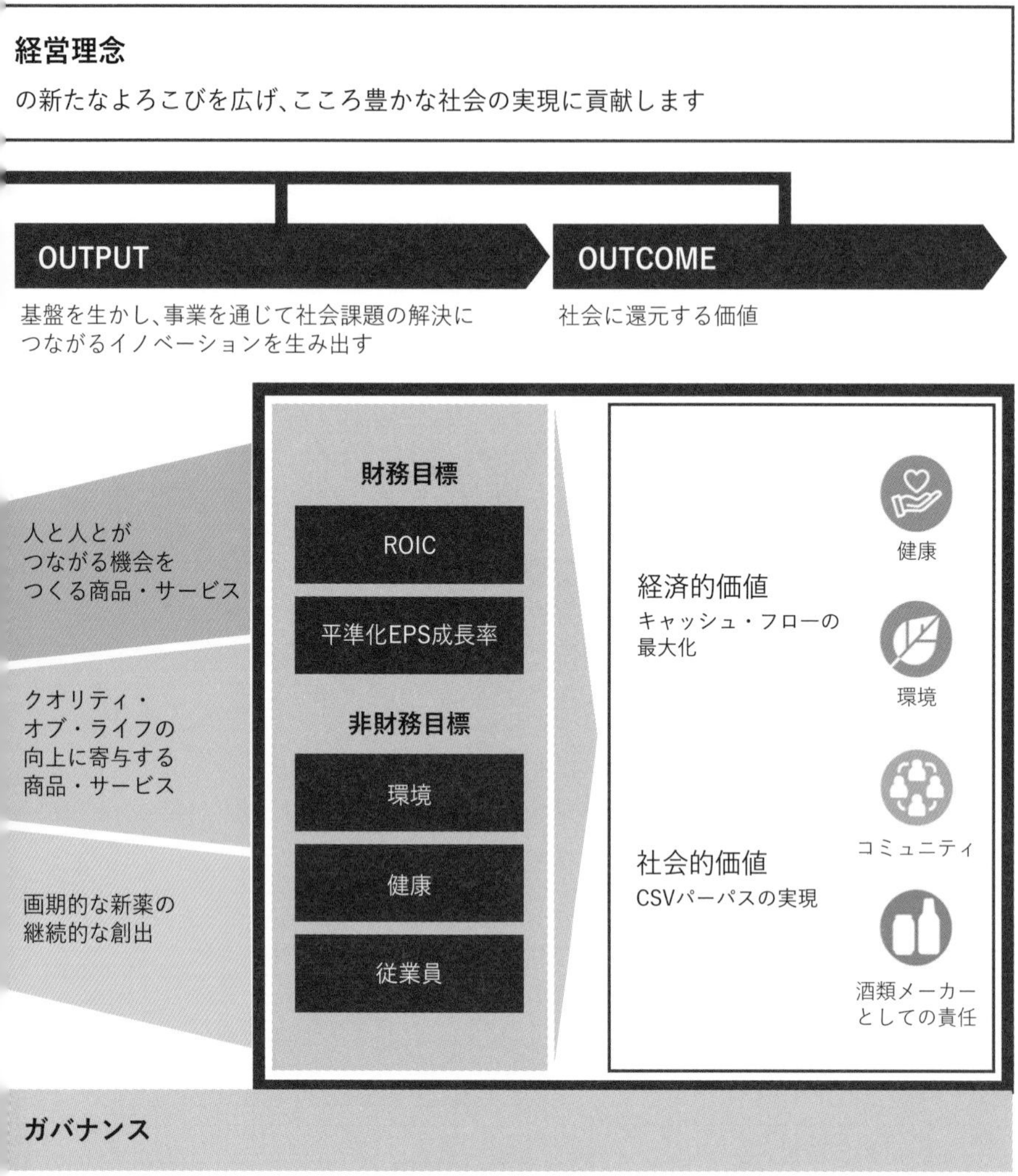
経営理念
の新たなよろこびを広げ、こころ豊かな社会の実現に貢献します
OUTPUT
基盤を生かし、事業を通じて社会課題の解決に
つながるイノベーションを生み出す
OUTCOME
社会に還元する価値
人と人とが
つながる機会を
つくる商品・サービス
クオリティ・
オブ・ライフの
向上に寄与する
商品・サービス
画期的な新薬の
継続的な創出
財務目標
ROIC
平準化EPS成長率
非財務目標
環境
健康
従業員
経済的価値
キャッシュ・フローの
最大化
社会的価値
CSVパーパスの実現
健康
環境
コミュニティ
酒類メーカー
としての責任
ガバナンス

図表5-18　キリンホールディングスの価値創造モデル

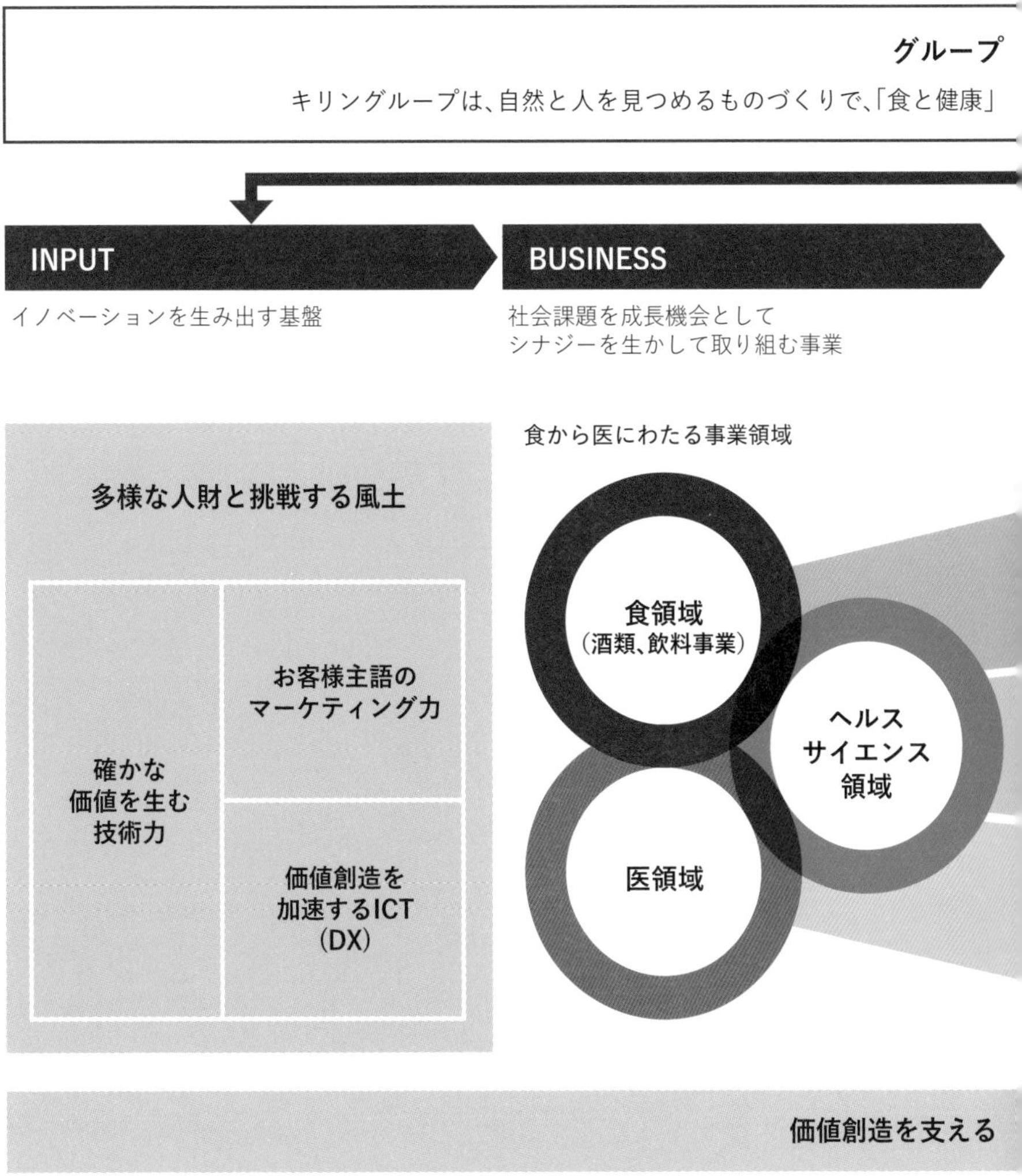

出典：キリンホールディングス「価値創造モデル」(https://www.kirinholdings.com/jp/purpose/model/)

図表5-19　PBRの分解

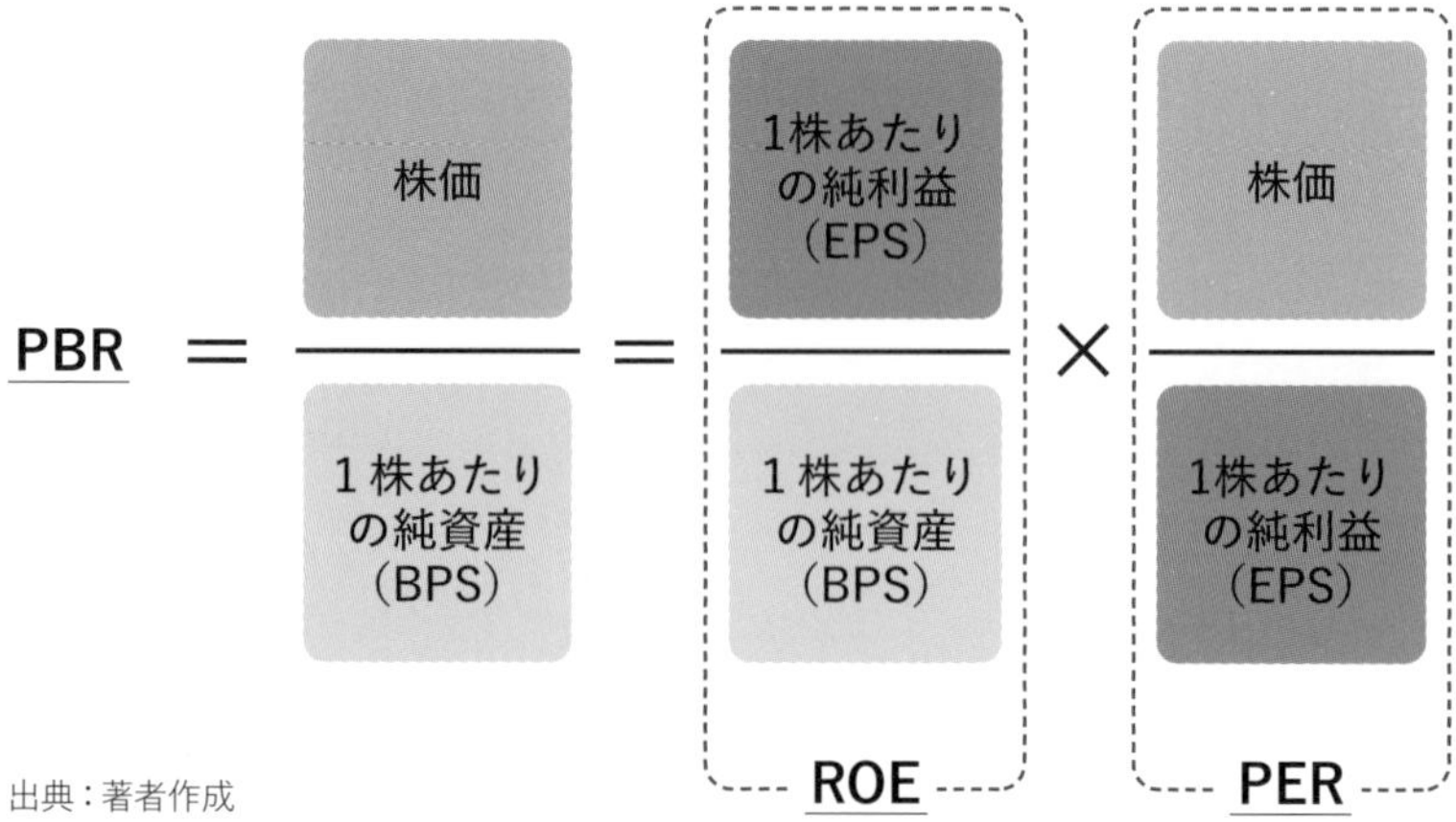

出典：著者作成

を乗じると、ROE（Return On Equity：自己資本利益率）とPER（Price Earnings Ratio：株価収益率）に分解することができます。（図表5－19参照）つまり、PBRを上げるためには、ROEかPER、もしくは両方を上げればよいということになります。サステナビリティやESGとより強い関連性があるのは、PERですので、ここではPERを更に分解していきます。

いくつかの制約条件は付きますが、PERは、図表5－20のような式で表すことができます。ニコンや伊藤忠商事、また横浜銀行と東日本銀行を傘下に置く金融持株会社であるコンコルディア・フィナンシャルグループなどは、この式に従ってPER（最終的にはPBR）を高めるための取り組みを「資本コストの引き下げ」と「期待利益成長率の引き上げ」の2つのアプローチで表現しています。

ニコンの取締役専務執行役員CFOである徳成旨亮氏

図表5-20　PERの算出式

$$\mathrm{PER} = \frac{1}{\text{資本コスト} - \text{期待利益成長率}}$$

は著書『ＣＦＯ思考』（ダイヤモンド社）の中で、「資本コスト低減のためにはサプライズのない経営」が、「期待利益成長率の引き上げのためには持続的成長の要素」がそれぞれのカギであると述べています。また、この領域では日本でいちばん進んだ情報開示を行っていると考えられるエーザイは、統合報告書２０２２の「財務戦略とＥＳＧ－価値関連性モデル」の中で、「ＥＳＧとＰＢＲの同期化」という表現を使っています。この構造は、まさに「財務」と「非財務」の統合であるわけです。

第1章で繰り返しお伝えしてきた「リスク低減」は、前者の「サプライズのない経営」にヒットします。企業は気候危機や人権対応などによるリスクを抱えており、ＥＳＧに取り組むことはこうしたリスクを低減する「守り」に繋がり、結果的に資本コストを下げることになるからです。

また、「機会創出」は後者の「持続的成長の要素」と重なります。昨今では、人的資本への取り組みを期待利益成長率引き上げにつなげるというロジックが増えてきましたが、サステナビリティへの取り組み全般が、期待利益成長率向上に繋がる画を描いている企業は残念ながらまだ多くはありません。

図表5-21　資本コストの考え方

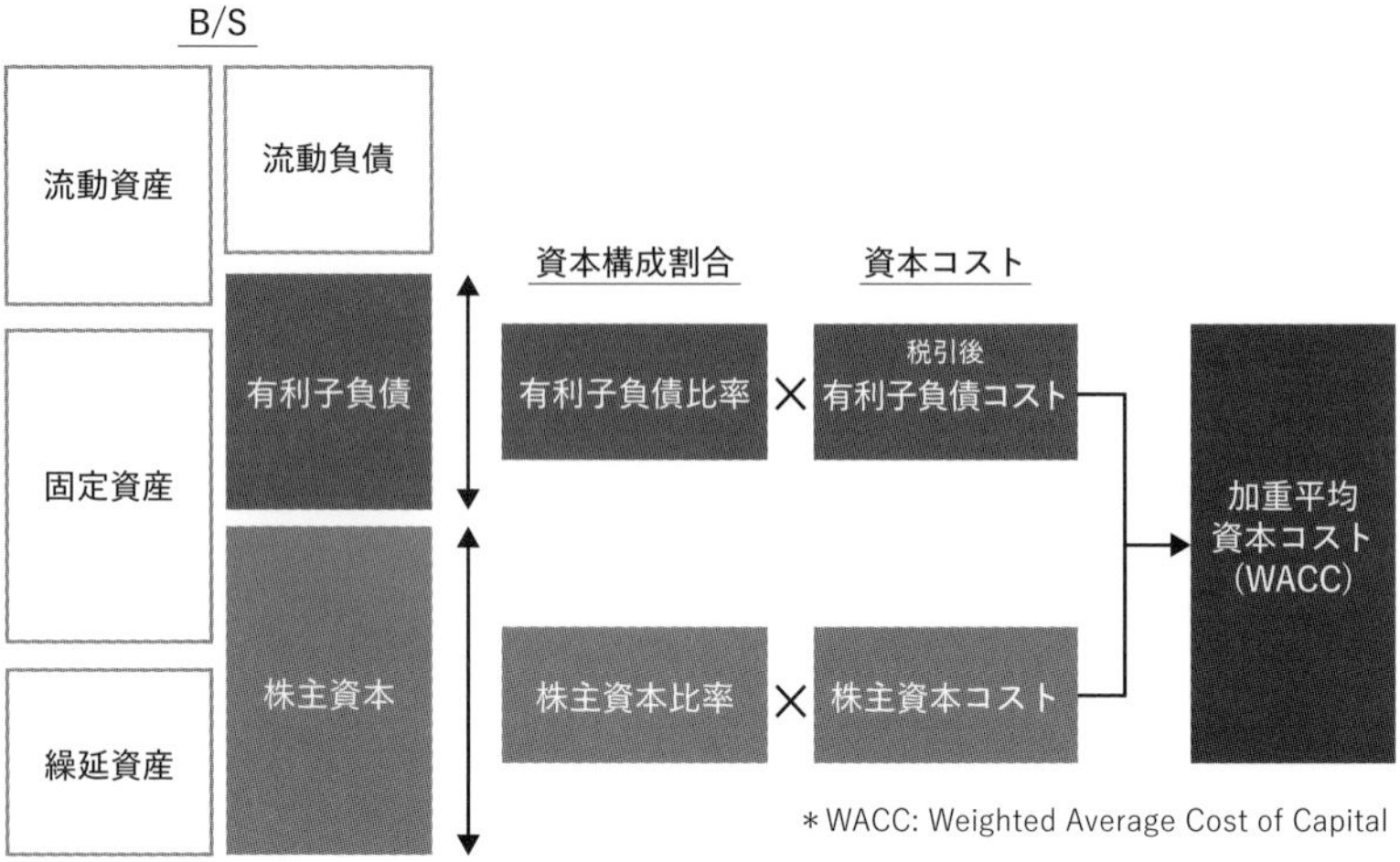

出典：著者作成

「資本コスト」と「エクイティスプレッド」

「資本コスト」と「エクイティスプレッド」についても少し解説したいと思います。

資本コストとは、企業の資金調達に伴うコストのことです。企業が銀行借入れ、株式発行などによって資金を調達する際には、利息や配当などのコストが必要になります。これが資本コストです。資本コストは、銀行からの借入れの際の利息である「負債コスト」と、株主から資金を調達する際の配当となる「株主資本コスト」に大別され、この2つの加重平均を算出したものを「WACC（Weighted Average Cost of Capital：加重平均資本コスト）」と呼びます（図表5－21参照）。

投資家が企業の将来の業績を見通せない場合は、リスクが高いと判断され、高い配当を求めますので、結果的に企業側から見ると「資本コスト」が上がるという理屈です。反対に、将来の業績に対する確実な見通しを持てる場合は、「資本コスト」を下げることができるわけです。

東京証券取引所が公開している「コーポレートガバナンス・コード」でも、「資本コスト」について、以下のように記載されていますが、「株主資本コスト」について言えば、日本企業ではおよそ8%程度（7〜10%）と考えておけば間違いはないといわれています。

【原則5-2. 経営戦略や経営計画の策定・公表】

経営戦略や経営計画の策定・公表に当たっては、自社の資本コストを的確に把握した上で、収益計画や資本政策の基本的な方針を示すとともに、収益力・資本効率等に関する目標を提示し、その実現のために、事業ポートフォリオの見直しや、設備投資・研究開発投資・人的資本への投資等を含む経営資源の配分等に関し具体的に何を実行するのかについて、株主に分かりやすい言葉・論理で明確に説明を行うべきである。

出典：東京証券取引所「コーポレートガバナンス・コード」 ※傍線は著者追加

「エクイティスプレッド」とは、ROEから株主資本コストを差し引いたもので、単位は「%」となります。企業の純利益率が株主の期待する利益率をどれだけ上回っているかを示す指標で、この値が高いほど、収益性が高いということになります。

日本企業では、およそ8%が「株主資本コスト」というハードルレートであることから、「SX版伊藤レ

図表5-22　「JPXプライム150指数」の選定基準

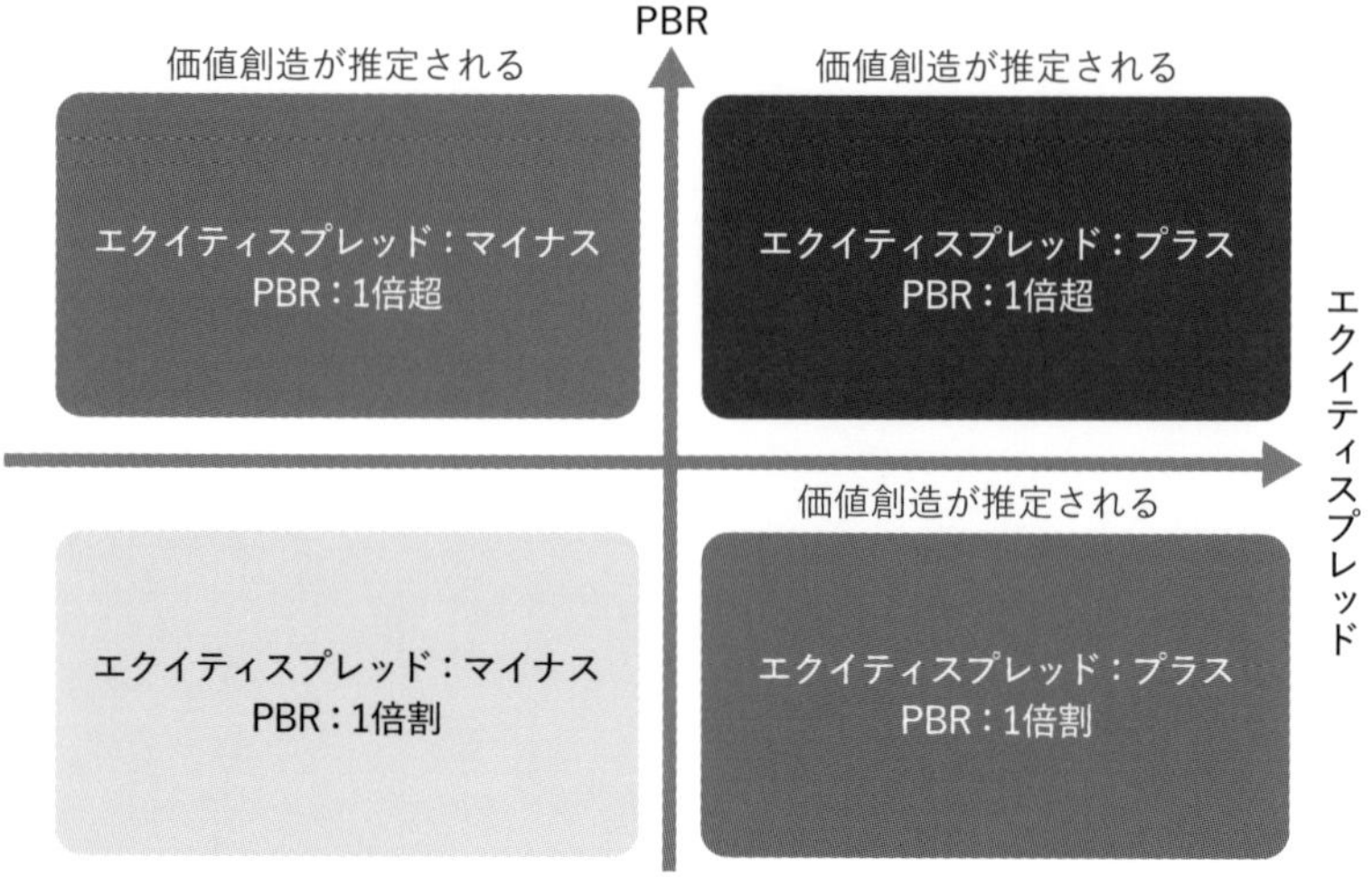

出典：日本証券取引所「JPXプライム150指数」

ポート」では、ＲＯＥの目標水準が８％と掲げられているのだと考えられます。要は、ＲＯＥが８％を切ってしまう状況では、株主に配当を払うと赤字になってしまうので、事業を存続する意味がないというわけです。エクイティスプレッドを上げるためには、ＲＯＥを上げるか、株主資本コストを引き下げることが必要です。

日本証券取引所が運営する「ＪＰＸプライム１５０指数（注66）」の選定プロセスでは、ＰＢＲ１倍超、ＲＯＥ８％超、エクイティスプレッド：プラスが抽出の条件として利用されています（図表５－22参照）。また、「ＳＸ銘柄２０２４」もＰＢＲ１倍以上の企業から選定されることとなっています。

こうした財務と非財務の統合は企業価値向上の視点では極めて重要なテーマではありますが、数値ばかりを議論していると、そもそも「なぜ、サステナビリティ経営に取り組まなければならないのか」を

（注66）JPXプライム150指数：東証プライム市場に上場する時価総額上位銘柄を対象に、財務実績に基づく「資本収益性」と将来情報や非財務情報も織り込まれた「市場評価」という二つの観点から選定した銘柄により構成される新たな株価指数。「価値創造が推定される我が国を代表する企業」と位置付けられている。

（注67）IFRS財団：正式名称はThe IFRS Foundation。国際会計基準（IFRS：International

忘れ、サステナビリティ経営がマネーゲームの手段のようになってしまいがちです。サステナビリティ経営のゴールはあくまでパーパスであることを忘れないようにしたいものです。

ISSB基準で求められることとISSB基準への期待

国際サステナビリティ基準審議会（ISSB）は、2022年にIFRS財団（注67）の一部として発足しました。

時系列で見ると、国際統合報告フレームワークを作成したIIRCとSASB（注68）を統合して創設されたVRF（Value Reporting Foundation）をIFRS財団が吸収して生まれたのがISSBということになるわけですが、このように書いただけでもアルファベットだらけで頭が混乱するほどに、サステナビリティについての開示基準は乱立している状態です。

ISSBは、こうした開示基準を統一することで、企業に対して効率的な報告システムを提供し、投資家の意思決定に寄与する比較可能な情報を提供することを目指しています。多数の開示基準が乱立する「アルファベットスープ」に終止符を打てるかどうかはまだわかりませんが、企業にとっても投資家にとっても大きなメリットがある取り組みだと考えられます。

その反面、企業によってはこれまでのような考え方や開示の仕方では対応できない側面もあり、ISSB基準（注69）は、サステナビリティ経営のジレンマを打ち破るきっかけになってくれるのではないかと感じるのです。

Financial Reporting Standards）の策定をしたロンドンに本部を置く非営利組織。2001年に設立されたIASC Foundation（国際会計基準委員会財団）が、2010年7月に名称を変更して現在の名称となった。

（注68）SASB：Sustainability Accounting Standards Board（米国サステナビリティ会計基準審議会）の略称。2011年にアメリカを拠点に設立された非営利組織。企業の情報開示のクオリティ

図表5-23　サステナビリティ情報開示のあり方

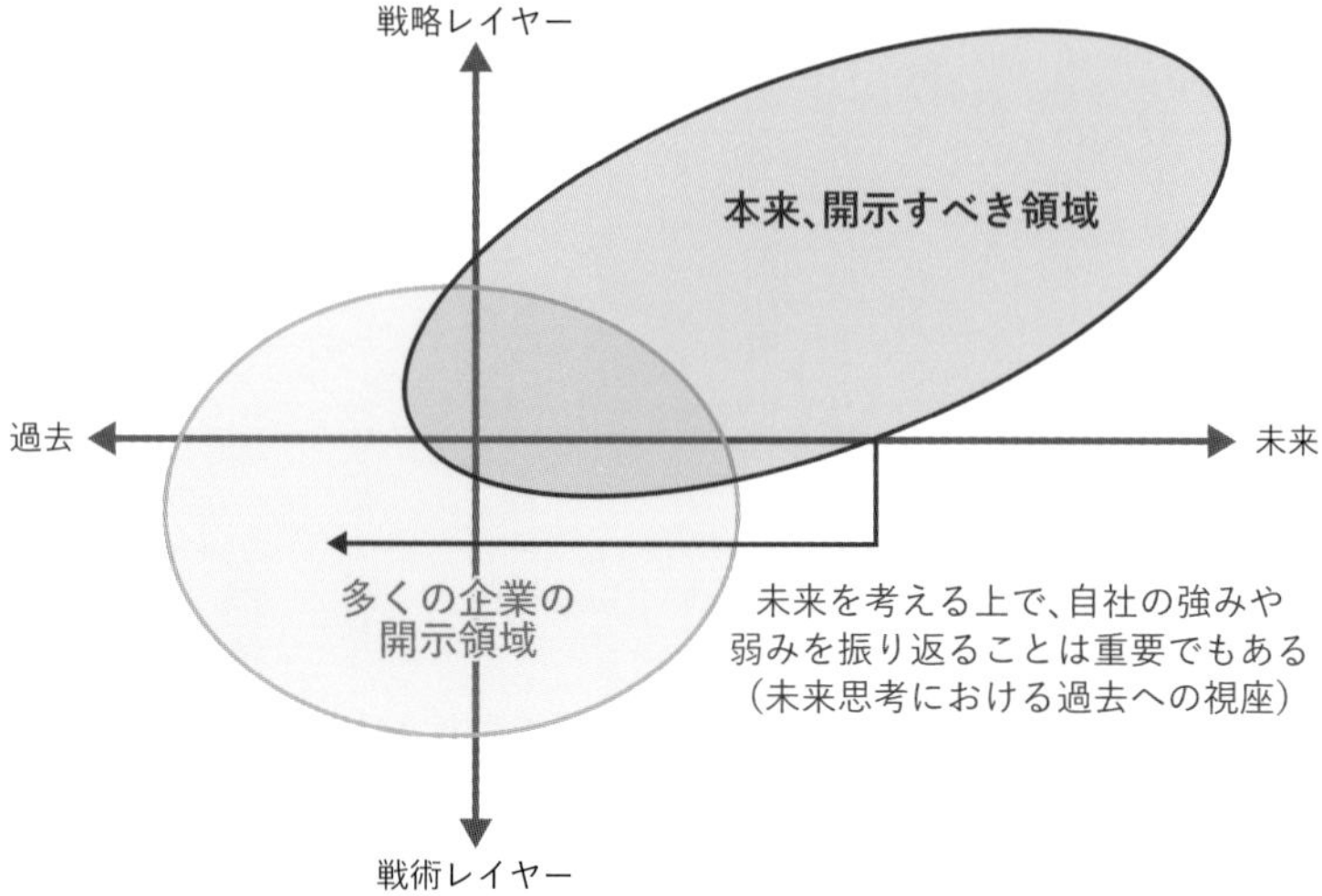

出典：著者作成

私がＩＳＳＢ基準に期待する理由は2点あります。

1点目は、ＴＣＦＤ提言の構造（ガバナンス・戦略・リスクマネジメント・指標及び目標）を採用している点です。ＴＣＦＤ提言に沿った開示を行っている企業は、気候変動に関する将来のシナリオを選択し、シナリオに対応するための自社の戦略やリスク回避策を検討しているわけですが、ＩＳＳＢ基準では、気候変動以外のサステナビリティ項目についても同様のアプローチが必要となるのです。

現状の「価値創造プロセス」や「統合報告書」では、過去と現在、そして当該の中期経営計画の範囲である1、2年先くらいまでしかスコープに入っていないケースがほとんどです（図表5－23参照）。

本来は、未来の戦略レイヤーを開示すべきにもかかわらず、過去と現在の戦術レイヤーの開示にとどまってしまっているのです。これでは、将来の企業価値を推し量る材料としては不十分です。

ＩＳＳＢ基準は、サステナビリティ経営を推進す

向上に寄与し、中長期視点での投資家の意思決定に貢献することを目的としている。2018年11月にESG情報開示の枠組みである「SASBスタンダード」を発表している。
(注69) ISSB基準：ISSB（国際サステナビリティ基準審議会）が投資家と企業との対話を促進することを目的として策定したサステナビリティ情報開示基準。2023年6月に最初の基準となる「IFRS S1」と「IFRS S2」を発表した。

る上で極めて重要である時間軸を未来に向け、未来からバックキャストする形で戦略を構築し、リスクマネジメントを行う仕組みを企業に根付かせる契機となるのではないでしょうか。

2点目は、財務と非財務の統合がより一層必要とされる点です。ISSBの母体はIFRS財団であり、国際会計基準の策定を担ってきた組織です。そうした組織がサステナビリティに関する開示の国際基準を作ったわけですので、非財務と財務の統合を前提としているのは合点がいく話です。

ISSB基準では、財務諸表とサステナビリティ情報の整合性とコネクションを担保しつつ、同時に開示することを求めています。日本の多くの企業は、こうした財務と非財務の統合モデルを作り上げるまでには至っていませんし、正直なところ、経営者自身がいまだに非財務への関心が薄いケースも散見されるのですが、もはやそんなことを言っていられない状況が迫っているのです。

ISSB基準は、2023年6月に、「サステナビリティ関連財務情報の開示に関する全般的要求事項（IFRS S1）(注70)」と「気候関連開示（IFRS S2）(注71)」が確定し、日本においては、サステナビリティ基準委員会（SSBJ）(注72)が、2023年度中にIFRS S1及びIFRS S2を踏まえた日本版の公開草案を作成、2024年度中には確定させる予定となっています。

順調に進めば、2025年4月1日以降に開始する事業年度から早期適用が可能となるため、3月決算の企業は2026年3月期の有価証券報告書からISSB基準に基づく開示を行うことができる可能性があります。開示義務となるまでは、タイムラグがあるとは思いますが、適用初年度の救済措置も想定されるため、先行して取り組む企業も数多く出てくると予想されます（実際にすでに当社にも数件の相談が来ている

(注70) IFRS S1：「サステナビリティ関連財務情報の開示に関する全般的要求事項」 サステナビリティ全般に関連する機会とリスクなどの情報の開示基準を定めている。
(注71) IFRS S2：「気候関連開示」 気候に関連する機会とリスクなどの情報の開示基準を定めている。

状況です）。

将来のあるべき姿からのバックキャストができていない企業や非財務と財務の統合に着手ができていない企業にとっては、日本版ＩＳＳＢ基準がスタートするまでが、サステナビリティ経営の在り方を修正する好機だと考えてもいいのではないでしょうか。

（注72）SSBJ：Sustainability Standards Board of Japan（サステナビリティ基準委員会）。財務会計基準機構(FASF)を母体として2022年に設立された日本におけるサステナビリティ情報開示基準の開発を目的とする組織。日本版のISSB基準の開発を目指している。

第 6 章

これからの
サステナビリティ経営

～「人的資本」と「生物多様性」への
取り組みが企業価値向上の要～

1 今後のCSVのテーマとなる「人的資本」

本節では、今後のCSVのテーマとなり得る「人的資本」への取り組みについて解説していきます。

「人的資本」については、2022年から2023年にかけて、大いにメディアを賑わせたテーマです。ほとんどのニュースが「情報開示」という視点によるもので、結果的に情報開示が目的化してしまうという残念な状態になってしまっているのですが、人的資本への取り組みの本質は、戦略構築です。本節では、情報開示よりも、本質である戦略構築に重きを置いて話を進めていきたいと思います。

「人的資源」から「人的資本」へ

「価値創造プロセス」の説明の中でも触れた通り、「人的資本」は他の企業資本の増減を司る重要な資本です。企業はこれまで、その「人的資本」を他の資本と同様に「コスト」「資源」として扱い、いかに効率的に活用するかに主眼を置いてきました。そのため、人事部門は管理部門的な位置付けとなっていたわけです。

人を「人的資本」と捉える考え方とは、「コスト」「資源」という視点ではなく、「投資」「資本」と捉える考え方です。「人的資本」が豊かになれば、いろいろな意味で可能となることが増えるわけですので、経営

図表6-1　人的資本経営に取り組むための変革の方向性

Not this		But this
人的資源・管理 人的資源の管理。オペレーション志向。 「投資」ではなく「コスト」。	人材マネジメントの目的	**人的資本・価値創造** 人的資本の活用・成長。クリエーション志向。 「投資」であり、効果を見える化。
人事 人事諸制度の運用・改善が目的。 経営戦略と連動していない。	アクション	**人材戦略** 持続的な企業価値の向上が目的。 経営戦略から落とし込んで策定。
人事部 人材関係は人事部門任せ。 経営戦略との紐付けは意識されず	イニシアチブ	**経営陣/取締役会** 経営陣のイニシアチブで 経営戦略と紐付け/取締役会がモニタリング
内向き 雇用コミュニティの同質性が高く、 人事は囲い込み型	ベクトル・方向性	**積極的な対話** 人材戦略は価値創造のストーリー。 投資家・従業員に積極的に発信・対話
相互依存 企業は囲い込み、個人も依存。硬直的な 文化となり、イノベーションが生まれにくい	個と組織の関係性	**個の自律/活性化** 互いに選び合い、共に成長。多様な経験を 取り込む、イノベーションにつなげる
囲い込み型 終身雇用や年功序列により、 囲い込み型コミュニティに。	雇用コミュニティ	**選び・選ばれる関係** 専門性を土台とした 多様でオープンなコミュニティに

出典：経済産業省「人材版伊藤レポート」

戦略の実現に近づきます。そのためには、人事部門は管理部門の側面以外に戦略部門としての機能を持つことが求められます。このような考え方は「人材版伊藤レポート2・0」の中で変革の方向性としてまとめられています（図表6－1参照）。

変革の方向性で示されている「イニシアチブ」も極めて重要なポイントです。市場や経営戦略が時代とともに大きく変化しているにもかかわらず、人材戦略は旧態依然のままというのが多くの企業の実態だと思います。また、いわゆる「人事部長」は経営陣の一員となっていないことも多く、人材関係の議論は経営マターではないケースも見受けられます。これでは人事戦略を経営戦略と紐づけることはできません。では、どのように人的資本への取り組みを進めればよいのでしょうか。

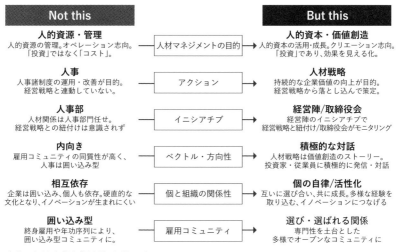

図表6-2　人材ポートフォリオ例

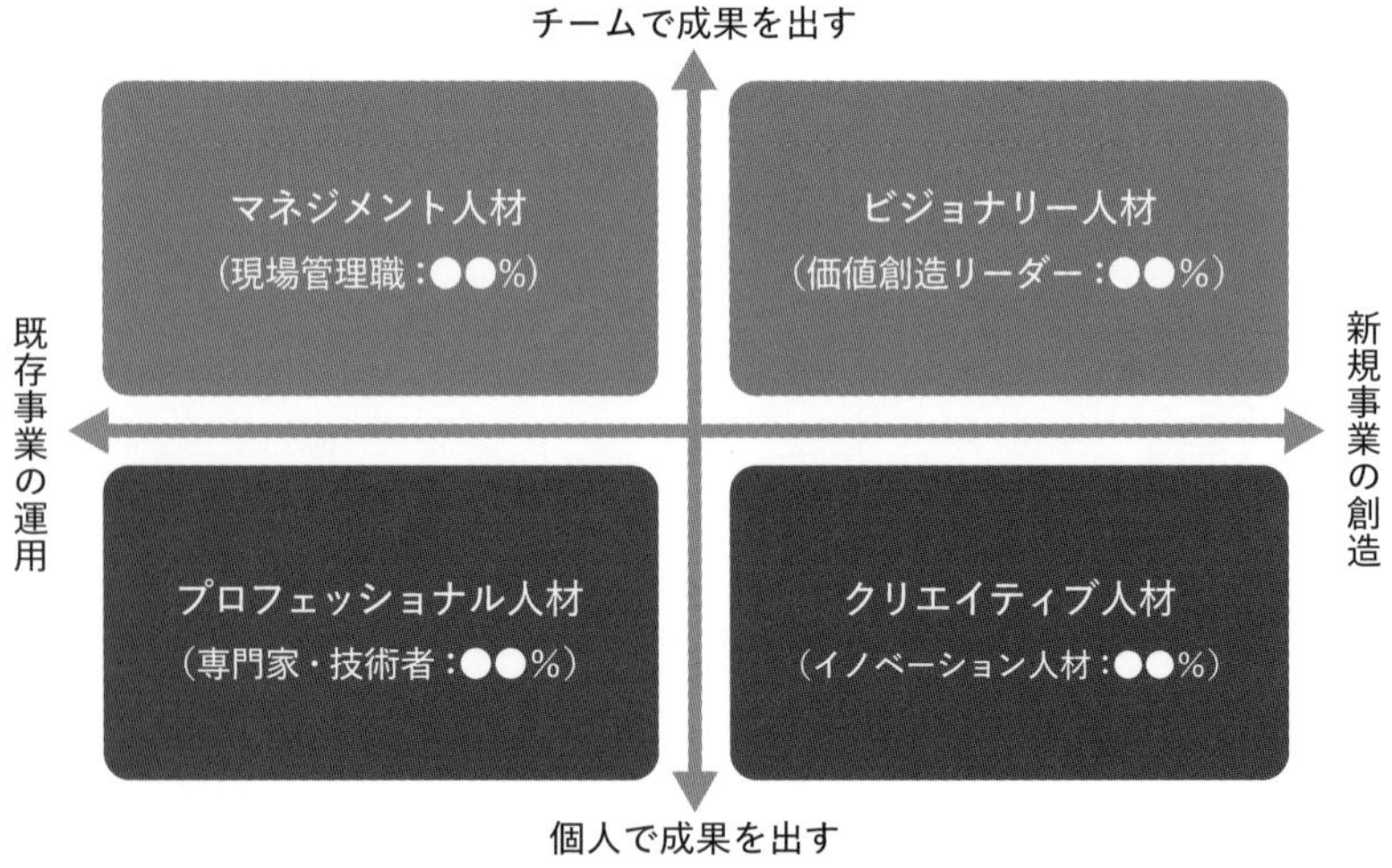

出典：曽和利光『人事と採用のセオリー』（ソシム）を参考に著者作成

経営戦略と人材戦略を紐づかせるために必要な人材ポートフォリオ

経営戦略と人材戦略を紐づけるために重要な役割を果たすのが「人材ポートフォリオ」です。「人材ポートフォリオ」とは、経営戦略に基づいた目標を達成するために、どのようなスキルやコンピテンシーを保有した人材が、どの程度必要になるかを示したものです。人材をどのような観点で区分するかは様々な軸が考えられますが、ここではもっとも基本的な形を事例として示しておきます。

例えば、縦軸が、チームで成果を出すのが得意か、個人で成果を出すのが得意かという軸、横軸が、既存事業の運用が得意か、新規事業の創造が得意かという軸でマトリクスを組むと、このように分類されます（図表6－2参照）。

「人材ポートフォリオ」には時間軸があり、現在の

図表6-3　人材ポートフォリオと事業ポートフォリオの関係①

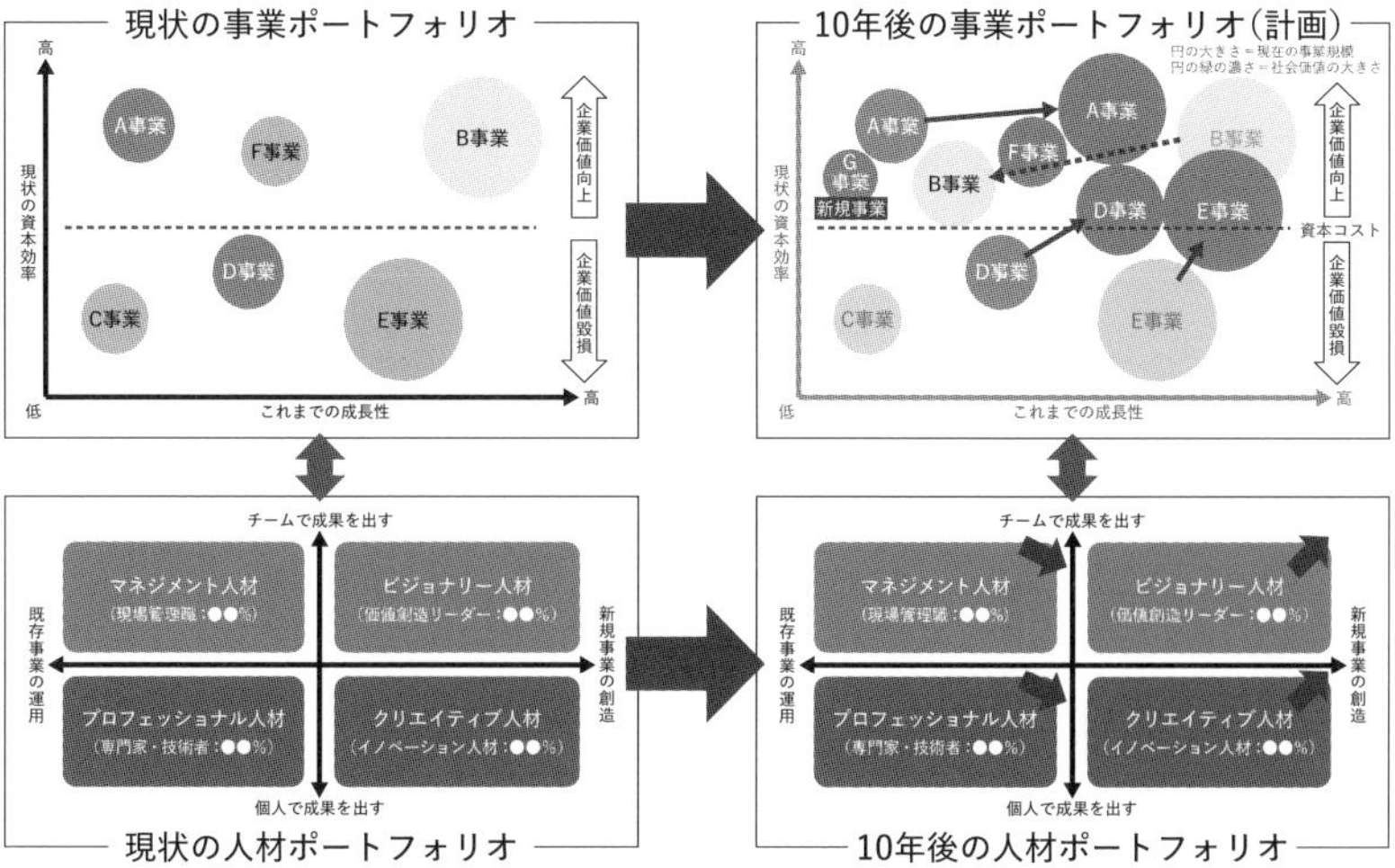

出典：曽和利光『人事と採用のセオリー』（ソシム）を参考に著者作成

組織における人材の分布を調査するだけではなく、将来の理想の状態を描き、現在とのギャップを分析することが重要なポイントとなります。

では、将来の理想の「人材ポートフォリオ」はどのように描けばよいのでしょうか。キーとなるのは「事業ポートフォリオ」です。

「事業ポートフォリオ」とは、その企業の事業を一覧化したものです。売上規模や成長性、収益性、リスクなどを分析し、今後、どの事業を強化していくか、あるいは撤退するのか、また新規事業を構築するのかなど、どの事業に経営資源を投下するのかを検討することができるツールです。将来の理想の「事業ポートフォリオ」を実現するためにどのような人材がどれくらい必要になるかを設計したものが「人材ポートフォリオ」なのです（図表6－3参照）。

図表6－3で示した事業ポートフォリオは大手企

図表6-4　人材ポートフォリオと事業ポートフォリオの関係②

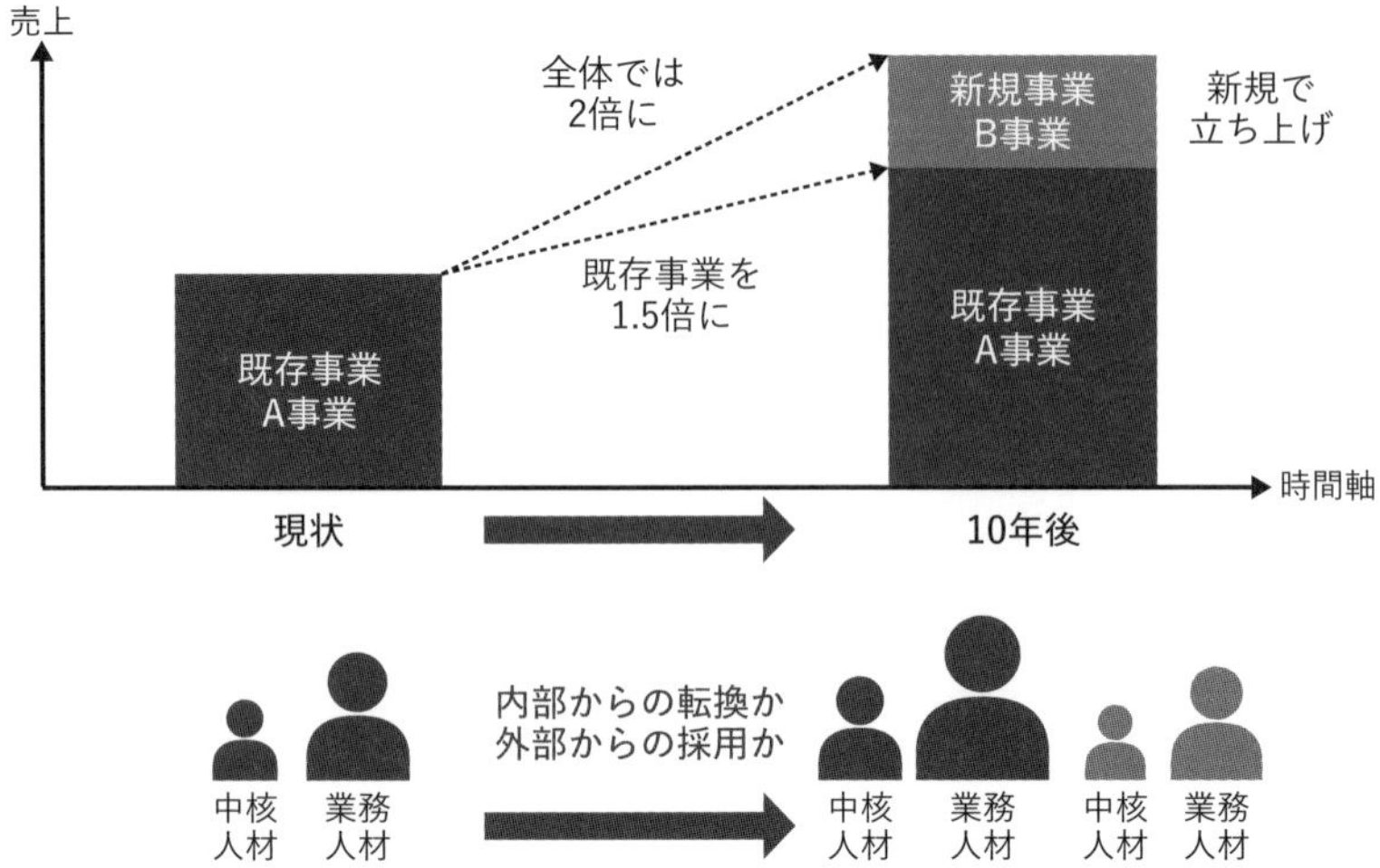

出典：著者作成

業をイメージした事例ですが、現状の事業を資本効率と成長性でプロットしたものです。10年後には、資本効率と成長性を高めることに加えて、社会価値の拡大や新規事業創出を目指す事業ポートフォリオを掲げています。

こうした10年後の事業ポートフォリオを実現するために、現在の人材ポートフォリオをどのように変えていくのかを計画したものが10年後の人材ポートフォリオとなるわけです。

この事業ポートフォリオでは、社会価値の拡大や新規事業の創出を目指しているわけですが、既存事業の人材だけでこうしたミッションを担うのは現実的ではありませんので、ビジョナリー人材やクリエイティブ人材を増やした人材ポートフォリオを描いているのです。

こうした考え方は複数の事業を持つ大企業だけでなく、単一事業で経営を続けている中小企業にも当てはまります。

図表6－4のように事業ポートフォリオと人材ポートフォリオを連動させることで、経営戦略と紐づいた人材戦略を構築するための前提条件が出来上がるのです。

人材戦略とKPI

人材戦略を検討する際にはバックキャスト思考が必須となります。多くの組織が現状の課題を洗い出し、その課題を解決するために必要な施策を検討するフォアキャスト思考に陥りがちですが、これでは、将来の人材ポートフォリオや事業ポートフォリオを実現することはできません。

例えば、「離職率が高いので下げる必要がある」という話をよく耳にしますが、この場合、何を基準に高いという判断がされているのかわからないケースがほとんどです。全国平均よりも高いであるとか、同業界の企業と比べて高いというような基準は実はまったく意味を持ちません。判断基準は「計画値」とのギャップであるべきなのです。

10年後の人材ポートフォリオを設定した次のステップでは、施策ごとの数値的な計画が求められます。例えば、先般事例に挙げたイノベーション人材を一定数確保する際には、既存事業の社員をシフトする方法もあれば、外部から採用することも考えられます。採用によって確保する場合には、経験者を採用する手法もあれば、未経験者を採用して育成することなども考えられるからです。どの施策に力点を置いて、リソースを配分するのかを決定することが「人材戦略」ということになります。

戦略ごとの数値的な計画、すなわちKPIを立ててみると、現在の自社のリソースやノウハウで実現できる数値とのギャップが見えてきます。10年後の人材ポートフォリオが野心的であればあるほどこのギャップは大きくなります。こうしたギャップを解消して、人材ポートフォリオを実現するための具体的な施策が「人材戦術」となるわけです。

図表6-5　メンバーズの「VISION2020」で設定されていたKPI

	テーマ	2015-2016	2017-2018	2019-2020
結果指標	売上（営業利益率）	75億（6%）	100億（8%）	150億（10%）
	EMC社数※	40社	45社	50社
	社員数	500名	700名	1000名
業務推進指標	技能スキルの向上（1人1ヶ月当たり研修時間）	4H	6H	8H
	体制の拡大	プロデューサー 70名	プロデューサー 110名	プロデューサー 150名
		地方率34% 直応募率35%	地方率46% 直応募率45%	プロパー率66% 地方率60% 直応募率50%
		離職率10%	離職率7%	離職率5%
	変革リーダーシップ（ビジネスアイデアコンテスト参加率）	20%	20%	20%
	価値観の共有（ES調査:ミッション共感率）	50%	70%	90%

出典：メンバーズ「Road to 2020」（社内資料）
※EMC：エンゲージメントマーケティングセンターの略。デジタルマーケティング運用専任チーム。

第4章でご紹介したメンバーズの「VISION2020」で設定されていたKPI（図表6－5参照）は、パーパスに基づき、売上150億、営業利益率10%をどのようなビジネスで達成するのか、その際の社員数などの結果指標を設定するところから始まっています。

業務推進指標はすべて人的資本に関わるものです。キーとなっている社員数1000名をどのように実現するかという方向性を示しています。1000名のうち9割以上がデジタルクリエイターであり、その中から大型案件を差配できるプロデューサーを育成していくという計画です。

もっとも難易度が高かったのは、150名のプロデューサーを育成することでした。そのために大規模採用ノウハウや育成体制の確立、離職率低減などを柱に据え、以下のような初年度の具体的な施策（戦術）に落とし込んでいったのです。

20期（2014年4月−2015年3月）人材開発室方針（川井）

1.「2020年プロデューサー150名」の道筋を立てる
・初中級育成プログラムのラインナップ開発と実施
・新卒90名の内定承諾と大規模採用可能なノウハウ構築
・通年採用・通年入社のスキームづくり
・女性社員の活躍の推進

2.計画採用の開始とフローの定着
・人事主導型計画採用の開始（採用費を人材開発室に集約）
・採用プロセスの見直しと新フローの定着
・採用チャネルの拡大（媒体、エージェント、紹介予定派遣、スクール）
・エンジニア採用メソッドの構築

3.直接応募率の向上
・セミナー、勉強会の定期開催による知名度、認知度向上

・社員紹介強化施策の推進（ツール拡充、評価制度への組み込み）
・ソーシャルリクルーティングの本格着手
・パートナー社員、派遣社員からの社員登用の強化

4.「2020年、離職率5％」達成に向けての施策実施
・ローテーションスキームの構築と定着
・上級育成プログラムのトライアルと実施
・専門職の階層化の検討
・MVVS研修の継続実施と強化

出典：メンバーズ「Road to 2020」（社内資料）

「人材版伊藤レポート2・0」は人材戦術の宝庫

経営戦略と紐づいた人材戦略や戦術を検討する際には、2022年5月に経済産業省から発表された「人材版伊藤レポート2・0」を参照することをお勧めします。伊藤レポート策定のもととなった「持続的な企業価値の向上と人的資本に関する研究会」や「人的資本経営の実現に向けた検討会」の座長は一橋大学の伊藤邦雄先生であり、委員の多くが民間企業の人事責任者や投資家で構成されているため、机上の空論ではない現場の視点から生まれた施策が盛り込まれているからです。

２０２０年９月に発表された初版の「人材版伊藤レポート」においては、「人材戦略に求められる３つの視点（３Ｐ）・５つの共通要素（５Ｆ）」という図式が示されていますが、「人材版伊藤レポート２・０」では、これらが一括りに記載されていることもあり、私はこれらをまとめて、８つのアクション（８Ａ）と名付けています。

1. 経営戦略と人材戦略を連動させるための取組
2. 「As is - To be ギャップ」の定量把握のための取組
3. 企業文化への定着のための取組
4. 動的な人材ポートフォリオ計画の策定と運用
5. 知・経験のダイバーシティ＆インクルージョンのための取組
6. リスキル・学び直しのための取組
7. 社員エンゲージメントを高めるための取組
8. 時間や場所にとらわれない働き方を進めるための取組

出典：経済産業省「人材版伊藤レポート２・０」

ここで挙げられている８つのアクションには、実践的で取り組む価値のある施策が数多く含まれており、まさに人材戦術の宝庫だと言えると思います。

私がメンバーズで人事責任者を務めていた２０１４年から２０１８年にかけては、「人材版伊藤レポート」

はまだ存在していませんでしたが、当時、取り組んできた施策を振り返ると、この8つのアクションすべてを網羅してきたという実感があります。

「人材版伊藤レポート2・0」では、以下のような但し書きがついていますが、私の経験上からはすべての項目に取り組む価値があると思いますし、これ以上の施策はそう簡単に見いだすことができないのではないかとも思います。

> ただし、各企業が、この報告書の中で挙げる全ての項目にチェックリスト的に取り組むことを求めるものではない。企業によって、その事業内容や置かれた環境は様々であり、外形的に当てはめて行動することは、必ずしも意味をなさない。ここで挙げた内容以外の取組が有効な打ち手となることも考えられ、各企業が主体的に、人的資本経営をどのように実践すべきか考えていくことが求められる。
>
> 出典：経済産業省「人材版伊藤レポート2・0」※傍線は著者追加

人的資本の情報開示

2022年6月の「金融審議会ディスクロージャーワーキング・グループ報告」において、有価証券報告書にサステナビリティ情報の「記載欄」を新設する方針が示され、「記載欄」の「戦略」の枠に、人的資本についての「人材育成方針」「社内環境整備方針」の開示が求められることとなりました。

図表6-6 「人的資本可視化指針」による開示項目の例

育成	リーダーシップ
	育成
	スキル/経験
エンゲージメント	エンゲージメント
流動性	採用
	維持
	サクセッション
ダイバーシティ	ダイバーシティ
	非差別
	育児休暇
健康・安全	精神的健康
	身体的健康
	安全
労働慣行	労働慣行
	児童労働/強制労働
	賃金の公正性
	福利厚生
	組合との関係
コンプライアンス/倫理	コンプライアンス/倫理

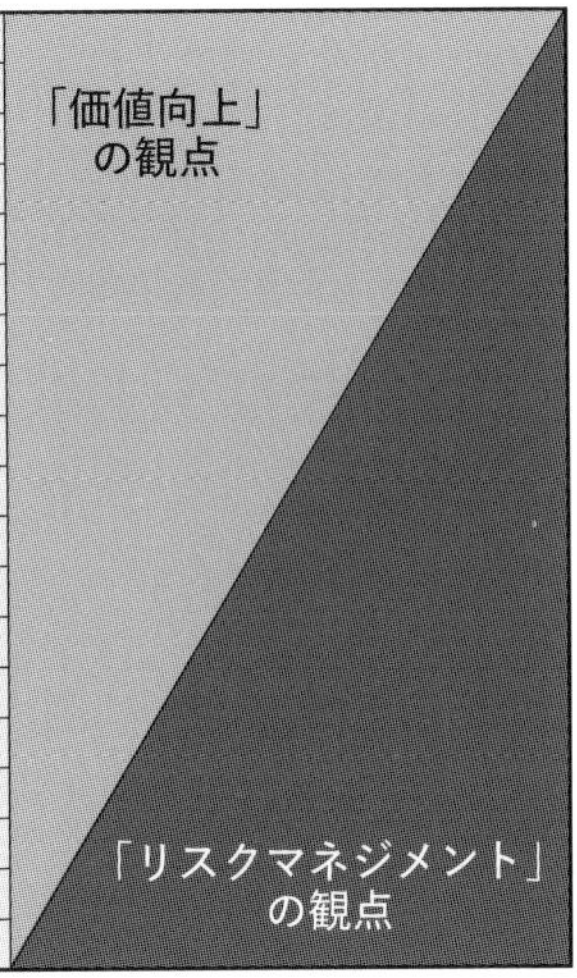

出典：内閣官房 非財務情報可視化研究会「人的資本可視化指針」より著者作成

また、多様性については、「男女間賃金格差」「女性管理職比率」「男性育児休業取得率」の3つを有価証券報告書の「従業員の状況」の中の開示項目に追加することも示されました。

２０２２年８月に内閣府が発表した「人的資本可視化指針」においては、ＩＳＯ３０４１４など欧米の開示項目を参考にした19の開示推奨項目（図表６－６参照）が示されましたが、上場企業についても開示の義務化はされませんでした。政府としては、法定開示ではなく、企業の自主性を重んじる方針をとったものと考えられます。

こうした方針を踏まえると、「人材育成方針」「社内環境整備方針」「男女間賃金格差」「女性管理職比率」「男性育児休業取得率」といった開示が義務化されている項目は重要な項目であると考えるのが自然です。

特に「男女間賃金格差」は女性活躍推進法によっ

図表6-7　男女間賃金格差の要因

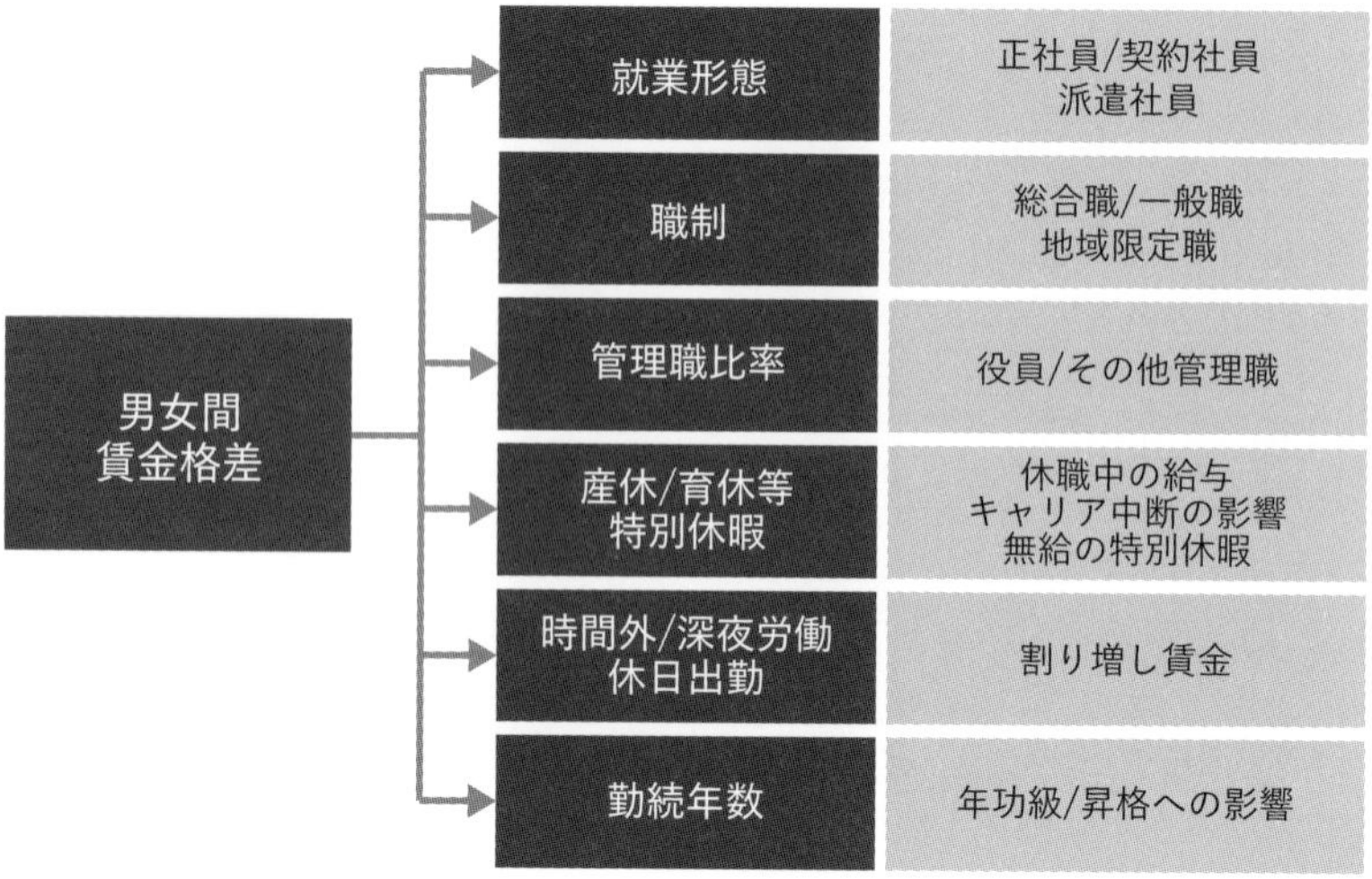

出典：著者作成

て、労働者数が３０１人以上の企業に対して２０２２年７月から開示が義務化されている項目でもあり、ダイバーシティ実現を図るＫＰＩとして優れたものだと考えています。

図表６－７は、男女間賃金格差の要因をブレイクダウンしたものですが、このように考えると、どこにダイバーシティを阻害している要因があるのかが明確となり、打ち手を検討しやすくなるのです。

開示を目的化しないための人的資本の情報開示

日本の企業は情報開示と聞くと過敏な反応を示す傾向があるように思います。日本人の気質なのかもしれませんが、きちんと筋が通っていて隙のない情報でないと開示できないという雰囲気を感じることもあります。また、「自社の課題」を明示することに対する強い抵抗感があるように思います。結果的には営業パンフレットのような開示資料が出来上

図表6-8　人的資本経営による企業価値向上のスパイラルアップモデル

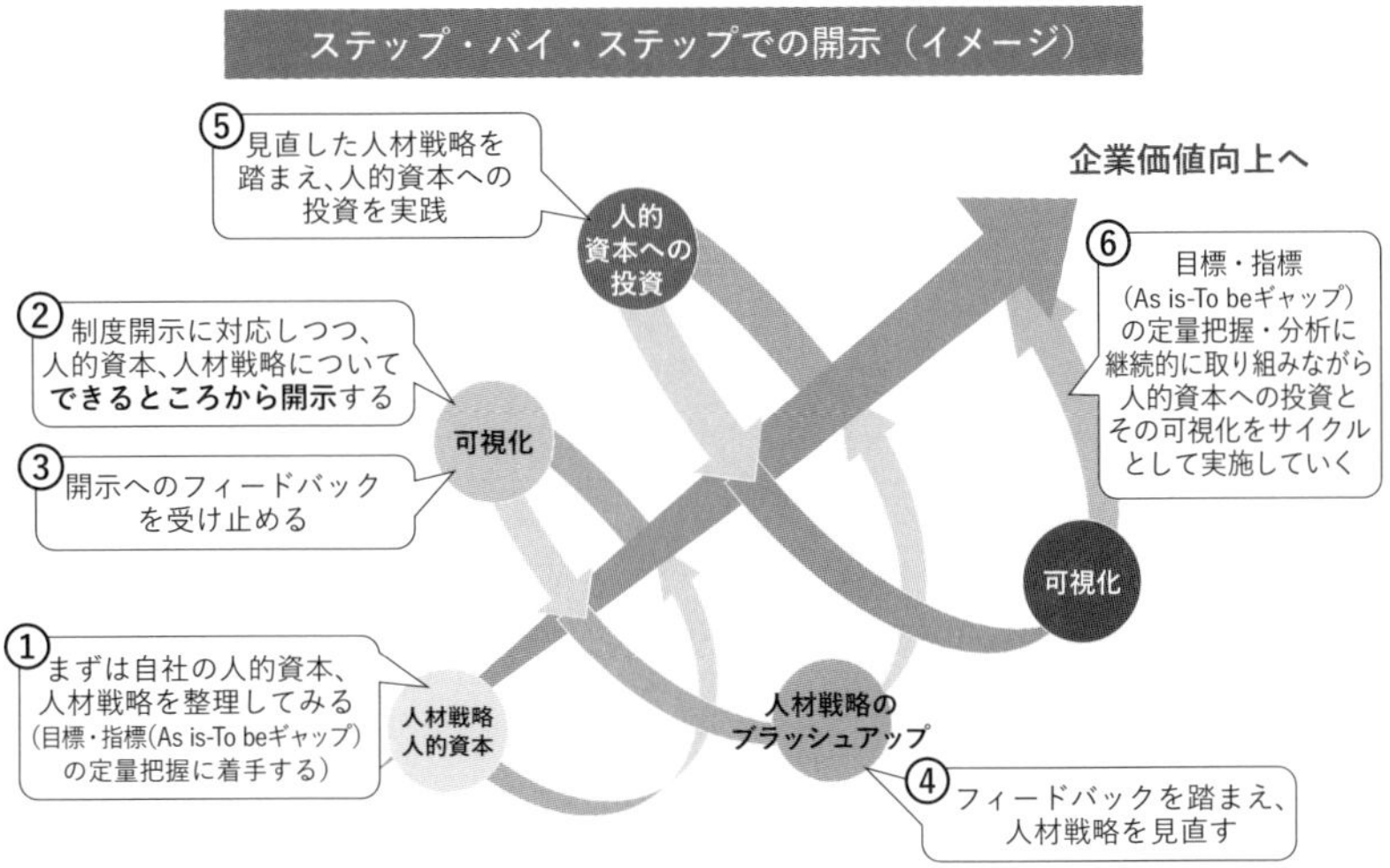
ステップ・バイ・ステップでの開示（イメージ）
企業価値向上へ
⑤見直した人材戦略を踏まえ、人的資本への投資を実践
人的資本への投資
②制度開示に対応しつつ、人的資本、人材戦略についてできるところから開示する
③開示へのフィードバックを受け止める
可視化
⑥目標・指標（As is-To beギャップ）の定量把握・分析に継続的に取り組みながら人的資本への投資とその可視化をサイクルとして実施していく
可視化
①まずは自社の人的資本、人材戦略を整理してみる（目標・指標(As is-To beギャップ）の定量把握に着手する）
人材戦略 人的資本
人材戦略のブラッシュアップ
④フィードバックを踏まえ、人材戦略を見直す

出典：内閣官房 非財務情報可視化研究会「人的資本可視化指針」

がっていることも少なくありません。

要因の一つには開示が目的化していることも挙げられます。何のために開示をするかという「本来の目的」が社内で共有されていないのではないかと思います。

「人的資本可視化指針」では図表6－8のようなスパイラルアップモデルが紹介されています。人的資本、人材戦略について、できるところから開示し（②）、開示へのフィードバックを受け止める（③）とされています。また、そのフィードバックを踏まえ、人材戦略を見直し（④）、人的資本への投資を実践（⑤）するサイクルを回していく（⑥）という流れが推奨されているのです。

つまり、人的資本の情報開示の目的は、人材戦略を磨き上げ、企業価値を向上させていくことなのです。そのために戦略を構築し、外部に開示をしてフィードバックを受けるわけです。外部から有効な

図表6-9　多くの企業の人的資本の情報開示項目

社内の取組の棚卸し	受賞履歴の公表	各種実績データ
社内の制度や研修、その他の取り組みを１つ１つ詳細な解説を記載して紹介	くるみんやホワイト企業などの認定実績や民間のアワードの受賞実績などを紹介	過去数年と直近の実績データと当期及び翌期の目標数値を並べて記載
・アニバーサリー休暇制度 ・長期休暇制度 ・産休/育休制度 ・リモートワーク制度 ・時短制度 ・育成体系 ・eラーニング/社外講座支援 ・階層別研修/スキル研修 ・評価/等級/報酬制度 ・ローテーション制度 ・副業制度　など	・くるみん認定 ・えるぼし認定 ・なでしこ銘柄 ・ホワイト企業認定 ・健康経営優良法人認定 ・ユースエール認定 ・安全衛生優良企業公表 ・エコファースト認定 ・新ダイバーシティ経営企業100選　など	・女性管理職比率 ・障害者雇用比率 ・平均年齢 ・離職率 ・育児休暇取得率 ・育児休暇からの復帰率 ・平均在籍年数 ・健康診断受診率 ・健康プログラム参加者数 ・禁煙プログラム参加者数 など

出典：著者作成

フィードバックを受けるためには、自社のアピールポイントだけでなく、課題とその解決策についても明示することが重要となってきます。

ところが、多くの企業の人的資本の情報開示は、図表６－９のような内容にとどまっていることが多く、課題や解決のための戦略などには言及されていません。

「当社に人的な課題はありません」というご意見もあるかとは思いますが、それはあくまで現状維持やこれまで通りの緩やかな成長を想定した場合ではないでしょうか。中長期のスパンで野心的な事業ポートフォリオを作り、それに紐づく人材ポートフォリオを実現すると考えると、課題はいくつも可視化されるはずです。

人的資本への取り組みを財務価値やパーパスの実現につなげる

多くの上場企業の2023年版の統合報告書では、人的資本への取り組みについての開示がされていますが、SOMPOホールディングスは、2022年の統合レポートより、人的資本への取り組みについての「インパクトパス」と名付けられたマップを作成し、毎年進化させています（図表6－10は2023年版）。「MYパーパスの追求」を起点にし、「多様な働き方を推進」する各種のアクションを実施することで、個人、関係性、そして組織の変化を生み出し、エンゲージメント向上に繋げるという「内なる変化」を通じて、価値創出に向けた行動（チャレンジ）を増加させる「表出する変化」を生み出すという戦略が非常にわかりやすくまとめられています。

最終的には、短期的なアウトカムだけでなく、中長期的なアウトカムを通じて、財務価値の向上、パーパスの実現を目指していくという強い思いも感じられる素晴らしいプランだと思います。

私は2022年版の段階から注目して見てきたのですが、2023年版ではさらに多角的な視点が加わり、取り組みを進捗させながらブラッシュアップされた様子がうかがえます。

「非財務価値」を「未実現財務価値」と名付けている点も見逃せません。「非財務価値」と「財務価値」を時間軸で切り分けつつ、一体化させていこうとするストーリーを感じるからです。まさに「統合」の理想形だと言えると思います。

価値につながるものであることをふまえ、当社では「未実現財務価値」と呼んでいます。

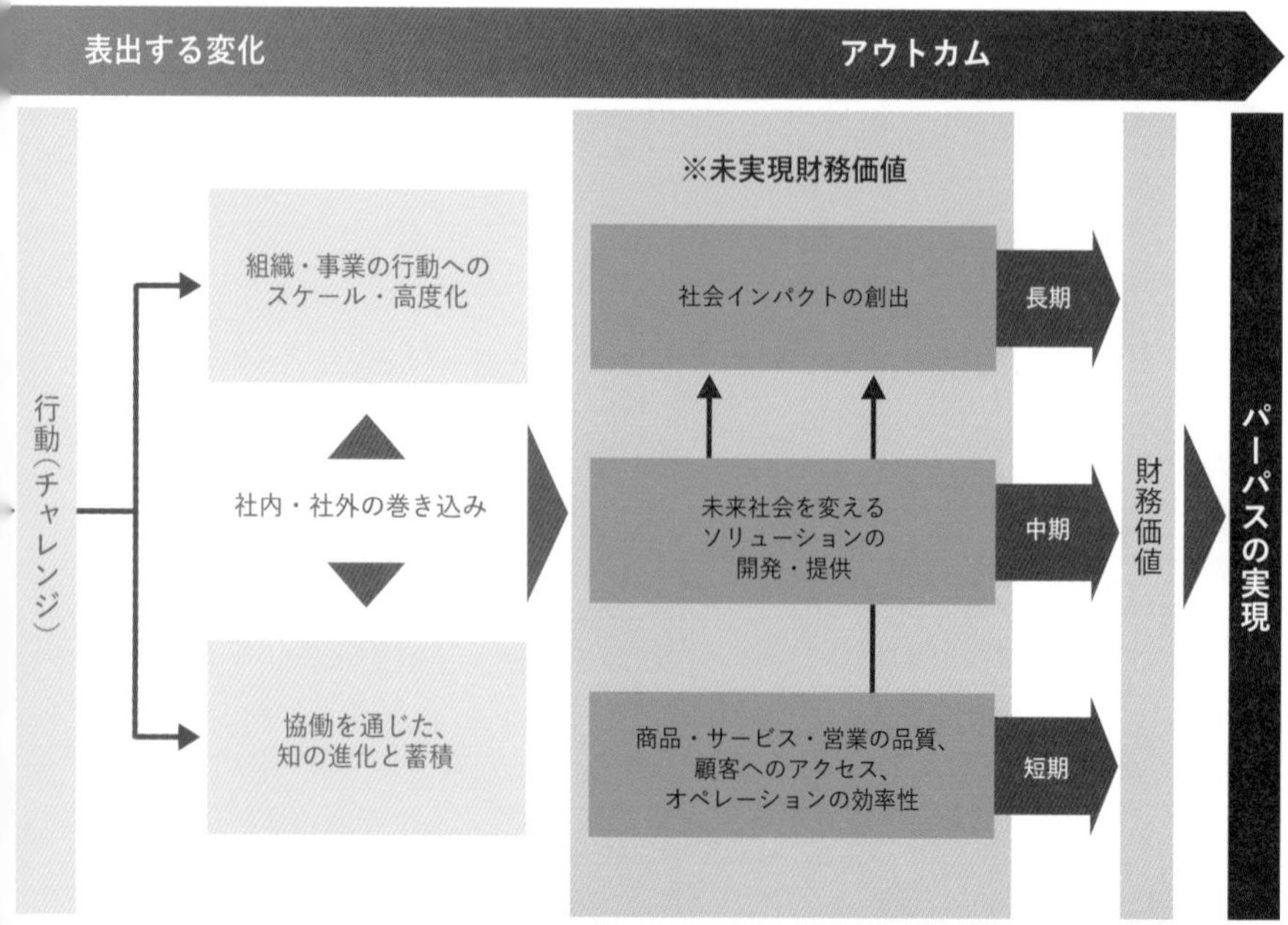

表出する変化～アウトカムのKPI		
KPI	具体的内容	2022年度実績
チャレンジ	ＳＯＭＰＯアワード応募数	993件
コミュニケーション	ＳＯＭＰＯアワード社員投票数	7,493票
品質/お客さま評価	重点販売商品の販売件数・保険料	販売件数39.9万件　保険料45.3億円
	自動車事故の保険金支払に関するお客さま満足度	対前年比　0.8pt低下
	Insurhealth®の販売件数/保有件数	販売件数44万件　保有件数110万件
	マイリンククロス会員数	77万人
	介護利用者数	9.2万人
ソリューション	介護RDP（『egaku』）の営業利益	目標値：2030年までに100億円 *5
	RDP活用商品・サービスの外販・収益化	2023年度より『egaku』が事業化
社会インパクト	介護RDP（『egaku』）が創出する社会インパクト	目標値：2040年までに3.7兆円 *5
	投融資GHG削減率	2019年比　11%削減 *6

*5 2023年度の事業化のため、目標値を記載　*6 2021年度の実績値を記載

図表6-10　SOMPOホールディングスの人的資本インパクトパスの可視化

※財務諸表に表れない価値は、一般的に「非財務価値」と呼ばれていますが、これらが中長期的に財務価値・

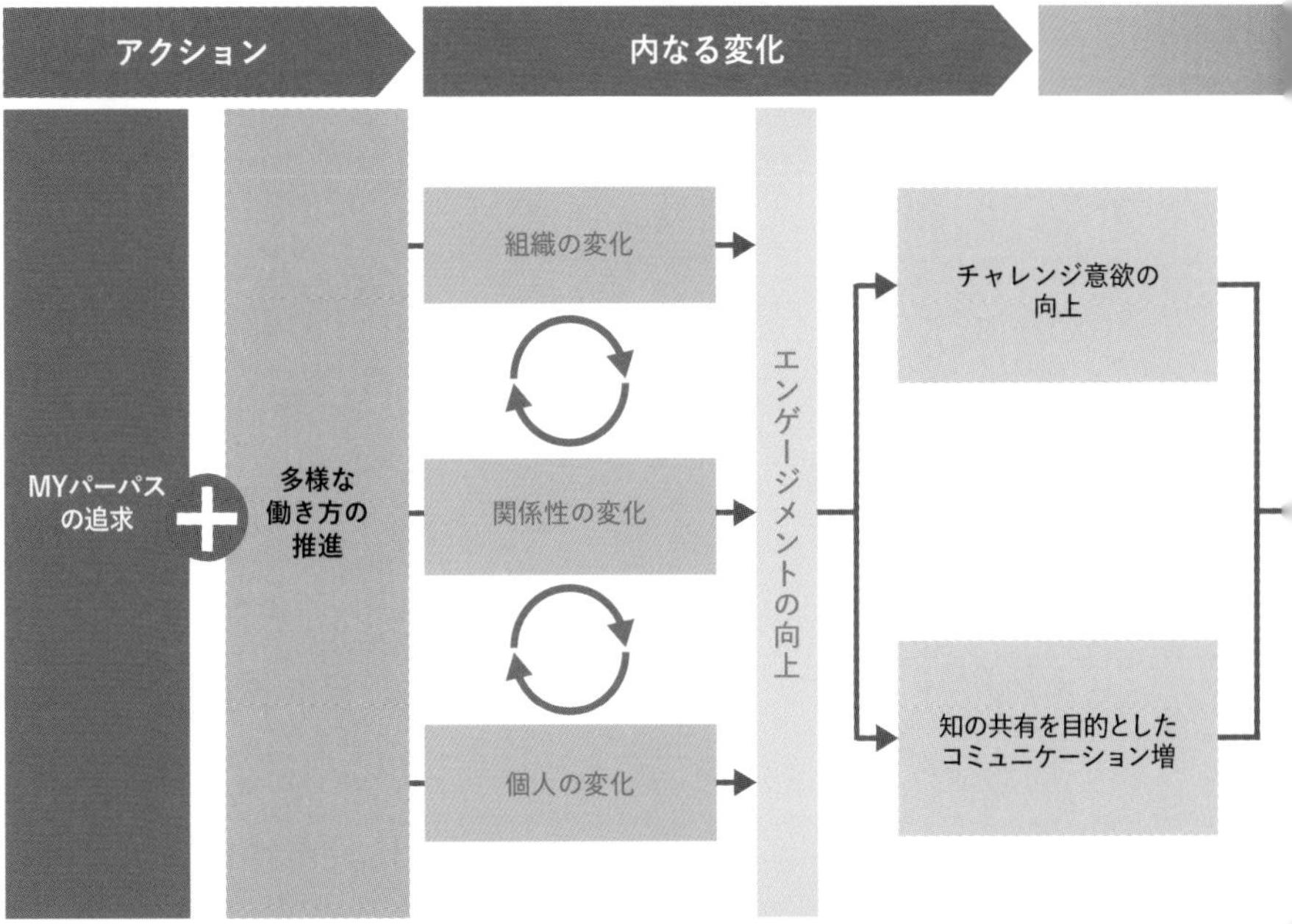

主要KPI	アクション〜内なる変化のKPI		
	KPI	具体的内容	2022年度実績
	MYパーパス	役職員数	74,654人(男性27,446人、女性47,208人
		MYパーパス研修受講率	90% *1
	エンゲージメント	従業員エンゲージメント	国内 3.50pt 海外4.12pt *2
		健康経営®に関連する生産性指標（WLQ）	93.5%
		健康経営®優良法人認定社数	22社(大規模14社、中規模8社)
	I&D関連	女性役員比率(2023年4月1日時点)	11.5%
		外国籍役員比率(2023年7月1日時点)	15.2% *3
		サクセッション・プランにおける女性候補者比率	41.9% *4
		女性管理職比率(2023年4月1日時点)	28.1%
		障がい者雇用率(2023年4月1日時点)	2.36%

*1 当社および国内グループ会社の受講率　*2 GallupQ12の平均得点。2023年度末の目標値は、国内3.70pt/海外4.10ptに設定
*3 当社の取締役、執行役、執行役員における比率（5/33名）　*4 グループCEO、グループCOO、グループCxO、事業オーナーをは
とするキーポスト（86ポスト）が対象

出典：SOMPOホールディングス「統合レポート2023」

非上場の企業が人的資本の情報開示を行う狙い

２０２３年8月に「人的資本レポート」を公開したdivxの事例をご紹介したいと思います。

divxは、ＡＩ技術を活用したスピーディで高品質なソフトウェア開発及びソリューション提供を行うクリエイティブカンパニーです。

同社は、「デジタル人材不足という国難を解決する」というパーパスに基づき、日本全体のデジタル人材不足分の1％以上を担うという野心的なビジョンを掲げ、２０３０年に総従業員数を３０００名まで増やすという目標を設定しました。この人的資本レポート公開時の同社の総従業員数は１２７名ですので、かなりのムーンショットであると言えます。

この目標を達成するために、現状とのギャップを分析し、道筋とＫＰＩを定め、大きな課題となりそうな部分を「強化ポイント」として、明確にしたのが図表6－11の「取り組み・目標値の全体図（ＭＡＰ）」です。

同社は非上場企業ですので、「人的資本レポート」を社内外へ公開した主な目的は、投資家への開示ではありません。開示の対象は顧客やパートナー企業、そして従業員です。企業の人的資本への取り組みは、従業員側から見れば、自分たちの人生やキャリアに関わる大きな問題です。こうした情報開示を通じて、企業と従業員の相互理解を図ることができるのは貴重な機会であると言えます。

反対に、投資家を主な対象として情報開示を行った場合でも従業員は開示情報を目にすることとなります。情報開示は社内外に対して行うという前提で考えることが必要なのです。

人的資本への取り組みを企業価値に繋げる「人的資本経営」の全体像を図表6－12のようにまとめてみましたので、人材戦略構築や情報開示の際に参考にしていただければ幸いです。

人的資本経営の目指すゴールは、パーパスやマテリアリティの実現です。サステナビリティ経営にシフトし、社会的インパクトを創出できるように人的資本を向上させることが持続的な企業価値向上にも繋がるのです。

人的資本経営実現のためのフレームワーク

最後に、ここまで説明してきた人材戦略の構築ノウハウを体系化した2つのフレームワークをご紹介したいと思います。

まずは、Unipos の田中弦社長が考案した「人的資本経営フレームワーク（田中弦モデル）」です（図表6－13参照）。田中社長は、3500以上の統合報告書や有価証券報告書などの開示情報をリサーチし、本フレームワークを開発しました。ステップ①からステップ⑤のプロセスを行うことで、バラバラに検討しがちな人事戦略全体を経営戦略と紐づけながら整理できる価値創造ストーリー構築が可能なフレームワークです。クリエイティブコモンズの（表示－継承）ライセンスで無償配布されていますので、ご興味のある方は試してみていただければと思います。

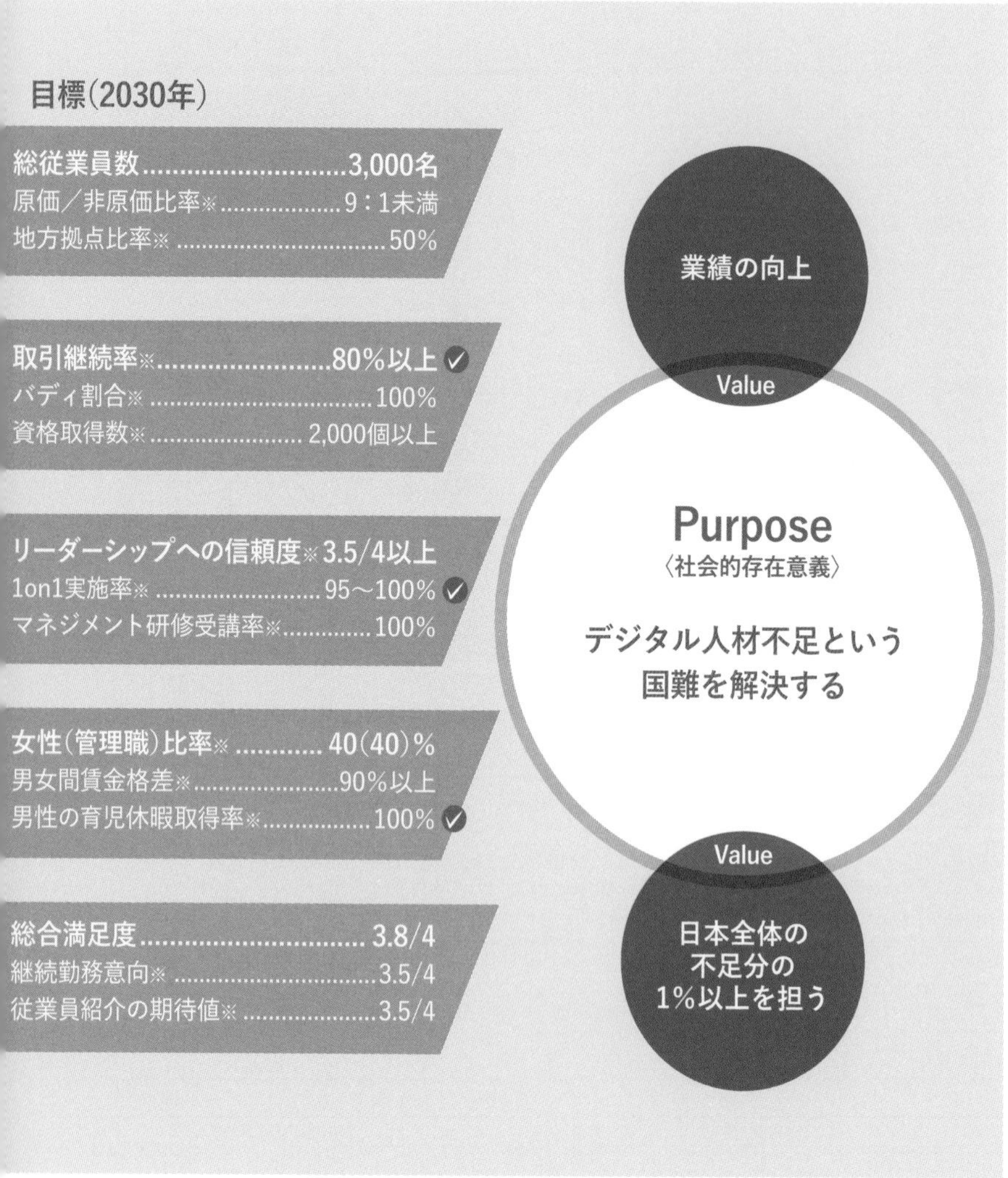
目標（2030年）
総従業員数……3,000名
原価／非原価比率※……9：1未満
地方拠点比率※……50%
取引継続率※……80%以上 ✓
バディ割合※……100%
資格取得数※……2,000個以上
リーダーシップへの信頼度※3.5/4以上
1on1実施率※……95～100% ✓
マネジメント研修受講率※……100%
女性（管理職）比率※……40（40）%
男女間賃金格差※……90%以上
男性の育児休暇取得率※……100% ✓
総合満足度……3.8/4
継続勤務意向※……3.5/4
従業員紹介の期待値※……3.5/4
業績の向上
Value
Purpose
〈社会的存在意義〉
デジタル人材不足という
国難を解決する
Value
日本全体の
不足分の
1%以上を担う

図表6-11　divxの人的資本経営に向けた取り組み　取り組み・目標値の全体図（MAP）

Vision：企業のデジタル課題を解決できるデジタル人材を育成により増やす

採用戦略 P.28

・ポテンシャル採用　★女性採用（ポジティブ・アクション）　★地方採用

育成と文化 P.30

・AI 人材育成　・未経験者育成　・バディ制度　・資格取得支援等制度

組織統制とマネジメント P.34

★マネジメント研修　・ミッショングレード制　★地方拠点活用

働きやすさと多様性 P.36

★ジェンダー平等　★外国人比率改善　・勤務体系改善

幸福度・健康度 P.40

・面談記録やアンケート　★外部相談窓口　★理念共感　・月次総会の実施

★＝強化ポイント　✔=2023年度時点で目標到達済
※=P26の項目／定義により算出

出典：divx「2023年度 人的資本レポート」

図表6-12　人的資本経営の全体像

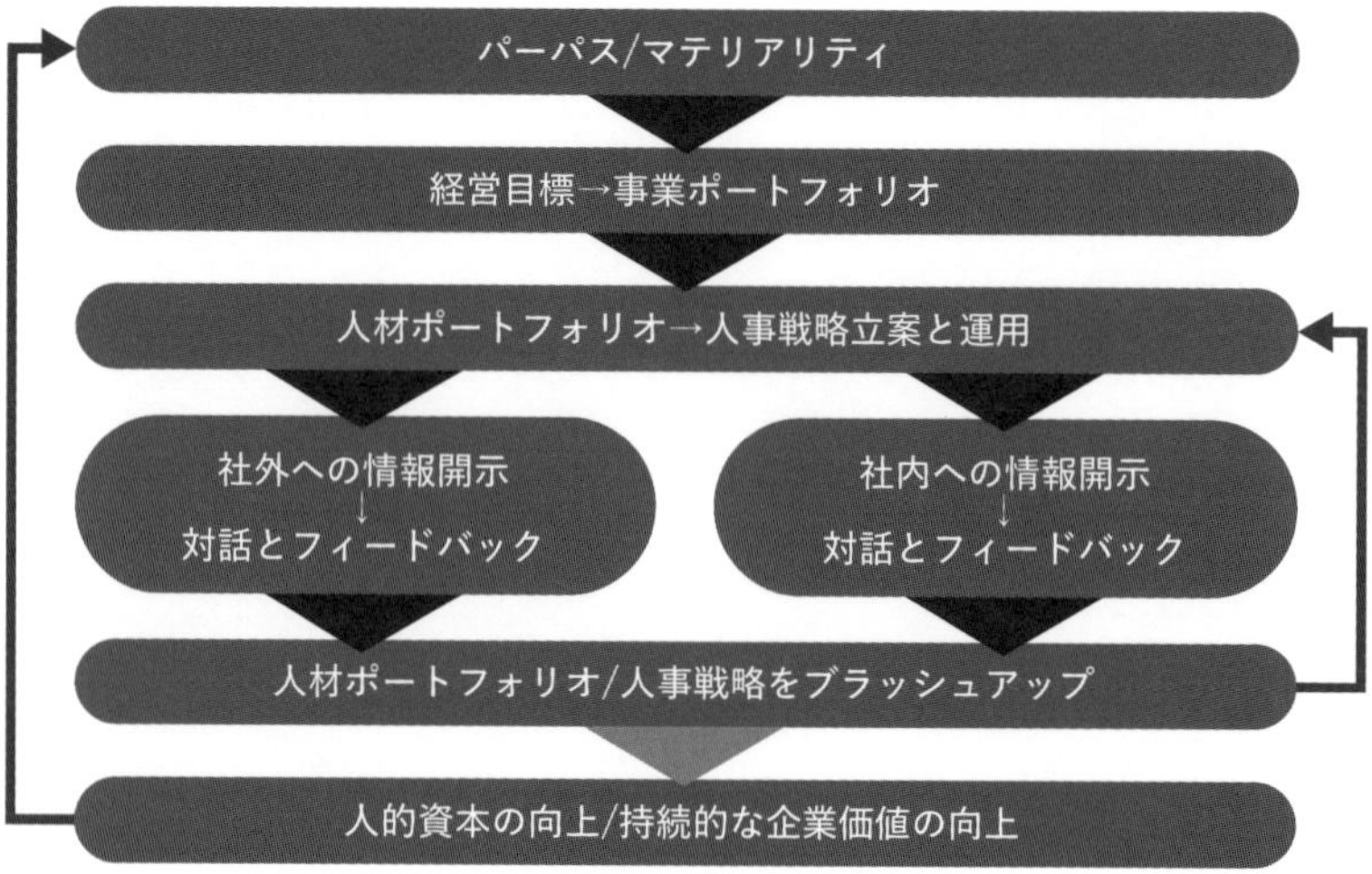

出典：著者作成

図表6-13　人的資本経営フレームワーク（田中弦モデル）

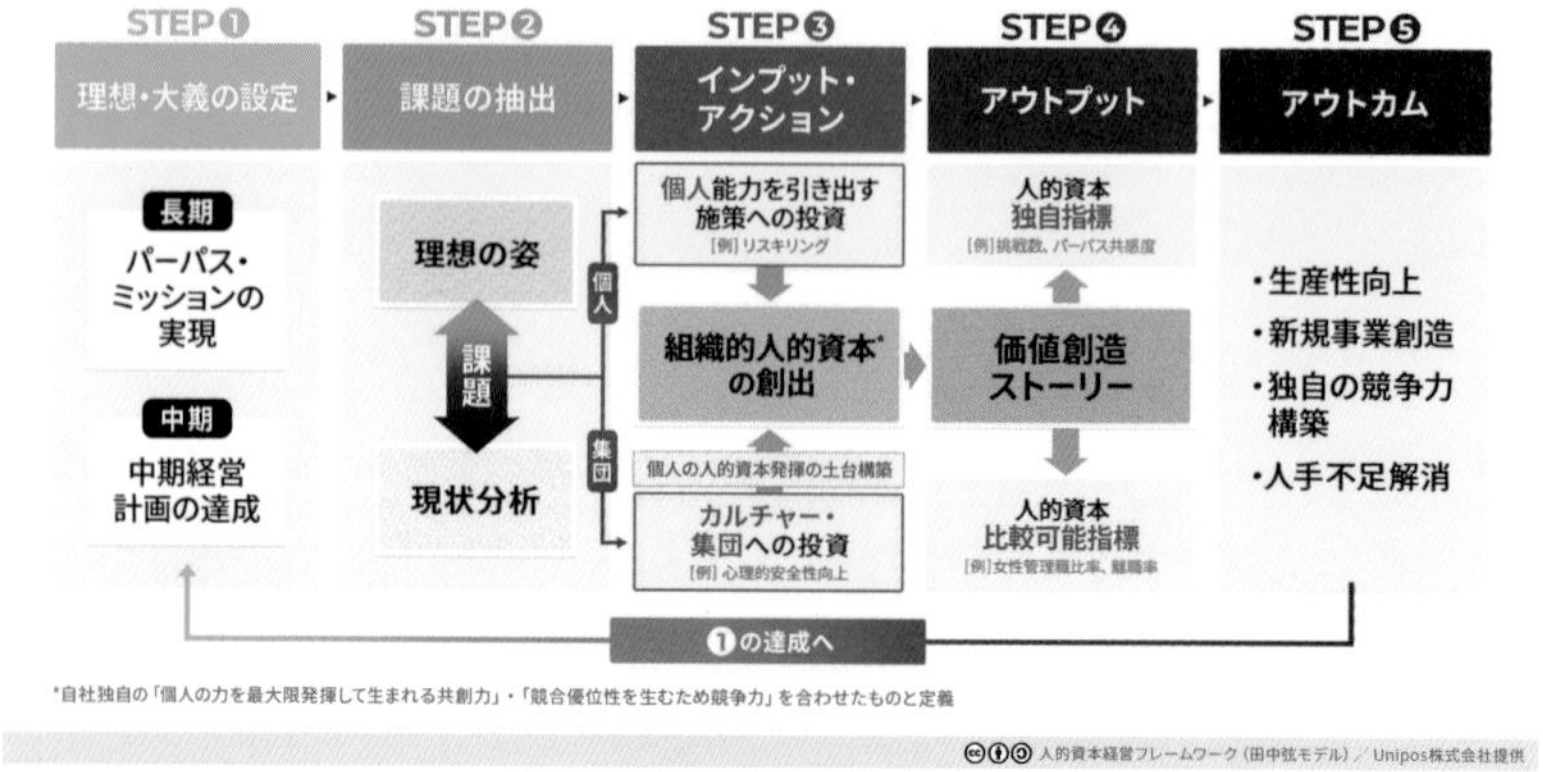

出典：人的資本経営フレームワーク（田中弦モデル）／Unipos株式会社提供

図表6-14　Human Capital Management Canvas

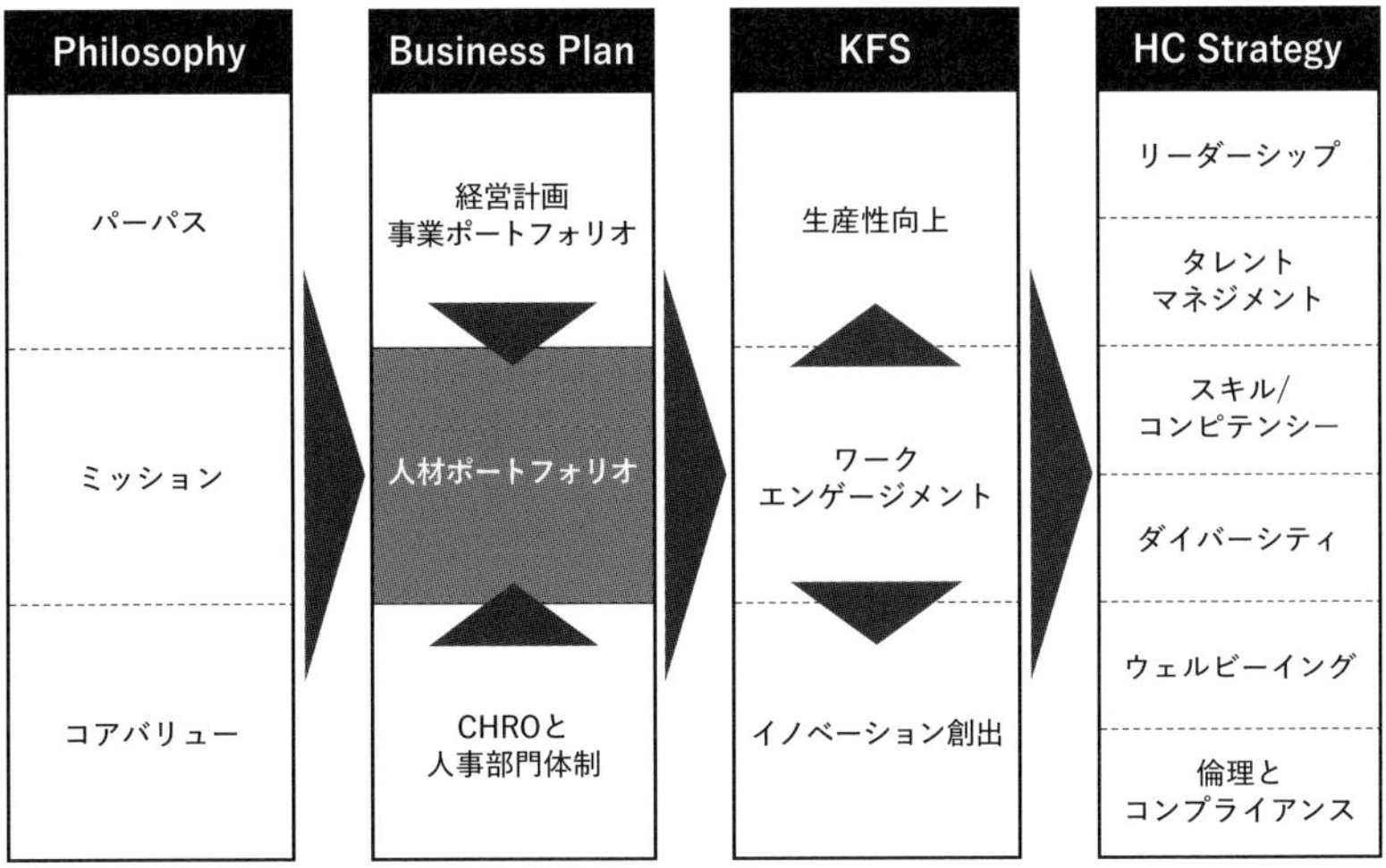

出典：合同会社持続可能「Human Capital Management Canvas」

もう一つは、私自身が体系化した「Human Capital Management Canvas」です（図表6－14参照）。このフレームワークも「CSV Model Canvas」同様、すでに企業コンサルティングの現場で活用し磨き上げてきた実践的なもので、矢印に従い、左から順に検討を進めると、経営戦略と紐づいた人材戦略の構築が可能となります。

キーとなるのは「人材ポートフォリオ」です。中長期的な「人材ポートフォリオ」がないと、目先の困ったことに対応する管理的な人事部門にならざるを得ません。また、「ワークエンゲージメント」は生産性の向上やイノベーションの創出に寄与する重要な要素です。

ＫＦＳとHC Strategyを構成するブロックは、課題や戦略の方向性によって可変する想定をしています。そしてブロックの構成ロジックが「人的資本への取り組みのストーリー」となるのです。この9

つのブロックをどのように組み立てるか、それがＣＨＲＯと人事部門の腕の見せ所と言えるでしょう。

人的資本への取り組みとＣＳＶ及び人権の関係

人的資本への取り組みは、従業員の持つ課題を解決することや従業員の人生を豊かにするために様々な「投資」を行うことでもあります。従業員という「人」の持つ様々な課題を解決し、より自分らしく生きることができる「場」を企業が提供するということなのです。

こうした考え方は、第4章でご紹介した「バリューチェーンのＣＳＶ」と通じるものです。

マイケル・Ｅ・ポーターとマーク・Ｒ・クラマーは２０１１年に「Harvard Business Review」に発表した「共通価値の戦略」で、ジョンソン&ジョンソン社が従業員の禁煙支援をはじめとした健康増進プログラムを実施した結果、医療費の大幅な削減と生産性の向上を実現したという事例を紹介しています。この事例は「従業員の健康」という課題を解決することで業績を向上させるＣＳＶ事例です。人的資本への取り組みはＣＳＶの一つの在り方なのです。

また、注意したいのは、人的資本への取り組みの根底には人権問題があるという点です。

世界経済フォーラムが２０２３年6月に発表した「Global Gender Gap Report」（世界男女格差報告書）によると、日本の順位は１２５位（１４６カ国中）で東アジア・太平洋地区19カ国中で最下位となっていますが、要因は明らかに政治分野（１３８位）及び経済分野（１２３位）であり、健康、教育といった項目ではトップクラスの国々と遜色がありません。

誤解を恐れずに言えば、政治の場や職場において、男女の差別があり、同等の権利が守られていないのです。経済産業省が発信する人的資本への取り組みでは、経済合理性の側面のみが強調されていますが、根底にはこうした人権問題があることを経営者は忘れてはならないと思います。

ちなみに、「Global Gender Gap Report 2023」によると、ジェンダーギャップ解消のペースは鈍化しており、このままのペースでは、ギャップ解消には131年かかり、世界全体での男女平等の達成は2154年になるだろうと予測されています。

2　企業と人類の存亡をかけた生物多様性への取り組み

本節では、2024年からTCFDと同様の本格的な取り組みが求められると予想される「生物多様性」について取り上げます。2023年9月にTCFDの生物多様性版であるTNFD（Taskforce on Nature-related Financial Disclosures）の最終提言であるVer1.0がリリースされ、特に上場企業は情報開示に苦労するかとは思いますが、本書では「生物多様性」の背景やなぜ取り組む必要があるのか、また気候変動への取り組みとの違いや統合の必要性に触れていければと思っています。

生物多様性とは

「生物多様性（Biodiversity）」という言葉は、1986年にアメリカの昆虫学者エドワード・オズボーン・ウィルソンが「生物学的多様性フォーラム」の報告書で用いたのが最初といわれています。この「生物多様性」というキーワードが、ビジネスにおいても注目され始めているのですが、具体的にはどのような問題があるのか、いまひとつピンとこないという声をよく聞きます。

「生物多様性」というと、多くの人々は絶滅種の問題と認識する傾向があるため、最近よく使われるようになった「自然資本」という表現の方が、理解がしやすいかもしれません。

環境省が公開しているウェブサイト「みんなで学ぶ、みんなで守る生物多様性 -Biodiversity-」では、生物多様性について以下のように記載されています。

> 生物多様性とは、生きものたちの豊かな個性とつながりのこと。地球上の生きものは40億年という長い歴史の中で、さまざまな環境に適応して進化し、3000万種ともいわれる多様な生きものが生まれました。これらの生命は一つひとつに個性があり、全て直接に、間接的に支えあって生きています。生物多様性条約では、生態系の多様性・種の多様性・遺伝子の多様性という3つのレベルで多様性があるとしています。
>
> **3つのレベルの多様性**
>
> 〈生態系の多様性〉
> 森林、里地里山、河川、湿原、干潟、サンゴ礁などいろいろなタイプの自然があります。
>
> 〈種の多様性〉
> 動植物から細菌などの微生物にいたるまで、いろいろな生きものがいます。
>
> 〈遺伝子の多様性〉
> 同じ種でも異なる遺伝子を持つことにより、形や模様、生態などに多様な個性があります。
>
> 出典：環境省「みんなで学ぶ、みんなで守る生物多様性 -Biodiversity-」より著者抜粋

図表6-15　生きている地球指数の推移

調査対象とした世界全体の5,230種、31,821の個体群は平均で相対的に69%の減少を示した。白い線は指数値を示し、色のついた部分は統計信頼区間を示す（統計信頼区間95%、範囲63%～75%）。

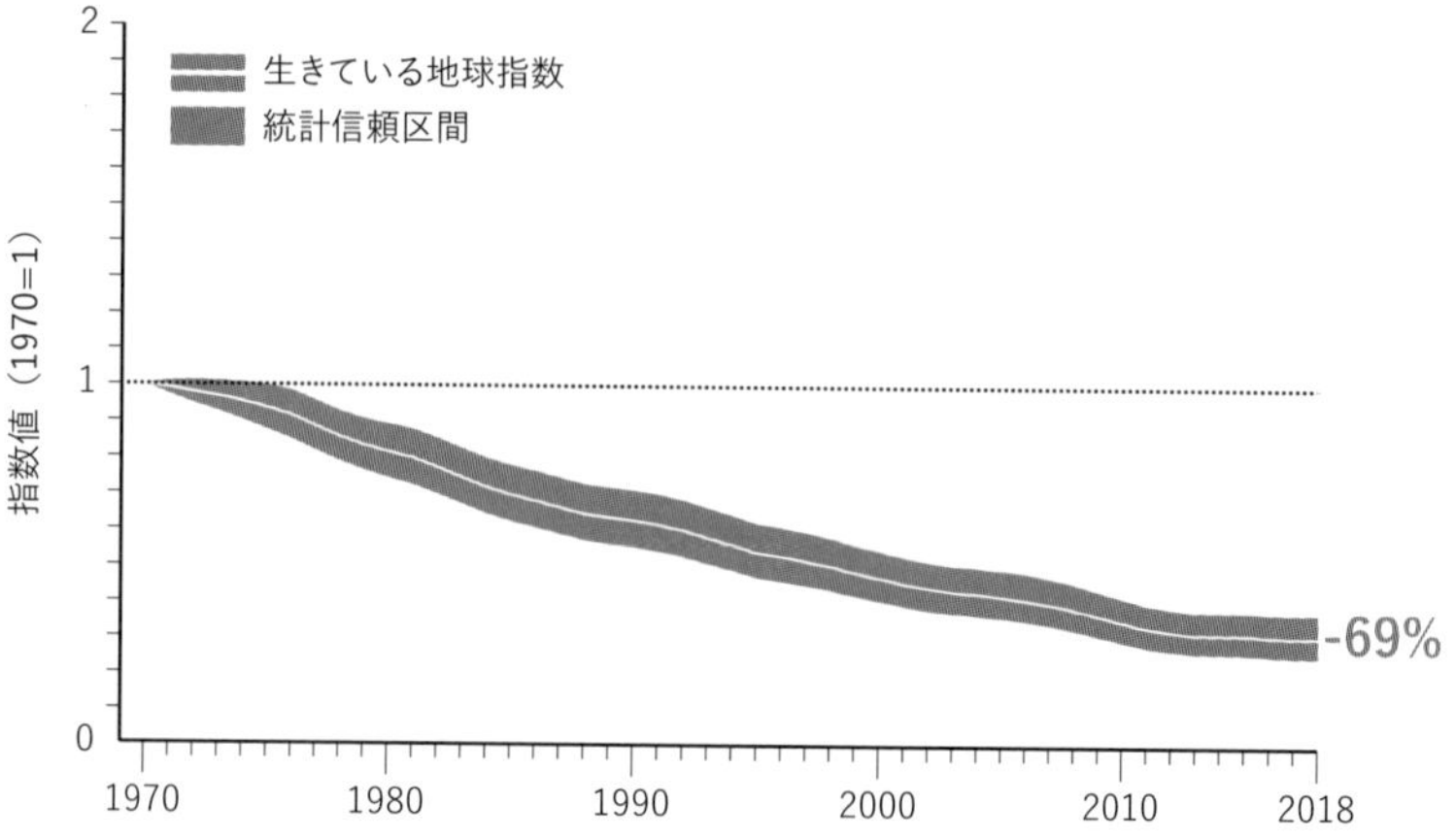

出典：WWF/ZSL「生きている地球レポート（Living Planet Report）2022」

地球環境には、元々豊かな生物多様性があり、調和とバランスを維持してきたわけですが、人類の活動が活発化したことにより、そのバランスが崩れてきているのです。

乱開発で森林が破壊されたり、海洋の酸性化でサンゴ礁が死滅したりするなどによって生態系が失われると、その生態系に依存している生物が甚大な被害を受けることになります。WWF（注73）／ZSL（注74）の「生きている地球レポート2020」によると、「1970年以降、世界の貿易規模、消費量、人口は増大し、都市化が進んだために、地球の陸域の75%が改変され、湿地の85%が失われた」とされています。我われはすでに多くの生態系が失われているということをまず念頭に置かなくてはならないのです。

また、1970年から2018年の間に、野生生物（哺乳類、鳥類、爬虫類、両生類、魚類）の個体

（注73）WWF：World Wildlife Fund（世界自然保護基金）の略称。1961年にスイスで設立された環境保全団体。100カ国以上で活動を行い、人と自然が調和して生きられる未来をめざして、サステナブルな社会の実現を推し進めている。

（注74）：ZSL：Zoological Society of London（ロンドン動物学会）の略称。1826年にロンドンで設立された学術団体。今日は科学、環境保護、教育における国際的な慈善団体として活動している。

群は相対的に平均69％減少、種の減少傾向も続いており、事態は深刻です（図表6－15参照）。さらに環境省が選定する日本の絶滅危惧種は合計で3772種にも上っているのです（レッドリスト2020）。

2016年にアメリカで公開され、18の賞を受賞した映画「シード ～生命の糧～」では、20世紀中に野菜の種子の94％がすでに消滅していると指摘されています。544品種あったキャベツはすでに28品種に、158品種あったカリフラワーは9品種に、その他の野菜の品種も激減しているのです。こうした品種は遺伝子の多様性によるものですが、遺伝子の多様性が失われると、環境や気候の変化、病気などに対する種としてのレジリエンスが低下し、絶滅するリスクが高まってしまうのです。

種が一度絶滅してしまえば、それを人間の手で蘇らせることはできません。種の絶滅やそれを引き起こす生態系の破壊や遺伝子の多様性の喪失は、企業の活動に影響を及ぼすリスクでもあり、人類自体の存続のリスクでもあります。なぜなら、我われ人類も地球上の生態系に組み込まれた一つの種でしかないからです。生物多様性の持つ課題は、我われが取り組むべき社会課題の中でももっとも大きな問題かもしれません。

生物多様性への世界的な取り組み

環境について話し合われた初めての国際会議は、1972年に開催された国連人間環境会議（ストックホルム会議）まで遡ります。この会議には、世界の110カ国以上の国々が参加し、「かけがえのない地球」というスローガンのもとに「人間環境宣言」が採択され、天然資源の保護、再生可能な資源、野生生物の保護、非再生可能な資源、有害物質の排出規制、海洋汚染の防止などについての方針が確認されました。

しかし、その後、オイルショックなどの問題で世界経済が打撃を受けて、取り組みは鈍化し、次の大きな世界的なアクションは20年後の国連環境開発会議（地球サミット／リオ会議）まで持ち越されます。

国連環境開発会議では、人と国家の行動原則を定めた「環境と開発に関するリオ宣言」とそのための詳細な行動計画である「アジェンダ21」「森林に関する原則声明」が採択されたことに加え、別途協議されてきた「気候変動枠組条約」「生物多様性条約」が署名のために開放され、それぞれ150カ国以上が署名しています。この1992年の国連環境開発会議で定められた様々なアクションプランや条約がその後の環境への取り組みの基盤となっているのです。

「気候変動枠組条約」と「生物多様性条約」のそれぞれの締約国で構成される会議が通称「COP(Conference of the Parties)」です。COPは開催回次をナンバリングし、COP1、COP2……と呼ばれています。2015年に開催された第21回の気候変動枠組条約締約国会議（COP21）で採択されたのがパリ協定です。

よくニュースで報道されているCOPは気候変動枠組条約締約国会議ですが、生物多様性条約にも同様に締約国会議があり、こちらもCOPと呼ばれています。ここでは、生物多様性条約に絞って代表的な2つのCOPを紹介したいと思います。

生物多様性条約第10回締約国会議（COP10）－愛知目標

２０１０年10月に愛知県名古屋市で開催された生物多様性条約第10回締約国会議（ＣＯＰ10）では、生物多様性条約の３つの目的、「生物多様性の保全」「生物多様性の構成要素の持続可能な利用」「遺伝資源の利用から生ずる利益の公正かつ衡平な配分」を達成するために、戦略計画２０１１－２０２０が採択されました。

戦略計画２０１１－２０２０は、２０５０年をターゲットとした長期ビジョンと２０２０年を期限とした短期ミッション、それに「愛知目標」と呼ばれる20の個別目標から構成されています。愛知目標がきっかけとなり、多くの企業が生物多様性方針を検討し、掲げることとなったと考えると、ＣＯＰ10は、画期的なインパクトを創出したと言っていいと思います。

とはいえ、「愛知目標」では、ビジネスとの接続はあまり考慮されておらず、企業が主体性を発揮して推進することができる目標は、以下の２つだけでした。そのため、企業の動きは宣言の策定にとどまったと言えるのかもしれません。

目標４
遅くとも２０２０年までに、政府、ビジネス及びあらゆるレベルの関係者が、持続可能な生産及び消費のための計画を達成するための行動を行い、又はそのための計画を実施しており、また自然資源の利用の影響を生態学的限界の十分安全な範囲内に抑える。

目標7
2020年までに、農業、養殖業、林業が行われる地域が、生物多様性の保全を確保するよう持続的に管理される。

出典：戦略計画2011-2020 20の個別目標（愛知目標）から著者抜粋

生物多様性条約第15回締約国会議（COP15）-昆明・モントリオール生物多様性枠組

2022年12月にカナダのモントリオールで開催された生物多様性条約第15回締約国会議（COP15）では、2030年までに地球上の陸域、海洋・沿岸域、内陸水域の30%を保護する（30 by 30）という歴史的な合意がされました。

COP15は、当初、2020年に中国の昆明で開催される予定でしたが、新型コロナウイルス感染症（COVID-19）のパンデミックによって延期されたことにより、COP15で採択された枠組みは「昆明・モントリオール生物多様性枠組」と呼ばれています。内容としては、SDGsの目標14、15のアップデートに等しい枠組みで、愛知目標の後継的なものとして位置付けられています。

「昆明・モントリオール生物多様性枠組」では愛知目標とは異なり、ビジネスにおける生物多様性の主流化等の目標が採択されています。外務省のウェブサイトでは同枠組の主な内容を以下のように記載しています。

〈昆明・モントリオール生物多様性枠組の主な内容〉
・2050年ビジョン「自然と共生する世界」（愛知目標と共通内容）
・2030年ミッション「生物多様性を保全し、持続可能に利用し、遺伝資源の利用から生ずる利益の公正かつ衡平な配分を確保しつつ、必要な実施手段を提供することにより、生物多様性の損失を止め反転させ回復軌道に乗せるための緊急な行動をとる」
・2050年ゴール（ゴールA、B、C、D）及び2030年ターゲット（ターゲット1～23）
（注）主なターゲットの概要
（ターゲット3）2030年までに陸と海のそれぞれ30％以上を保護・保全（30 by 30）
（ターゲット6）2030年までに侵略的外来種の導入率・定着率を半減
（ターゲット8）自然を活用した解決策等を通じた気候変動の生物多様性への影響の最小化
（ターゲット15）ビジネスによる影響評価・情報公開の促進
・新枠組の進捗をモニタリング・評価する仕組みに関する記載
出典：外務省（https://www.mofa.go.jp/mofaj/ic/ge/page22_003988.html）より著者抜粋

ビジネスという観点で注目したいのは、ターゲット15です。詳細を見てみましょう。企業に対しては、生物多様性に関するリスクや依存度の開示を求めるとともに、消費者がエシカルな消費を行えるような情報提供も求めています。

〈行動目標15〉
企業や金融機関の行動や情報開示を支援し、企業リスクを減らし、企業による行動を増やす

生物多様性への負の影響を徐々に低減し、ビジネス及び金融機関への生物多様性関連リスクを減らすとともに、持続可能な生産様式を確保するための行動を推進するために、ビジネスに対し以下の事項を奨励してできるようにしつつ、特に大企業や多国籍企業、金融機関については確実に行わせるために、法律上、行政上、又は政策上の措置を講じる。

a. 生物多様性に係るリスク、生物多様性への依存及び影響を定期的にモニタリングし、評価し、透明性をもって開示すること。すべての大企業並びに多国籍企業、金融機関については、業務、サプライチェーン、バリューチェーン、ポートフォリオにわたって実施することを要件とする

b. 持続可能な消費様式を推進するために消費者に必要な情報を提供すること

c. 該当する場合は、アクセスと利益配分の規則や措置の遵守状況について報告すること。

出典：環境省（https://www.biodic.go.jp/biodiversity/about/treaty/files/3_kmgbf.pdf）　※傍線は筆者追加

「昆明・モントリオール生物多様性枠組」は、IPBES（生物多様性及び生態系サービスに関する政府間

(注75) IPBES：Intergovernmental Science-Policy Platform on Biodiversity and Ecosystem Services（生物多様性及び生態系サービスに関する政府間科学政策プラットフォーム）の略称。2012年に設立された生物多様性と生態系サービスに関する動向を科学的に評価し、科学と政策のつながりを強化することを目的とした政府間組織。IPBESが数年に1度発表する「生物多様性と生態系サービスに関する地球規模評価報告書」は自然の劣化についての深刻な状況を示し、世界の政

科学－政策プラットフォーム）（注75）が2019年に発行した「生物多様性と生態系サービスに関する地球規模評価報告書」が示した以下のような危機的状況が背景となっています。

評価された動物と植物の種群のうち平均約25％が絶滅のおそれがあるとされており、生物多様性損失の要因の力を低減する取組みが講じられない限り、約100万種、その多くが数十年の間に、絶滅に直面することが示唆されている。そのような行動がとられない限り、現時点ですでに過去1000万年間の平均よりも数十倍から数百倍も早まっている地球規模での種の絶滅速度がさらに加速することになる。人間が全体として依存している生物圏は、あらゆる空間規模でこれまでと比較できない程に改変されている。生物多様性―種内の多様性、種間の多様性、生態系の多様性―は、現在、人類史上のどの時点においてよりも急速に減速している。

社会変革を促進する緊急かつ協調的な取組みを通じて、他の世界的な社会目標を同時に達成しながら、自然を保全し、回復し、持続可能に利用することができる。

地球規模で影響を及ぼす自然の変化の直接要因は（影響の大きい順に）土地と海の利用の変化、生物の直接採集、気候変動、汚染及び外来種の侵入である。これら5つの直接要因は様々な根本的原因、すなわち変化の間接要因、によって引き起こされている。さらに根本的原因の背景には、（中略）社会の価値観や行動がある。直接要因と間接要因の変化の速度は、地域や国によって異なる。

出典：「昆明・モントリオール生物多様性枠組」環境省暫定訳　※傍線は筆者追加

策決定者大きな示唆を与えている。気候変動問題についての同様な機能を持つ「気候変動に関する政府間パネル（IPCC）」と並ぶ機関。

「自然を保全し、回復し、持続可能に利用」という部分は、「ネイチャーポジティブ（Nature Positive）」という概念に繋がっており、マイナスをゼロに近づける配慮だけではなく、ポジティブ（プラス）へと転換することを求めているのです。

また、「根本的原因の背景には、（中略）社会の価値観や行動がある。直接要因と間接要因の変化の速度は、地域や国によって異なる」というくだりは、国家ごとに具体的なアクションプランを策定することを求めています。我が国では、環境省が１９９５年に「生物多様性国家戦略」を策定し、２０２２年3月には、第六次戦略となる「生物多様性国家戦略２０２３－２０３０」が発表されています。

生物多様性国家戦略2023-2030

「生物多様性国家戦略２０２３－２０３０」の冒頭では、「自然資本は人間の安全保障の根幹」とし、「社会の価値観と行動の表れとしての社会経済活動による自然資本への過度の負荷を減らし、我われの社会の土台たる健全な自然環境を維持・回復させる必要がある」という背景について触れています。明らかに企業の活動に力点が置かれており、「昆明・モントリオール生物多様性枠組」同様に、ビジネスとの接続を重要視していると考えられます。

環境省が公開している「生物多様性国家戦略２０２３－２０３０の概要」における基本戦略3と基本戦略4をご覧いただければ、そのあたりは一目瞭然かと思います（図表6－16参照）。

図表6-16　「生物多様性国家戦略2023-2030の概要」

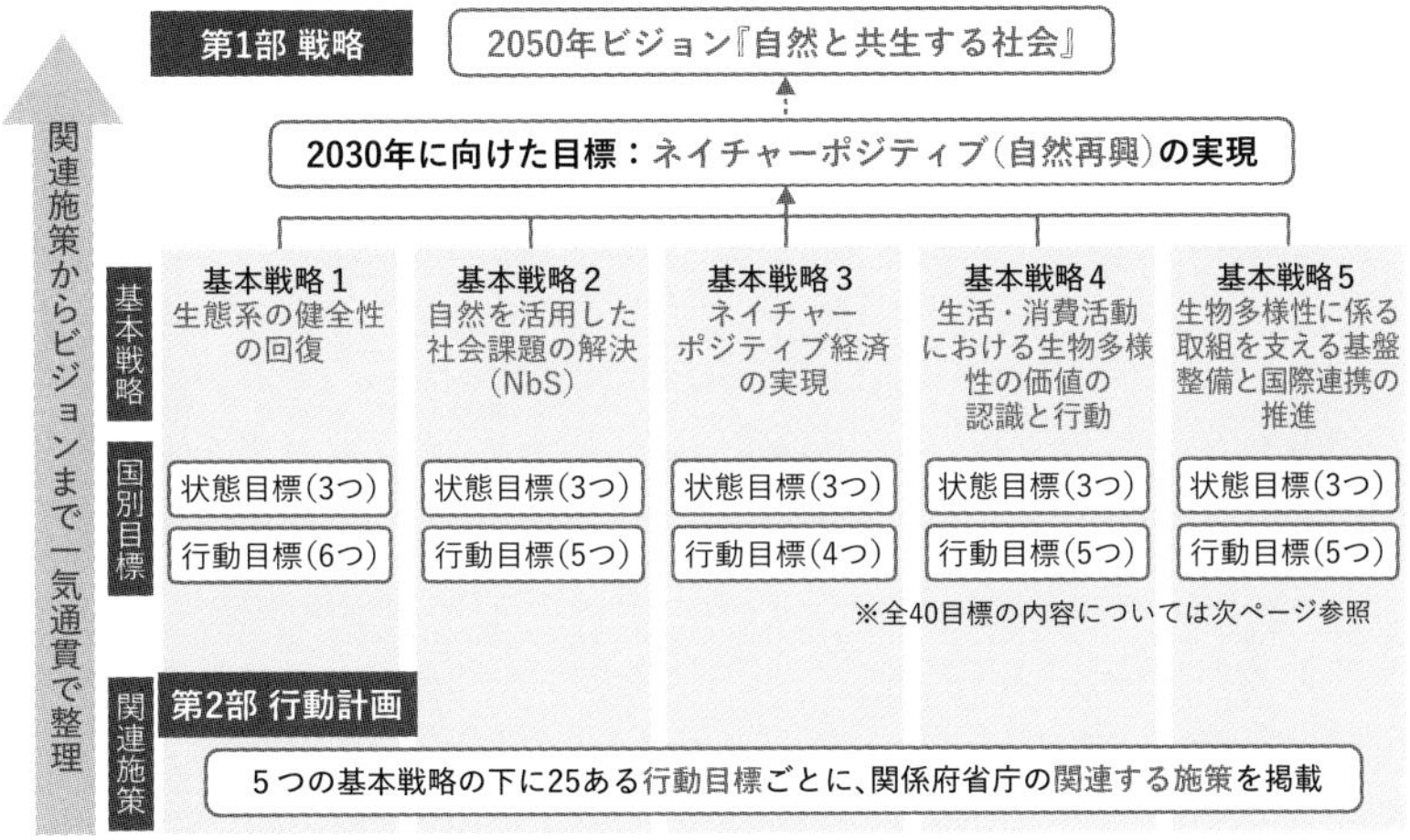

出典：環境省「生物多様性国家戦略2023-2030の概要」
（https://www.biodic.go.jp/biodiversity/about/initiatives6/files/2_2023-2030summary.pdf）

ここでは、詳細な解説は省きますが、基本戦略3と基本戦略4が示している目標を記載しておきますので、企業としての取り組みのヒントを得ていただければと思います。ここには、多くのビジネスの機会があるように思います（図表6－17参照）。

本戦略では、生物多様性損失と気候危機の「2つの危機」への統合的対応もポイントの一つとして示されており、基本戦略2の中では、「気候変動対策による生態系影響が抑えられるとともに、気候変動対策と生物多様性・生態系サービスのシナジー構築・トレードオフ緩和が行われている」という目標が掲げられています（状態目標2－2）。

「気候変動枠組条約」と「生物多様性条約」は双子の条約といわれており、切っても切り離すことはできないものなので、取り組みについても統合（The Climate-Nature Nexus）が必要となります。企業がビジネスで生物多様性に対しての取り組みを検討す

図表6-17　「生物多様性国家戦略2023-2030」における基本戦略3と基本戦略4

基本戦略3：ネイチャーポジティブ経済の実現

状態目標3-1	生物多様性の保全に資するESG投融資を推進し、生物多様性の保全に資する施策に対して適切に資源が配分されている
状態目標3-2	事業活動による生物多様性への負の影響の低減、正の影響の拡大、企業や金融機関の生物多様性関連リスクの低減、及び持続可能な生産形態を確保するための行動の推進が着実に進んでいる
状態目標3-3	持続可能な農林水産業が拡大している
行動目標3-1	企業による生物多様性への依存度・影響の定量的評価、現状分析、科学に基づく目標設定、情報開示を促すとともに、金融機関・投資家による投融資を推進する基盤を整備し、投融資の観点から生物多様性を保全・回復する活動を推進する
行動目標3-2	生物多様性保全に貢献する技術・サービスに対する支援を進める
行動目標3-3	遺伝資源の利用に伴うABSを実施する
行動目標3-4	みどりの食料システム戦略に掲げる化学農薬使用量（リスク換算）の低減や化学肥料使用量の低減、有機農業の推進などを含め、持続可能な環境保全型の農林水産業を拡大させる

基本戦略4：生活・消費活動における生物多様性の価値の認識と行動
（一人一人の行動変容）

状態目標4-1	教育や普及啓発を通じて、生物多様性や人と自然のつながりを重要視する価値観が形成されている
状態目標4-2	消費行動において、生物多様性への配慮が行われている
状態目標4-3	自然環境を保全・再生する活動に対する国民の積極的な参加が行われている
行動目標4-1	学校等における生物多様性に関する環境教育を推進する
行動目標4-2	日常的に自然とふれあう機会を提供することで、自然の恩恵や自然と人との関わりなど様々な知識の習得や関心の醸成、人としての豊かな成長を図るとともに、人と動物の適切な関係についての考え方を普及させる
行動目標4-3	国民に積極的かつ自主的な行動変容を促す
行動目標4-4	食品ロスの半減及びその他の物質の廃棄を減少させることを含め、生物多様性に配慮した消費行動を促すため、生物多様性に配慮した選択肢を周知啓発するとともに、選択の機会を増加させ、インセンティブを提示する
行動目標4-5	伝統文化や地域知・伝統知も活用しつつ地域における自然環境を保全・再生する活動を促進する

出典：環境省「生物多様性国家戦略2023-2030の概要」

図表6-18　TCFD提言の4つのフレーム

＜ガバナンス＞
気候関連のリスク及び機会に係る組織のガバナンスを開示する

＜戦略＞
気候関連のリスク及び機会が組織のビジネス・戦略・財務計画への実際の及び潜在的な影響を、重要な場合は開示する

＜リスクマネジメント＞
気候関連のリスクについて組織がどのように選別・管理・評価しているかについて開示する

＜指標及び目標＞
気候関連のリスク及び機会を評価・管理する際に使用する指標と目標を、重要な場合は開示する

出典：環境省「TCFDを活用した経営戦略立案のススメ」を参考に著者作成

る際にも、前述した状態目標２－２を意識しながら進めることが重要なのです。

TNFDと SBTs for Nature

２０２３年９月にTCFDの生物多様性版とも言えるTNFDの最終提言であるVer1.0が公開されました。これまでの流れを踏まえると、最速で２０２４年３月末決算のプライム市場上場企業からこのフレームワークに沿った情報開示が義務化される可能性があります。

TNFDは、２０１９年世界経済フォーラム年次総会（ダボス会議）で着想された国際的なイニシアチブであり、資金の流れをネイチャーポジティブに向けるために、自然資本や生物多様性に関する企業の機会やリスクを適切に評価し、開示するための枠組みを構築するために設立されました。

TNFDでは、TCFDと同様に、「ガバナンス」「戦略」「リスクマネジメント」「指標及び目標」の４つの

図表6-19　LEAP（自然リスク評価アプローチ）

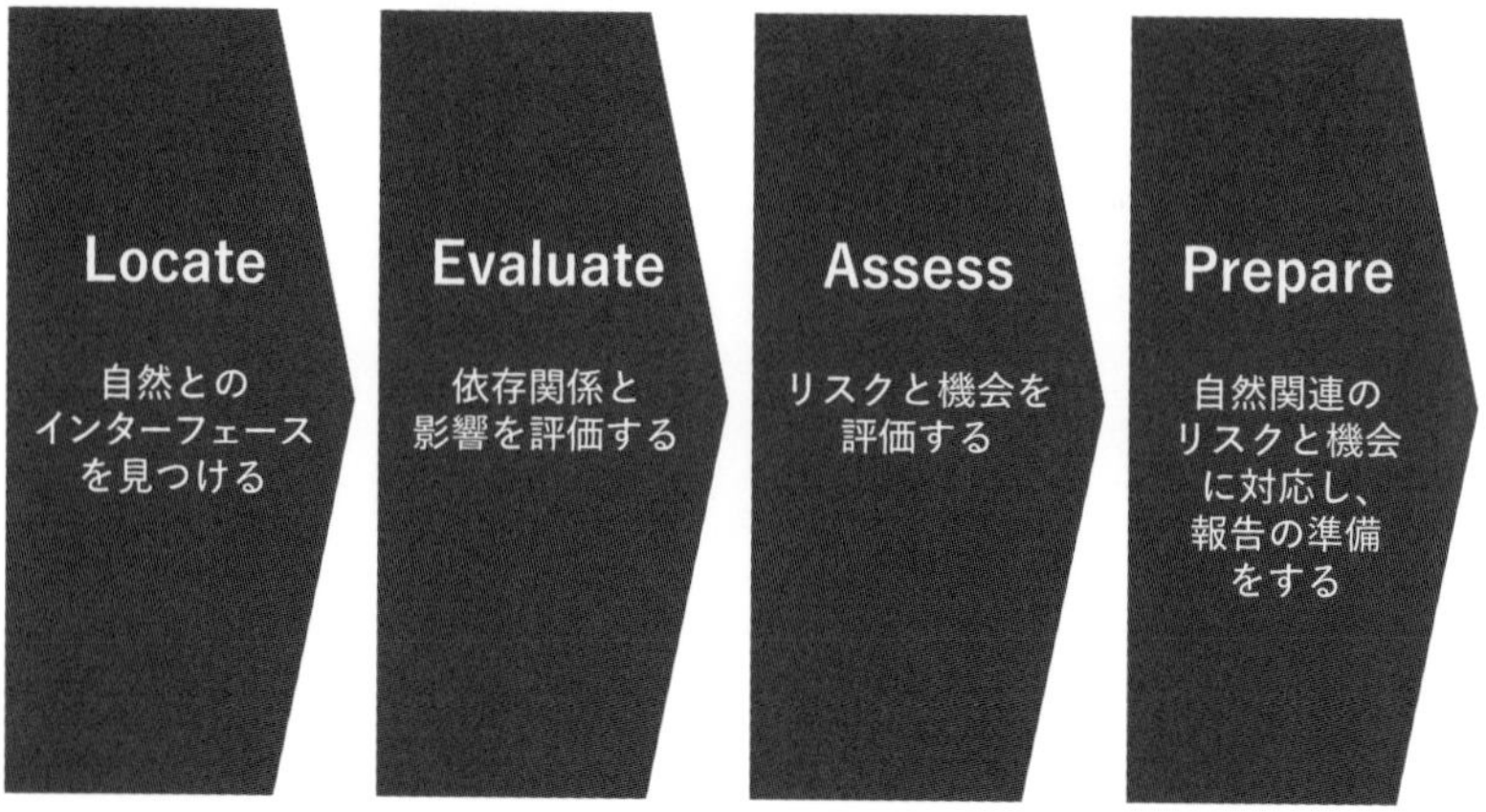

出典：環境省「生物多様性に係る企業活動に関する国際動向について」より著者作成

観点での情報開示が推奨されています（図表6－18参照）。

また、ＴＮＦＤでは、自然管理リスクと機会の管理のための統合的評価プロセスが定められており（図表6－19参照）、企業が自然資本や生物多様性に対する取り組みをどのように進めて、情報開示すればよいかが示されています。このフレームワークは、「Locate」「Evaluate」「Assess」「Prepare」の頭文字をとって「ＬＥＡＰ」と呼ばれています。

ＴＮＦＤは２０２２年３月からβ版のドラフトが配布されていたため、メーカーなどの自然資本とのインターフェースが広い企業を中心にＴＮＦＤに準拠した情報開示が始まっています。日本では、花王、住友林業、キリングループ、ＮＥＣ、ＫＤＤＩなどがすでにＴＮＦＤを活用した報告書を公開しています。

気候変動において利用が進んでいるＳＢＴｓについて

も、2023年5月にSBTs for Nature（Science Based Targets for Nature）のガイダンスVer1.0がリリースされています。

SBT（Science Based Targets）とは、CDP、UNGC（国連グローバル・コンパクト）、WRI（世界資源研究所）（注76）、WWF（世界自然保護基金）が共同で運営する国際的なイニシアチブで、パリ協定が求める水準と整合した5～10年先を期限として企業が設定する科学的根拠に基づいた温室効果ガス排出削減目標を意味しています。

SBTs for Natureは、このSBTの自然資本版と言うべきもので、水・生物多様性・土地・海洋が相互に関連するバリューチェーン全体に関して、企業等が地球の限界内で、社会の持続可能性目標に沿って活動できるようにする科学的根拠に基づいた測定可能で行動可能な期限付きの目標のことを指しています。

検討途上のSBTs for Natureでは、まずは自然環境毀損に繋がる行動を回避（Avoid）し、できるだけ低減（Reduce）する。その上で、自然の再生及び回復（Restore and Regenerate）に取り組み、自然毀損を引き起こしている根本的なシステムを変革（Transform）していくといった企業向けの「AR3Tフレームワーク」が示されており、TNFDと併せて活用する企業も出てきています。

生物多様性民間参画ガイドライン
－ネイチャーポジティブ経営に向けて

環境省では、生物多様性への取り組みを進める上で、企業活動が重要な役割を担っていると考え、事業者向けに基礎的な情報や考え方などを取りまとめた「生物多様性民間参画ガイドライン」を2009年に策定

（注76）世界資源研究所：World Resources Institute（WRI）1982年に設立されたより持続可能な未来を創造するために、環境と社会の問題に取り組む独立した非営利のグローバル研究機関。

図表6-20　生物多様性に取り組む際の基本プロセス

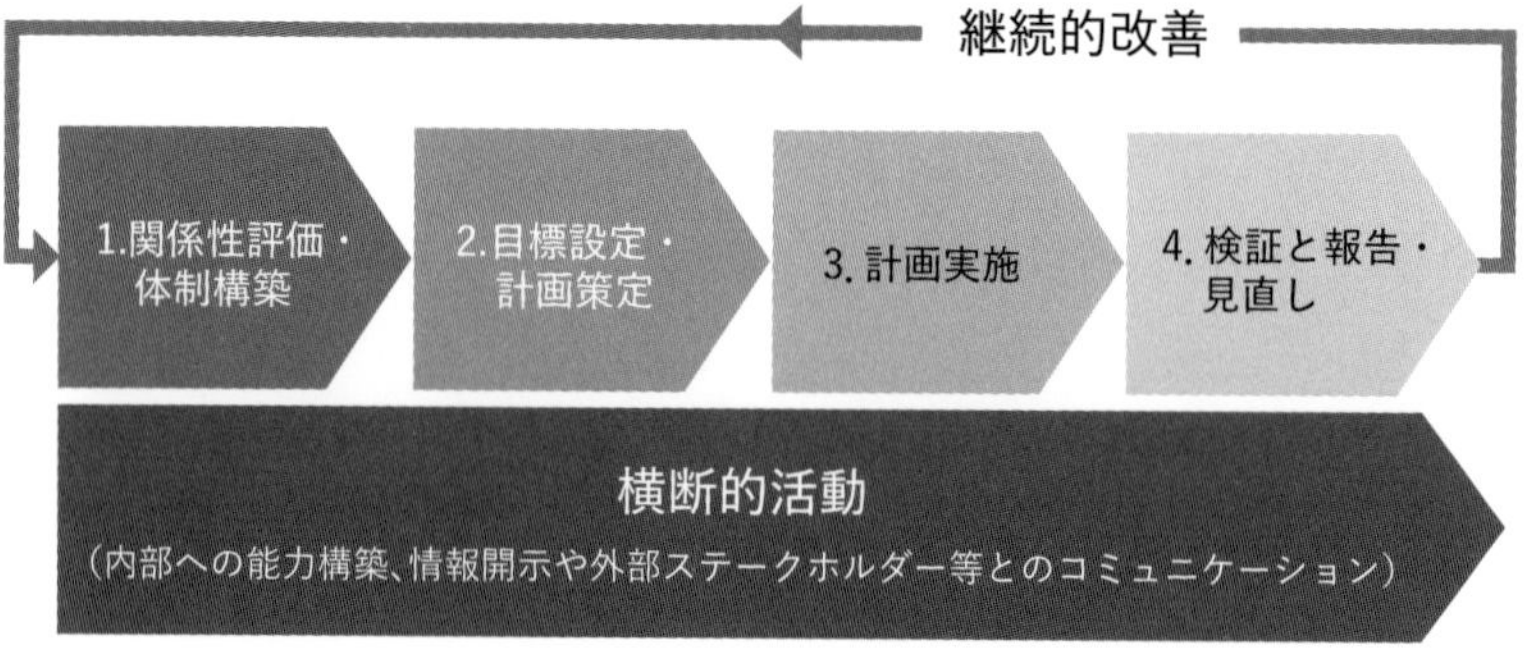

出典：環境省「生物多様性民間参画ガイドライン（第3版）-ネイチャーポジティブ経営に向けて-」

し、２０１７年には、改訂を行いました。

その後、ビジネスと生物多様性に関する多くのイニシアチブが発足し、「昆明・モントリオール生物多様性枠組」によって「30 by 30」目標や「ネイチャーポジティブ」といった概念が生まれました。こうした背景を踏まえ、２０２１年に有識者からなる「生物多様性民間参画ガイドラインの改訂に関する検討会」が設置され、２０２２年3月に「生物多様性民間参画ガイドライン（第3版）－ネイチャーポジティブ経営に向けて－」が公開されたのです。

第2版からの改訂のポイントは、生物多様性に関する最近の動向（経営との関わり、昆明・モントリオール生物多様性枠組、国家戦略、事業者に関する依存と影響及びリスクと機会、目標設定、情報開示等）の追記、実際に取り組むにあたっての「基本的プロセス」の明確化とプロセスごとの取り組みの内容の解説（図表6－20・図表6－21参照）、国際的枠組であるSBTs for Nature及びTNFDや事例の紹介などでした。

【配慮のための基本プロセスの考え方】

図表6-21　生物多様性のための30by30アライアンス

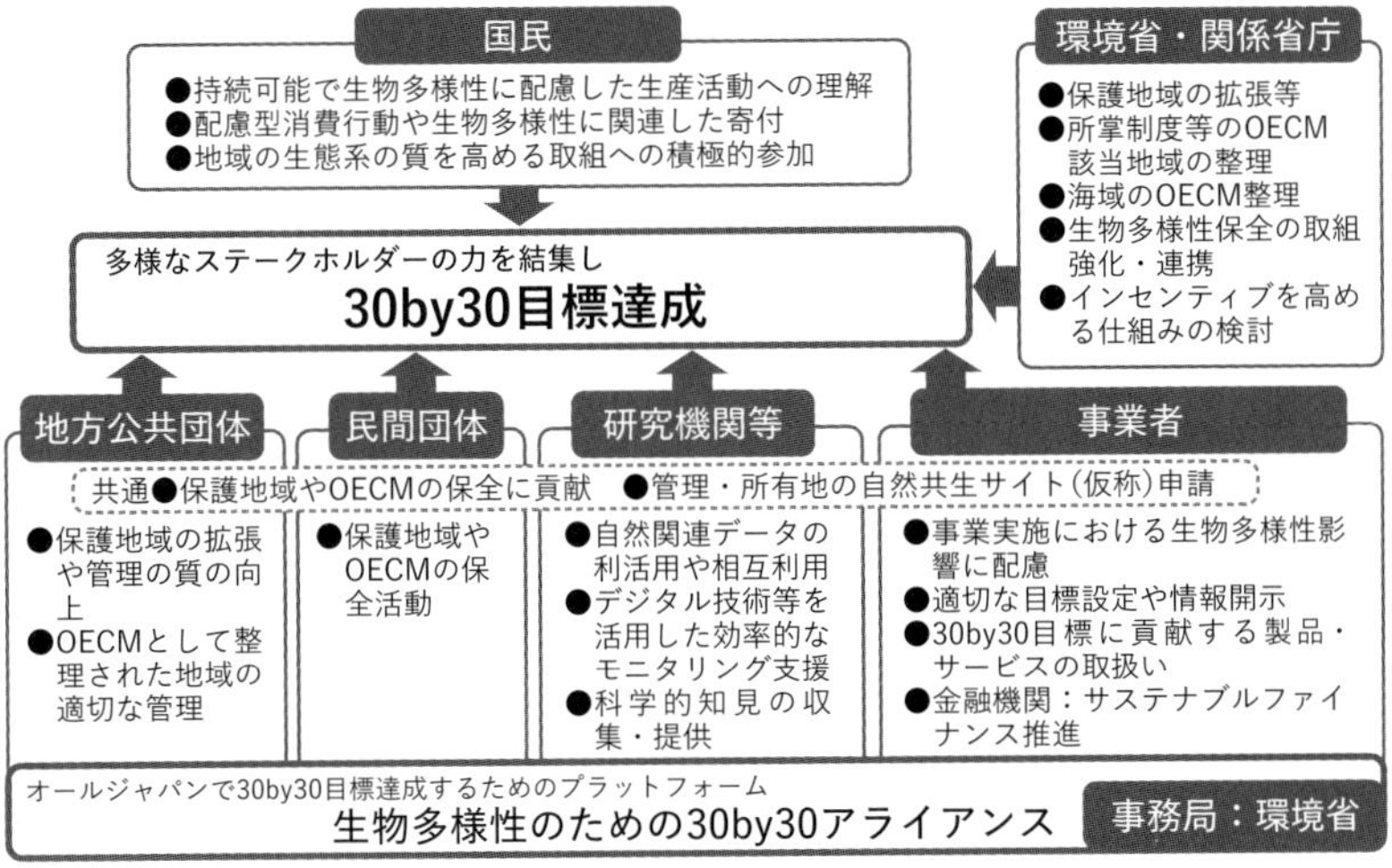

出典：環境省「30by30ロードマップ」

プロセス1：関係性評価・体制構築
自社と生物多様性の関係性を認識し、体制の構築を行い、自社及びサプライチェーン・バリューチェーンにおける事業活動と生物多様性・自然資本のより詳細な関係性（影響、依存度、リスク、機会等）の把握・分析を行い、自社にとって重要な分野を把握する。
プロセス2：目標設定・計画策定
戦略・方針とそれを裏付ける指標や目標を定め、さらに、それらを実践するための取組の実施計画やモニタリング計画を設定する。
プロセス3：計画実施
具体的な計画や取組を実施する。
プロセス4：検証と報告・見直し
進捗状況・結果を適宜モニタリングし、必要に応じて計画・目標・体制などの見直しを行う。

出典：環境省「生物多様性民間参画ガイドライン（第3版）－ネイチャーポジティブ経営に向けて－」

「30 by 30ロードマップ」とNbS（Nature-based Solutions）

「生物多様性国家戦略２０２３－２０３０」に付属されている「30 by 30ロードマップ」では、以下の３つのキーメッセージが示されています。

【キーメッセージ】
▼２０３０年までに陸と海の30％以上を保全
▼生物多様性の損失を止め、人と自然との結びつきを取り戻す
▼地域の経済・社会・環境問題の同時解決につながるＮｂＳ（Nature-based Solutions）のための、健全な生態系を確保する基盤的・統合的アプローチ

出典：環境省「30 by 30ロードマップ」

キーメッセージの中で示されているＮｂＳ（Nature-based Solutions）は、ＩＵＣＮ（国際自然保護連合）（注77）と欧州委員会（注78）が定義した概念で、グリーンリカバリー（注79）の中においても重要な位置付け

(注77) IUCN：International Union for Conservation of Nature and Natural Resources（国際自然保護連合）の略称。1948年にスイスで設立された。国際連合教育科学文化機関（UNESCO）や世界自然保護基金（WWF）等の協力の下に、野生生物の保護、自然環境及び自然資源の保全に係る調査研究、途上地域への支援等を行っているほか、絶滅のおそれのある世界の野生生物を網羅したレッドリスト等を定期的に刊行している。

がされています。NbSは「自然に根差した解決策」と直訳されますが、IUCNの定義では、「社会課題に効果的かつ順応的に対処し、人間の幸福および生物多様性による恩恵を同時にもたらす、自然の、そして、人為的に改変された生態系の保護、持続可能な管理、回復のため行動」とされています。

わかりやすく言うと、「自然を守ることが社会課題の解決にも我われ人間の幸福にも繋がる」ということになります。

NbSは、生物多様性をはじめとした社会課題解決手法として注目される一方で、資金の確保が課題となっています。NbSへの資金流入は気候変動向けのファイナンスの約5分の1程度であり、ほとんどが公的資金によるものです。TNFDによって、資金の流入が活性化することが期待されていますが、CSR的なアプローチだけでなく、ビジネスを通じた取り組みが創出されるのが理想だと思います。

「30 by 30ロードマップ」では、30 by 30の達成を目指すため、国立公園等の拡充のみならず、里地里山や企業林や社寺林などのように地域、企業、団体によって生物多様性の保全が図られている土地をOECM（Other Effective area-based Conservation Measures）として国際データベースに登録し、その保全を促進していくとしています。そのための有志の企業・自治体・団体の方々による「生物多様性のための30 by 30アライアンス」（図表6－21参照）を発足させ、2023年中に少なくとも100地域以上のOECM認定を行うことを目指しています。この活動はまさにNbS的なアプローチです。

併せて、「自然共生サイト」の取り組みも行われています。「自然共生サイト」とは、「民間の取組等によって生物多様性の保全が図られている区域」を国が認定するものです。認定区域は、保護地域との重複を除き、「OECM」として国際データベースに登録される仕組みとなっています。

（注78）欧州委員会：European Commission　ベルギーのブリュッセルに本部があるEUの行政執行機関。EUにおいて政策の遂行、EU 法の公正な適用の監督、立法といった機能を果たしている。また「国連気候変動枠組条約締約国会議（COP）」などでも交渉役を務めている。
（注79）グリーンリカバリー：新型コロナウイルス感染拡大からの経済復興にあたり、気候危機の抑止や生物多様性の保全を実現し、よりよい未来を目指す景気刺激策のこと。欧州を中心に

具体的な例としては、企業の森、ナショナルトラスト、バードサンクチュアリ、ビオトープ、自然観察の森、里地里山、森林施業地、水源の森、社寺林、文化的・歴史的な価値を有する地域、企業敷地内の緑地、屋敷林、緑道、都市内の緑地、風致保全の樹林、都市内の公園、ゴルフ場、スキー場、研究機関の森林、環境教育に活用されている森林、防災・減災目的の森林、遊水池、河川敷、水源涵養や炭素固定・吸収目的の森林、建物の屋上、試験・訓練のための草原……などが挙げられており、自然共生サイトを増やす取り組みは、企業としてはビジネスと繋げる検討ができる領域とも言えると思います。

気候変動への取り組みと生物多様性への取り組みの違い

最後に、密接な関わりのある気候変動と生物多様性への取り組みとの相違点についてご説明したいと思います。

気候変動への取り組みは、温室効果ガスの排出を削減したり、排出された温室効果ガスの吸収を促進したりすることでした。勿論、言うほど簡単なことではないのですが、乱暴な言い方をすると、温室効果ガスを減らしさえすれば、気候変動は緩和されていくものではあるわけです。

さらに問題を複雑にしているのは、地域ごとの固有性です。気候変動への取り組みは、グローバルなスケールでの対応が可能なのですが、生物多様性の問題は、国や地域によって異なるため、その国や地域の状況に応じた評価や対応が必要となるのです。

また気候変動の問題については、すでに多様な取り組みがされており、公共、民間を問わず潤沢な資金が

広がっている政策であり、単にコロナの前に状況を戻すのではなく、その復興のための投資を通じて、新たな持続可能な社会を築くことに重点を置いている。

図表6-22　スウェーデンの実質GDPとCO_2排出量の推移

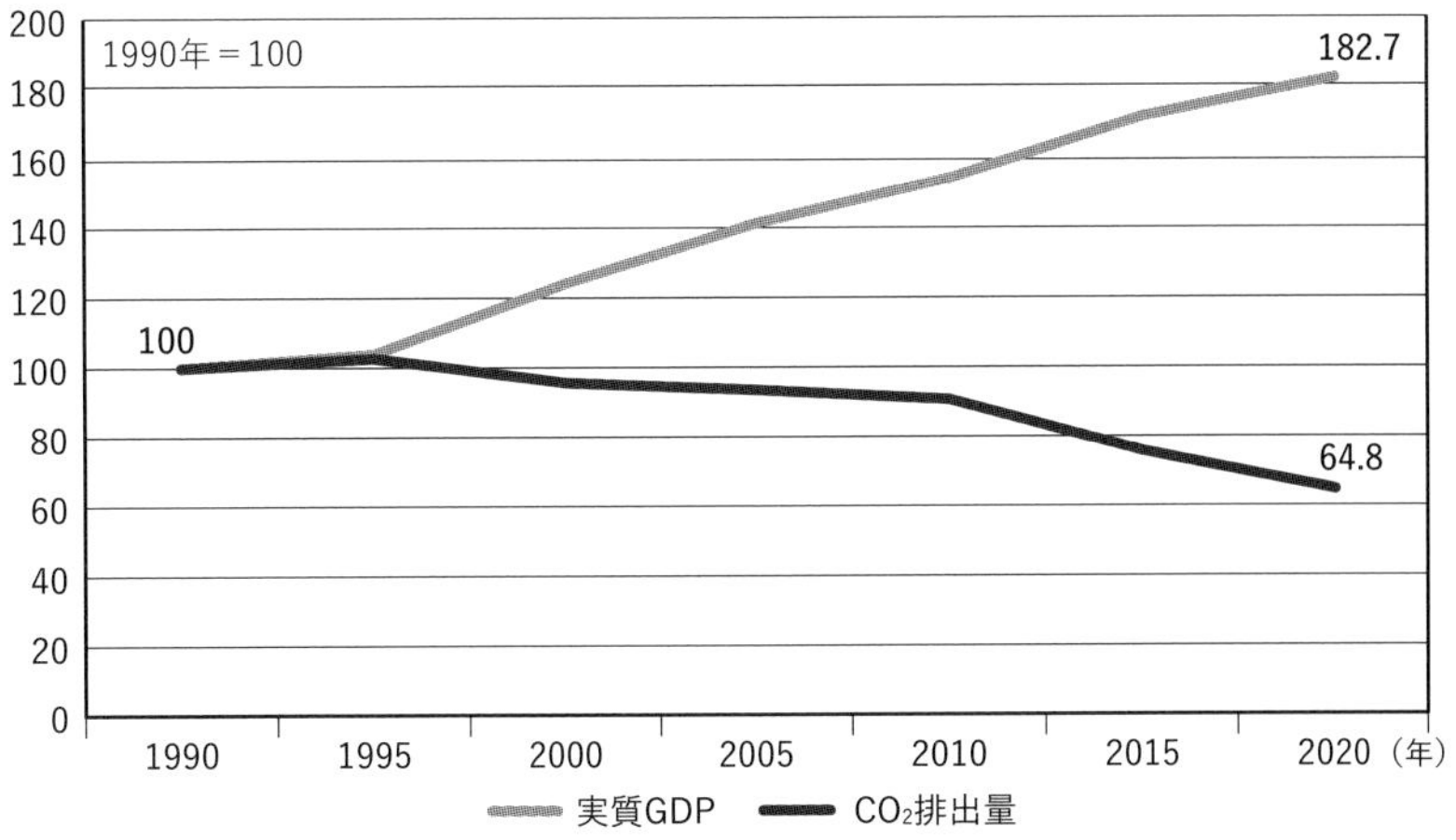

出典：Sweden. 2022 National Inventory Report (NIR)などから筆者作成

図表6-23　日本の実質GDPとCO_2排出量の推移

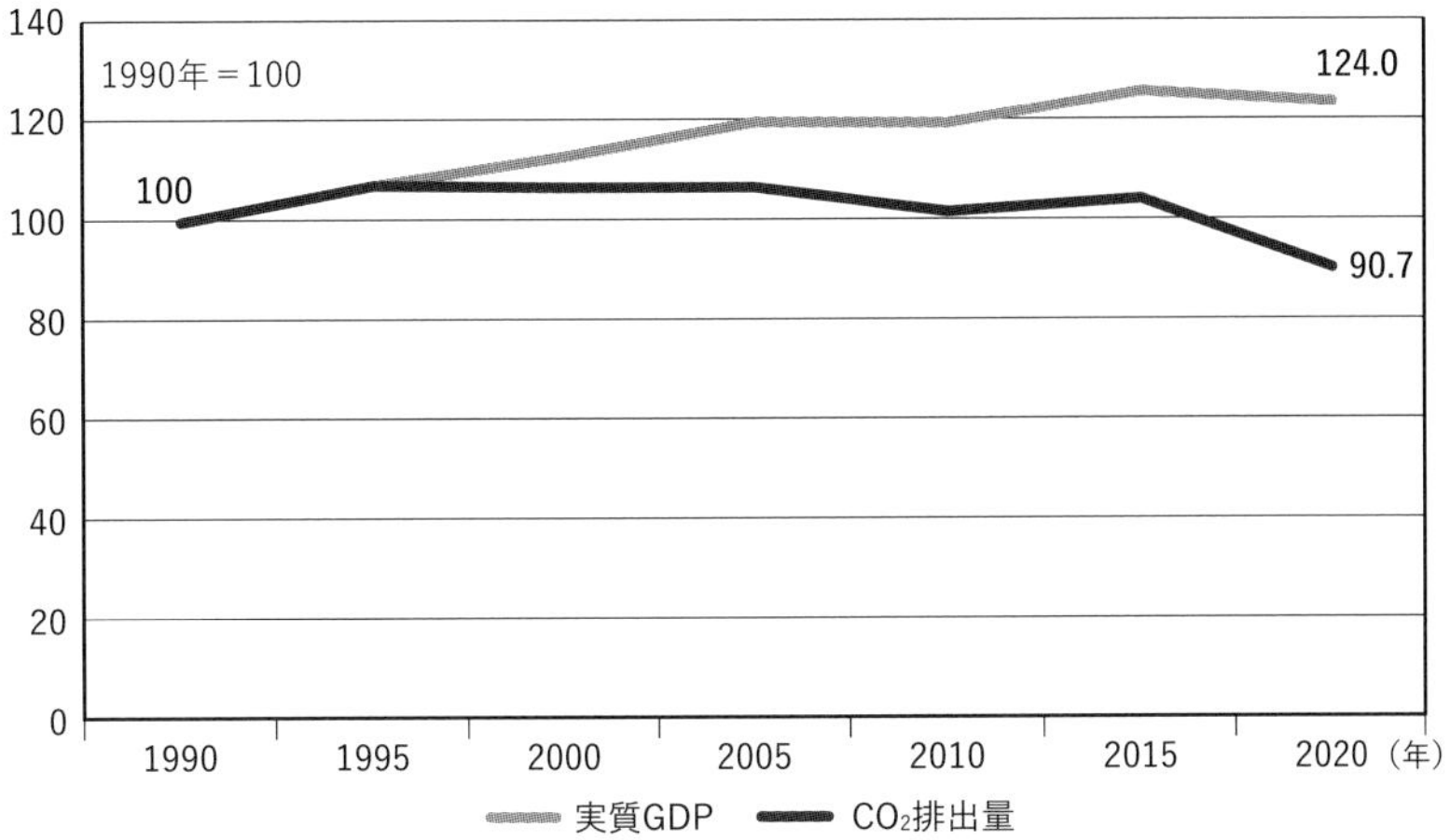

出典：Japan. 2022 National Inventory Report (NIR)などから筆者作成

図表6-24　Global Goal for Nature -Nature Positive by 2030

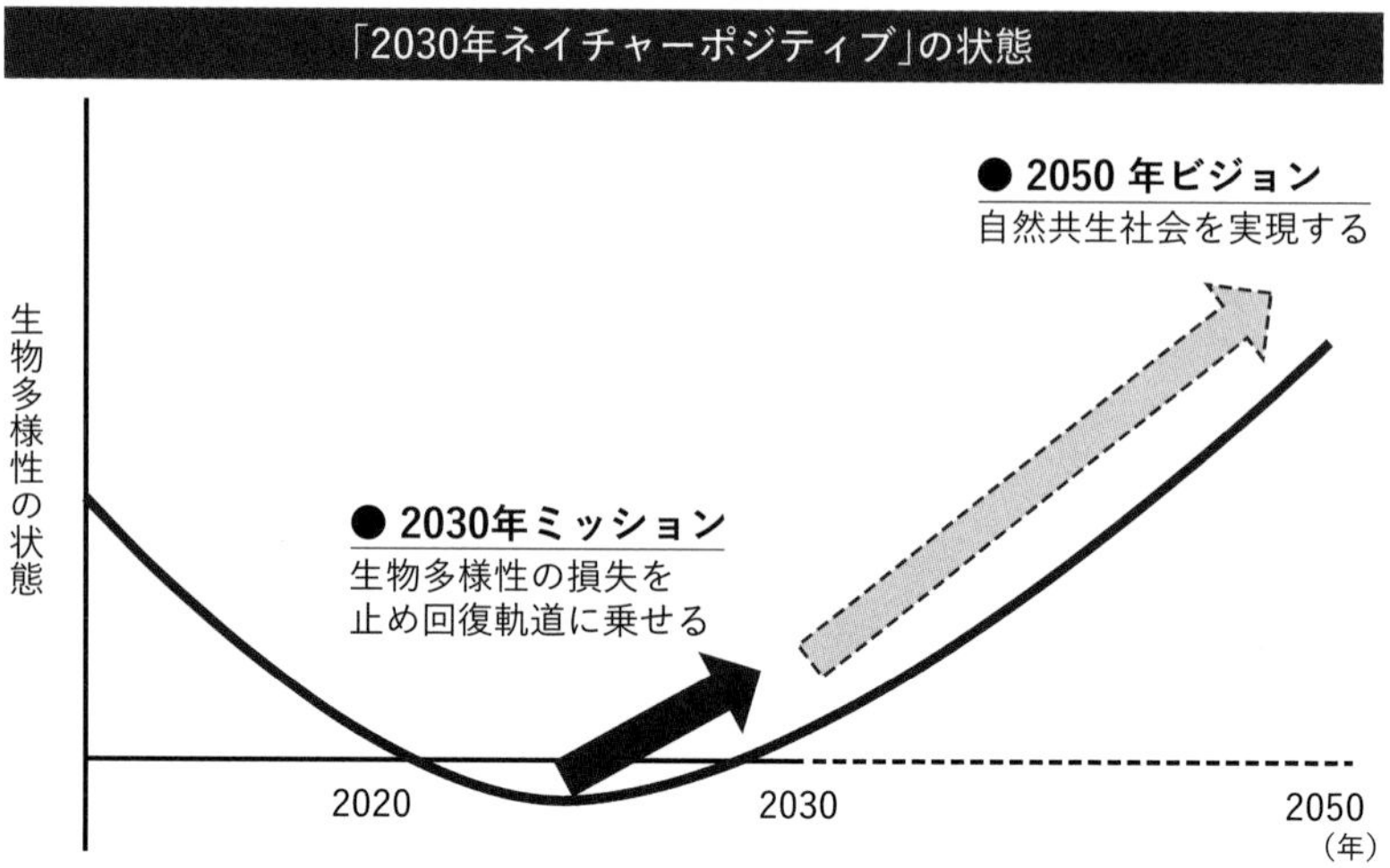

出典：環境省「ネイチャーポジティブ経済研究会（第1回）」資料

流入し、新しい技術も生まれつつあります。さらに、スウェーデンのように温室効果ガス排出削減とＧＤＰ成長を両立させるカップリングを実現（図表６－22参照）している国もあり、明るい兆しが見えているのも事実です。ちなみに我が国は、デカップリングのトレンド（図表６－23参照）に入りかけたところのようにも見えますが、課題はＧＤＰの成長率かもしれません。

これに対して、生物多様性への取り組みには、まだ大きな資金は流入しておらず、ＮｂＳといった概念は広がりつつありますが、その他にはこれといった技術もノウハウも確立されていません。また、生物多様性への取り組みでいちばん難易度が高いと感じるのが「ネイチャーポジティブ」という考え方です。自然資本において、マイナスをゼロに近づける配慮だけではなく、ポジティブ（プラス）へと転換することが求められているのです。つまり生物多様性を毀損する要因を取り払うだけでは解決しない問題であり、その先にもう1段、回復というステップがあるわけです（図表6－24参照）。

世界経済フォーラムが2020年に発表した報告書「The Future of Nature and Business」によれば、自然の損失によって、世界のGDPの半分以上（約44兆ドル）の経済価値が失われるリスクがあるとされていますが、反対にこの問題に取り組み、Nature Positive Economy への投資と移行を行うことで、2030年までに3億9500万人の雇用創出と年間10・1兆ドル規模のビジネスチャンスが見込めるという試算もされています。

このような状況を踏まえると、「自然資本」や「生物多様性」はメガトレンドの中でももっとも重要なテーマの1つとなると予測されます。勿論、持続可能な社会の創造のためにリスクを回避する取り組みを行うことは前提ですが、やや不謹慎な言い方になりますが、企業にとっては中長期的な企業価値向上のまたとない機会となるのではないかとも思っています。

第5章でご紹介した「デザイン思考」は明確な答えがなく、かつ制約条件があればあるほど威力を発揮するフレームワークです。ネイチャーポジティブという企業と人類の存亡をかけた数多くの制約条件がある厳しく出口の見えないテーマこそ、企業が「デザイン思考」を駆使し、イノベーションを創出することで解決すべき問題なのだと思うのです。

おわりに　「ガバナンス」についてと「謝辞」

「コーポレートガバナンス」は取締役の多様性から

本書では、価値創造に重きを置き、サステナビリティ経営を「リスク低減」の視点だけではなく、「機会創出」の観点で捉えるべきであることを一貫してお伝えしてきました。

サステナビリティ経営といえば、企業リスクの低減だと理解されている方からすれば、ＥＳＧの一角である「ガバナンス」についての話はどこにいったのか?とお叱りを受けそうですが、敢えて「機会創出」の在り方について明確な問いを立てたいという思いで意図的にこのような構成にさせていただきました。

とはいえ、ガバナンスの重要度が低いと言っているわけではありません。反対にガバナンスは極めて重要であり、機会創出の前にしっかりと守りを固めておくことが当然であると考えていますので、少しだけこのテーマに触れて本書の結びとしたいと思います。

日本の企業のガバナンスについて、私が最も気になる点は、取締役の多様性です。このテーマは２０２１年６月のコーポレートガバナンス・コードの改訂で盛り込まれた内容ですが、企業側の取り組みは十分ではないように思います。

取締役の多様性について、わかりやすく可視化されているのはスキルマトリクスです。スキルマトリクスは各取締役の保有するスキルを一覧化したもので、必要な領域をカバーしているか確認することができるのですが、果たしてその評価は妥当なのかは外部からはよくわかりません。企業によっては保有スキルではなく、期待スキルを開示しているケースも見受けられます。

特に「サステナビリティ／ＥＳＧ」のようなスキル項目に丸がついた取締役が複数存在しているスキルマトリクスを見ると、信憑性を疑わざるを得ません。本書でも見てきた通り、サステナビリティ／ＥＳＧはカバー範囲であるメガトレンドが極めて多岐にわたり、時々刻々と状況は変化していきます。また情報開示のためのフレームワークも乱立し、理解しているうちに統廃合されていくことも珍しくはありません。サステナビリティを専業としているコンサルタントの立場でもキャッチアップし続けるのは並大抵の努力では不可能です。

また、サステナビリティ経営の2つの側面である「リスクの低減」と「機会の創出」の両方を深く理解し、施策や事業に落とし込むことも容易ではありませんし、実際に経営として実践した人はほぼいないのが現状のはずです。このような状態で、なぜ丸がつく取締役が複数いるのか不思議でならないのです。

もし、本当に「サステナビリティ／ＥＳＧ」の項目に丸がついた取締役が複数存在しているのであれば、その企業はとうに「サステナビリティ経営のジレンマ」を乗り越え、クリアな状態で価値創造に邁進しているはずです。

取締役の多様性を担保する仕組みとしては、社外取締役の選任が挙げられます。コーポレートガバナンス・コードでは「独立社外取締役」と表現されていますが、定義上は関連会社の役員や取引先などではないことを指しているだけで、コードが十分に機能していないように感じます。少なくとも経営陣が保有する人脈以外から起用することが必要ではないでしょうか。トップの経営者仲間を複数指名してもイエスマンになってしまうケースが多く、そのような状態では独立社外取締役としての多様性は発揮されないからです。

1つの解決策として、私が提示したいのは、サステナビリティ経営の経験と知識を持つ独立社外取締役の選任です。それも経営トップの人脈以外から登用するというガイドラインを付与すればより効果的だと思います。

ミルトン・フリードマン（注80）モデルで成功を積み重ねてきた方々だけで議論をしても、おそらくサステナビリティ経営はうまく進みません。サステナビリティ経営を実践して成果を上げてきた人材を社外取締役に選任し、同じゴールを見据えて統合モデルを創り上げるのです。

もはや欠かすことのできない「人権」への取り組み

1つだけ具体的なテーマにも触れておきたいと思います。「人権」への取り組みです。人権への取り組みは気候危機問題と並び、日本が世界に後れを取っているテーマです。国連において「ビジネスと人権に関する指導原則」が採択され、人権への取り組みは国家の義務というだけでなく、企業の責任でもあると位置付けられたのは2011年ですが、日本のNAP（国別行動計画）にあたる「ビジネスと人権に関する行動計画」が策定されたのは2020年でした（図表参照）。

（注80）ミルトン・フリードマン：1976年にノーベル経済学賞受賞したアメリカの経済学者。「企業の社会的責任は株主の利益の最大化のみである」という株主資本主義的な考え方を主張した。

図表　ビジネスと人権に関する年表

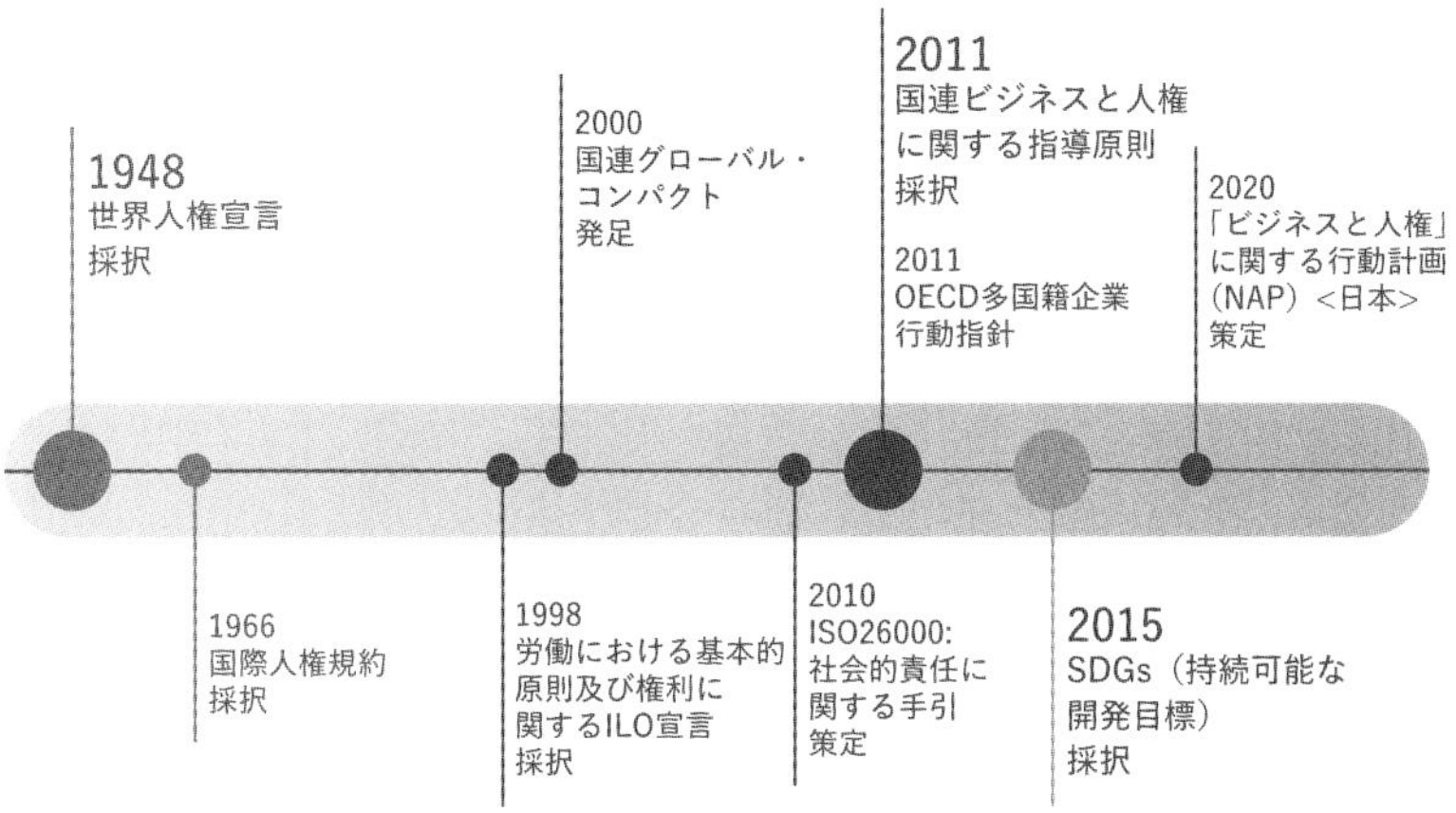

出典：法務省「ビジネスと人権に関する調査研究」報告書

２０１７年に「国連指導原則報告フレームワーク」が発表され、２０１８年には、ＯＥＣＤから「責任ある企業行動のためのＯＥＣＤデュー・ディリジェンス・ガイダンス」が公表されていますが、日本の企業でこのタイミングで人権への本格的な取り組みを行ったのは少数派だったのではないかと思います。

２０２０年に策定された「ビジネスと人権に関する行動計画」は、取り組みの方向性や担当する省庁などを示してはいましたが、企業側から見ると具体的なアクションのイメージがつくものではありませんでした。その後、人権に関する新たな文書が半年おきくらいに発表され、２０２２年９月には、経済産業省が中心となって「責任あるサプライチェーン等における人権尊重のためのガイドライン」が策定されました。この段階まで来て、ようやく本格的な取り組みを開始する日本企業が増えてきたのです。

このような背景があり、２０２２年９月以前にしか検討を行っていない企業が発信している「人権方針」は、かなり希薄なものである可能性は否めません。例えば、人権についてはどの部署が責任をもって取り組むのか、最終的な責任者は誰なのかが明記されていなかったり、事業活動における特に重要な人権課題が特定されていなかったりというケースもあります。また、人権デューデリジェンスを実施するとは記載しているものの、どのようなプロセスで行うのかがわからない「人権方針」も多く見られます。

分量がすべてではありませんが、記載すべき内容から考えると、A4サイズ1枚に余裕で収まっている「人権方針」では、内容的に不足していると考えた方がよいでしょう。

「人権」への取り組みを重視した方がよい理由は明確です。2023年に世間を騒がせたいわゆる企業の不祥事の多くは「人権」自体の軽視、または、「人権」への取り組みを徹底させるガバナンスの欠如により引き起こされていると考えられるからです。

大手芸能プロダクションの問題、大手中古車販売会社の問題、大手ジェネリック製薬会社の問題すべてが、根底では「人権」の軽視に起因しているのです。まさに企業にとっての最大リスクだと言えるのではないでしょうか。

「人権」に対する取り組みを進めるためには、ビジネスモデルやバリューチェーン全体を俯瞰する必要があります。そうしたプロセスを通じて、おのずと調達先やパートナー企業、従業員、そして顧客と向き合うことができるのです。結果的にはサプライチェーンの安定や人的資本への取り組みにもプラスに作用しますし、製品の品質やサービスクオリティ向上にも寄与するはずです。「リスクの低減」が「機会の創出」に繋がるのが「人権」への取り組みの特徴であるとも言えるのではないでしょうか。

「人権方針」を策定していない企業や上記のような項目が不足している「人権宣言」を公表している企業には、早急に「人権」への対応を再検討することをお勧めしたいと思います。

本書の出版にあたっての謝辞

本書の出版のきっかけとなったのは、ダイヤモンド・ビジネス企画の代表取締役社長である岡田晴彦さんとの20年ぶりの再会でした。20年前に岡田さんとご一緒させていただいたのは、私がリクルートスタッフィング時代に企画責任者をしていた「営業大学校」のコンテンツや研修の企画でしたが、岡田さんは、その頃はまだ編集長だったと記憶しています。

ダイヤモンド・ビジネス企画は、当時はダイヤモンド・セールス編集企画という社名で、国内唯一の営業専門雑誌「ダイヤモンドセールスマネジャー」を出版しており、「営業大学校」の協業先としてタイアップをさせていただいたのです。

岡田さんが社長になったとお聞きしたのは2023年の5月の末。その後6月初旬にランチをご一緒させていただき、昔話が盛り上がり、勢いもあったのだと思いますが、7月には書籍の企画が出来上がっていました。

当時の私は、ESG専門のビジネススクールである〝Start SDGs〟で2年6期にわたり講義を行ってきた「CSV経営デザイナー養成講座」に一旦の区切りをつけたタイミングでもあり、「CSV経営デザイナー養成講座」をベースに「SDGsビジネスストラテジスト養成講座」「CHRO育成講座」の内容をミックスして一冊の本にして、もっと広く必要としている人に届けたいという気持ちがあったことも企画が一気に進んだ要因かもしれません。

このような機会を与えていただいた岡田さんならびに編集にご尽力いただいた上村麻子さんには感謝の気持ちでいっぱいです。タイトなスケジュールの中、私のわがままにとことんお付き合いくださり、本当にありがとうございました。

岡田さんには二十数年前に、まだブレイク前の朝倉千恵子さん（現在は株式会社新規開拓代表取締役社長）を研修講師としてご紹介いただいたのですが、その朝倉さんが本書のベースとなっている「CSV経営デザイナー養成講座」を受講いただいているというのも単なる偶然の巡り合わせではなく、ご縁であると感じています。

また、CSVと出会うきっかけを作ってくださったメンバーズの創業者である剣持忠さん（現在は同社代表取締役兼会長執行役員）の存在がなければ、私がサステナビリティ経営のコンサルティングに携わることも、こうして書籍を出版することもなかったと思います。第二創業期の人事責任者を人事未経験だった私に託していただいたことも含めて感謝の気持ちでいっぱいです。

本書では、メンバーズのCSV経営の事例をかなり掘り下げて書かせていただきたかったので、以前の良き上司だった髙野明彦さん（現在は同社代表取締役兼社長執行役員）に事前に相談させていただいたところ、「どんどん書いてください」と後押しをしていただけたこともあり、リアルなCSVの事例を描くことができました。本当にありがとうございました。

メンバーズ以外にも多くの企業事例をご紹介させていただいており、掲載にあたっては各企業のご担当者の皆さんからの多大なるご協力をいただきました。快く掲載を許諾くださったことで豊富な事例を活用しながら話を進めることができたことを大変うれしく思います。

この3年、サステナビリティ経営に関する伴走コンサルティングや講演、そして時には研修などもさせていただいていますが、こうした能力は、リクルートスタッフィングで商品企画や事業企画に携わってきた経験によって培われたと感じています。当時の上司だった大友常世さん（その後ディップ取締役COO、常勤監査役を歴任）には、退職寸前だった私を慰留していただき、全社的なマーケティングや新規事業の企画責任者を任せていただいただけでなく、リクルートの次世代事業開発室への兼務出向の機会まで作っていただきました。今でもPowerPointで資料を作っていると当時を思い出すことがあるほど、自身の血肉となるような経験をさせていただいたことをありがたく思います。

本格的にサステナビリティ経営について学ぶきっかけとなったのは、グローバルイノベーションズが2019年から展開し始めたESG専門ビジネススクール〝Start SDGs〟に関わったことです。2期生として受講させていただき、5期で組長（アシスタント）、のちにはパートナーとして企業コンサルや企業研修を担当させていただきました。2021年秋からは、同社取締役兼〝Start SDGs〟校長に任命いただき、専門講座の新設や既存コースのリニューアルを実施するために様々な学びと実践を繰り返してきました。一受講生だった私にこのようなチャンスを与えてくださった黒岩賢太郎さん（グローバルイノベーションズ代表取締役）の存在なくしては、この書籍は誕生しませんでした。

こうして思い浮かべると本当にいろいろな方のお陰で、この一冊を書き上げることができたと感じており、お名前を挙げていくとキリがありませんが、40年近く何かと私を気にかけてくださる恩師であり最初の上司（アルバイト時代）である江端秋幸さん（湘南ゼミナール創業者）、30年以上、私を叱咤激励してくださっているリクルートスタッフィング時代の上司である淺田耕治さん、林正孝さん（WADOウイングス代表取締役）にも、この場をお借りして、感謝の気持ちをお伝えしたいと思います。
最後になりますが、私を日々そばで支えてくれている妻の由美、そして息子の大志にこの一冊を捧げたいと思います。いつも本当にありがとう！

２０２４年2月6日　川井健史

【著者経歴】

株式会社リクルートスタッフィング 事業企画室マネージャー
株式会社リクルート 次世代事業開発室　マネージャー
株式会社ウェブキャリア 代表取締役社長
株式会社ケイビーエムジェイ（現：株式会社アピリッツ） 人事部長（兼）
株式会社コンテンツワン（オプトグループ） 取締役
株式会社マルチメディアスクール・ウェーヴ 取締役（兼）
株式会社メンバーズ 人材開発室長兼Members University学長
株式会社メンバーズキャリア取締役（兼）
株式会社フィックスターズ　執行役員 人事部長
株式会社グローバルイノベーションズ 取締役兼Start SDGs校長

――以下現任
合同会社 持続可能 CEO兼サステナビリティ経営デザイナー
iU情報経営イノベーション専門職大学　客員教授
ESG専門ビジネススクール“Start SDGs” フェロー
一般社団法人 未来技術推進協会 “SDGs×事業”プロデューサー
GreenSnap株式会社 SDGsアドバイザー
株式会社アンサーノックス CSV経営アドバイザー
ひろしまSDGsBiz推進協議会 会長
株式会社divx 人的資本経営アドバイザー
アイラブトヤマカンパニー株式会社 監査役

-主な資格-
Beyond SDGs Japan認定 SDGsビジネススペシャリスト
Beyond SDGs Japan認定 CSV経営マスターデザイナー
Beyond SDGs Japan認定 人的資本経営マスターデザイナー
Beyond SDGs Japan認定 SDGsビジネスアイデア創出マスターコンサルタント
HCプロデュース認定 ISO30414 リードコンサルタント/アセッサー
SDGパートナーズ認定　SDGsエキスパート
人間能力開発機構認定 人的資本経営実務プロフェッショナル
Sustainable World BOARD GAME 上級ファシリテーター
Eirene Management School （旧デザイン思考研究所）Design Thinking Masterclass Certified

【著者】
川井健史（かわい・たけし）
合同会社持続可能CEO 兼 サステナビリティ経営デザイナー
ESG専門ビジネススクール"Start SDGs"フェロー（前校長）

リクルートスタッフィング並びにリクルートで事業企画、新規事業を担当したのちベンチャー企業を設立。リーマンショック時にオプトグループ傘下となり、合計約７年間ベンチャー経営に携わる。

その後、メンバーズ、フィックスターズといった上場企業での人事責任者を7年務め、2021年に合同会社持続可能を設立。メンバーズでのCSV経営経験を軸にサステナビリティ経営コンサルティングや統合報告書制作支援などに携わっている。

2021年11月から2年間、"Start SDGs"の校長を務め、「SDGsビジネスストラテジスト養成講座」「CSV経営デザイナー養成講座」「CHRO育成講座」を担当。

iU情報経営イノベーション専門職大学 客員教授/一般社団法人未来技術推進協会 "SDGs×事業" プロデューサー /ひろしまSDGsBiz推進協議会会長/株式会社アンサーノックスCSV経営アドバイザー /株式会社divx人的資本経営アドバイザー /アイラブトヤマカンパニー監査役を現任中。

サステナビリティ経営のジレンマ
企業価値向上を阻む5つの障壁

2024年２月 6 日　第１刷発行
2024年３月11日　第２刷発行

著者 ―――――― 川井健史
発行 ―――――― ダイヤモンド・ビジネス企画
〒150-0002
東京都渋谷区渋谷１丁目-6-10 渋谷Qビル3階
http://www.diamond-biz.co.jp/
電話 03-6743-0665（代表）

発売 ―――――― ダイヤモンド社
〒150-8409　東京都渋谷区神宮前6-12-17
http://www.diamond.co.jp/
電話 03-5778-7240（販売）

編集制作 ―――― 岡田晴彦
装丁 ―――――― いとうくにえ
DTP ―――――― 齋藤恭弘
印刷・製本 ――― 中央精版印刷

ISBN 978-4-478-08507-3